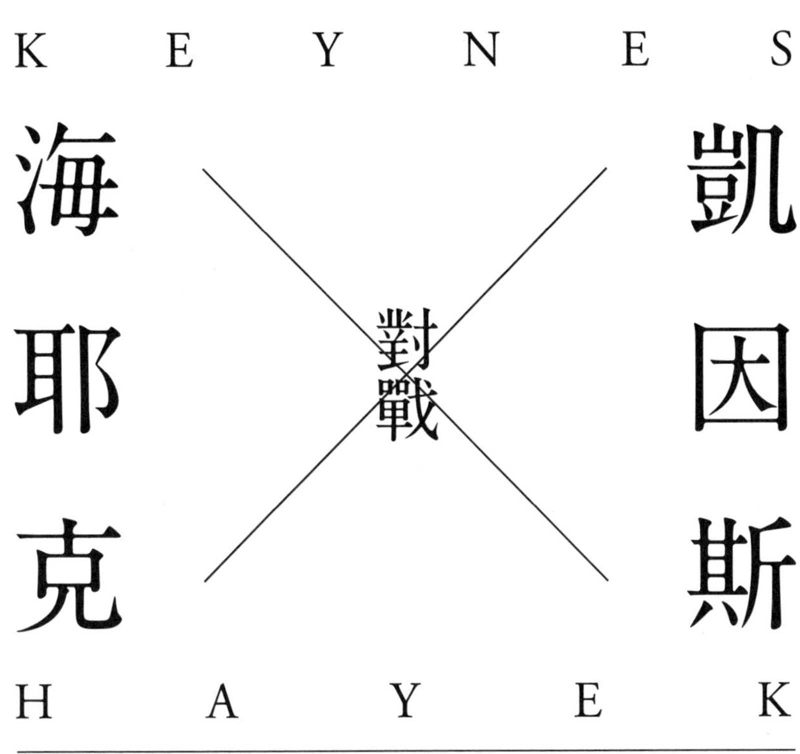

The Clash that Defined Modern Economics

決定現代經濟學樣貌的世紀衝突

尼可拉斯．瓦普夏（Nicholas Wapshott）｜著　葉品岑｜譯

【目錄】

前言

引領二十世紀經濟思潮的兩大巨擘，於第二次世界大戰期間共同創造了長年對決生涯中最不尋常的一段插曲。約翰・梅納德・凱因斯（John Maynard Keynes）和弗里德里希・海耶克（Friedrich Hayek）在劍橋大學國王學院的屋頂上和彼此獨處了一整夜。[1]他們的任務是凝望天幕，提防德軍轟炸機試圖在英國景緻怡人的小城鎮傾洩燃燒彈。

為報復英軍轟炸用以掩護U型潛艦水上穴道的古城呂貝克（Lübeck），以及生產亨克爾轟炸機的古城羅斯托克（Rostock），德軍軍機在一九四二年春夏轟炸一連串毫無戰略價值的英國城市。埃克塞特（Exeter）、巴斯（Bath）與約克（York）紛紛遭受火光之災，古老歷史建築因而

---

1 "Obituary: Laurence Joseph Henry Eric Hayek," in *King's College, Cambridge, Annual Report 2008*, p. 142. 羅倫斯（Laurence）是海耶克的兒子，他和凱因斯一樣是國王學院的校友。他的訃聞指出凱因斯與海耶克「在戰爭期間甚至輪班在國王學院禮拜堂屋頂上提防火警」。這個說法的真實性遭受質疑。但最起碼這兩人都曾在國王學院的屋頂上看守火警。

身陷險境。英國報紙頭條以「貝德克爾閃電轟炸」（The Baedeker Blitz）比喻德國空軍指揮挑選行動目標時，猶如事先參考以文化價值進行城市評比的「貝德克爾」德國旅遊書。劍橋幾乎沒有戰爭工業，然由於其為創建於中古世紀的學院式大學，因而登上納粹摧毀行動的名單。

每天晚上，國王學院的教職員和學生持著鏟子輪班守護華麗的歌德式禮拜堂屋頂。這座禮拜堂的基石是一四四一年由英格蘭國王亨利六世親手置放的。倫敦聖保羅大教堂的消防守護員發現，雖然炸彈爆炸無法及時阻止，但若能趕在爆炸導致屋頂起火燃燒前，將炸彈推到屋頂女兒牆之外，損害便能降到最低。於是，即將六十歲的凱因斯和四十一歲（按：原文如此，正確年齡應為四十三歲）的海耶克坐在屋頂上，鏟子靠著石灰石建造的欄杆上，靜候隨時可能逼近的德軍攻擊。他們倆共同的擔憂是自己或許不夠勇敢或機敏，足以拯救脆弱的石頭建築。

這兩位經濟學家是對抗納粹之惡的最佳人選。他們各自從不同的角度預見國家社會主義暴政的來臨以及希特勒的崛起。第一次世界大戰爆發之際，凱因斯以國王學院年輕經濟學者之姿獲英國財政部延攬，負責替協約國向華爾街（股市）籌措經費。當戰爭於一九一八年落幕，凱因斯則成了如何以戰敗賠償為由將德國榨乾的顧問。

巴黎和會深深震撼凱因斯。勝利的協約國領袖報復心切，企圖以嚴厲的財務懲罰迫使德國領受悲慘苦果時，凱因斯無法苟同。他認為，刻意讓德國這般現代貿易國家淪為財政乞丐，等同於將嚴苛的貧困狀態加諸於其人民，進而提供極端政策、暴動，乃至革命滋生的溫床。在凱因斯眼中，《凡爾賽條約》（Treaty of Versailles）並未為一戰帶來遲來的正義，而是埋下二戰的種子。回到英國後，他著手撰寫《和平的經濟後果》（*The Economic Consequences of the Peace*），極具破壞力地指控協約國領袖的愚昧顢頇。這本全球暢銷書使凱因斯以深知庶民心聲的大學者形象登上國際舞臺。

凱因斯尖銳的雄辯吸引了海耶克。奧地利軍隊年輕士兵海耶克從義大利駐紮前線回到故鄉維也納後，見證整座城市滿目瘡痍，人民信心崩毀。海耶克和他的家人在急速惡化的通貨膨脹中艱苦度日。通膨很快就會困住奧地利的經濟。海耶克眼看雙親畢生積蓄瞬間蒸發，這段親身經歷促使日後的他更加反對任何以通膨紓解經濟困局的建議。他立志向世人證明，解決頑固的經濟問題沒有捷徑，並且相信鼓吹以大規模國家預算計畫解決失業問題，不僅會造成無法控制的通膨，甚至招致政治獨裁。

雖然凱因斯和海耶克對《凡爾賽條約》的缺點所見略同，不過綜觀一九三〇年代，兩人對經濟學的未來始終爭論不休。一轉眼，他們的爭論已經涉及對政府角色的看法，以及干預市場對個人自由的威脅。兩人的論辯辛辣，不受禮教束縛，具有宗教角力般的氛圍。當一九二九年股市崩盤導致大蕭條時，他們針對如何最具效力地幫助支離破碎的世界經濟恢復健全，各自提出相互較勁的主張。兩位大師最終同意，接受彼此立場的分歧，不過他們狂熱的弟子們持續廝殺直到兩人離世後多年。二〇〇八年九月，又一次華爾街金融危機、又一次世界金融風暴。表面上信服海耶克、認為自由市場神聖不可侵犯的小布希總統面臨一項抉擇：究竟應該任憑市場休養生息，帶來足堪媲美將近八十年前經濟大蕭條的景氣寒冬，抑或盡速採用凱因斯學派的解藥，藉政府舉債數兆美元刺激消費，為正往下沉淪的美國經濟止血。放任自由市場持續帶來傷害的前景觸目驚心，令人不敢妄為，小布希總統可謂毫不猶豫地選擇拋棄海耶克，轉而擁抱凱因斯。美國人民新選出的歐巴馬總統更進一步靠舉債刺激經濟。不過，在這筆振興經濟資金徹底發揮作用之前，前所未見的政府舉債規模已經在社會上引發激烈反對。茶黨運動崛起，要求政府改變目前的施政方針。「漢克，美國人民可不喜歡經濟救濟。」[2]茶黨運動領袖莎拉・培琳（Sarah Palin）在二〇〇八年十月怒斥財政部長亨利・保爾森（Henry Paulson）。政治評論家格林・貝克（Glenn Beck）向美國群眾介紹過去不受重視的《通往奴役之路》（*The Road to Serfdom*），重振海耶克的名聲，於是這位被世人遺忘多年的奧地利人登上書店暢銷寶座。凱因斯已然過時，海耶克則走上舞台。

誠如一九三〇年代，支持自由市場和政府干預的競爭言論如今依舊爭論不休。到底誰是對的，凱因斯或海耶克？本書旨在回答讓經濟學家和政治人物解答了八十幾年的問題，並且說明這兩位傑出人士的截然不同如何持續深化自由派和保守派間的鴻溝，直至今日亦然。

---

[2] 引述自John Cassidy, "The Economy: Why They Failed," *New York Review of Books*, December 9, 2010, pp. 27-29.

第一章 迷人的英雄

凱因斯如何成為海耶克的偶像：一九一九至一九二七

經濟史上最偉大的辯論緣起於一次尋常的借書請求。一九二七年初，年輕的維也納經濟學者弗里德里希・海耶克寫信給任教於英國劍橋大學國王學院的約翰・梅納德・凱因斯，探聽一本完成於五十年前、書名古怪的經濟學教科書《數理心理學》（*Mathematical Psychics*），作者是弗朗西斯・伊西德羅・埃奇沃思（Francis Ysidro Edgeworth）[1]。凱因斯在空白明信片上僅以一行字

---

1 埃奇沃思是盎格魯—愛爾蘭地主家族的後代，他是一位作家也是個古怪的人，是十九世紀經濟學家中最具故事性且思想獨創的天才。他的家世充滿浪漫懷想，被年邁姑姑瑪莉雅・埃奇沃思（Maria Edgeworth）寫進她的暢銷道德小說之中。瑪莉雅・埃奇沃思對上層與下層愛爾蘭生活的生動描寫，啟發華特・司各特爵士撰寫（Sir Walter Scott）《威佛利》（*Waverley*）系列歷史小說。埃奇沃思的父親弗朗西斯・貝福特・埃奇沃思（Francis Beaufort Edgeworth）在劍橋大學修習哲學，某次他途經倫敦前往德國，在大英博物館的階梯上「撞」見了十六歲的加泰隆尼雅女孩羅莎・芙羅倫提納・埃洛雷斯（Rosa Florentina Eroles），她逃離家鄉連年戰亂，避居倫敦。法蘭西斯・埃奇沃思立刻墜入情網，決定違反貴族背景的嚴厲家規，和在一起不久的戀人私奔。這對愛侶在三個星期內成婚，他們婚姻的第五個孩子就是弗朗西

回覆：「很遺憾，我的《數理心理學》庫存已告罄。」

名不見經傳的初生經濟學者海耶克，為什麼要向當時舉世聞名的經濟學者凱因斯借書呢？對凱因斯而言，海耶克的請求不過是他鼓脹郵袋裡的其中一封信。劍橋經濟學神童未留下海耶克的借書請求，卻是胸有成足地認為，有朝一日，自己在政治經濟學方面大膽的研究取徑將造福後世，於是囤積所有手寫筆記本和信件。他身故後所出版的文章，即便已經過編輯，仍有十三冊之多。相較之下，海耶克當時似乎已嗅出這次請求的重要性。他將凱因斯乏味的回覆視若珍寶，當作個人紀念物、職業獎盃般保存了六十五年。這張明信片如今屬於加州帕羅奧圖（Palo Alto）史丹佛大學胡佛研究所的海耶克檔案，是海耶克策畫兩人初次接觸的有形證據，往後他們將對政府在社會及世界經濟命運中所扮演的角色展開激烈對決。

海耶克對埃奇沃思感興趣，他深入探索的其中一個課題未來將同時吸引凱因斯和海耶克兩人：稀缺資源如何以最佳效率將「享受樂趣的能力」（capacity for pleasure）最大化。書名令人望而生畏的《數理心理學：論道德科學的數學應用》出版於一八八一年，是埃奇沃思最廣為人知的著作，內容包括接下來一個世紀內經濟學家糾纏不休的好幾個辯論主題，如「完全競爭」（perfect competition）、「賽局理論」（game theory）等概念，以及凱因斯和海耶克對抗中最關鍵的概念——如果每個身體健全的成人都就業，則一經濟體將達到「均衡」（equilibrium）狀態。埃奇沃思也是貨幣與貨幣體系理論的早期論述者，時至一九二七年，凱因斯與海耶克已對該理論提出詳細闡釋。一九一一年，凱因斯緊接在埃奇沃思之後出任《經濟學雜誌》（*the Economic Journal*）主編一職，或許是促使海耶克找上凱因斯的微小託詞。

海耶克何以認為凱因斯擁有被他玩笑般稱之為「我的《數理心理學》庫存」的書，彷彿他祕密囤積成堆埃奇沃思那令人望而生畏的著作，這點我們無從推敲。儘管埃奇沃思在英國經濟學圈不太受重視，《數理心理學》仍有一定程度的普及性。以凱因斯劍橋指導教授阿爾弗雷德·馬歇爾（Alfred Marshall）[2]學說為主的英國經濟學派和歐陸經濟學派之間存在極大歧異，後者聚焦在路德維希·馮·米塞斯（Ludwig von Mises，海耶克在維也納的老師）[3]所闡釋的資本投資理論（投資到一門生意中的金錢），不過兩方陣營仍有許多接觸，當然也保有某種程度的誤會。馬

斯·伊西德羅·埃奇沃思。成年後，埃奇沃思把教名的順序調換，因為總是有人搞混他和他父親的名字。埃奇沃思沒有結婚，但曾短暫追求彼得兔的作者碧翠絲·波特（Beatrix Potter）未果，他把精力全都投入以數學公式理解人類問題的應運上。在世時，埃奇沃思對經濟學理論的貢獻幾乎不被認可，他的研究被十九世紀末英國經濟學大家、劍橋大學經濟學巨人馬歇爾挪用，沒有適當說明出處。馬歇爾不僅是凱因斯的老師，也是凱因斯學經濟學的父親奈維爾的老師。

2 馬歇爾（Alfred Marshall, 1842-1924），英國經濟學家，定義了供給和需求、邊際效益等基礎經濟學概念。馬歇爾是同時代人中最具影響力的經濟學家，他在經濟學教科書《經濟學原理》（1890）中闡述供給和需求、邊際效益以及生產成本等基礎經濟學概念，奠定了當時經濟學知識的基礎。

3 米塞斯（Ludwig Heinrich Edler von Mises, 1881-1973）是奧地利學派經濟學家，他在一九三四年逃離納粹主政的德國到瑞士落腳，並於一九四〇年移民至美國。受到門格爾和博姆—巴維克的啟發成為最具影響力的經濟自由主義者，啟蒙了海耶克、安·蘭德、洛卜克、馬赫盧普和羅賓斯，以及美國自由主義運動。

歐爾學派的基礎是常識性經濟學認知以及企業的實際運作，源於使英國成為史上最成功商業國家的重商主義傳統。奧地利學派的各個概念則較重理論與機制，演繹自企業運作的智識而非實務認知。

奧地利人大多能讀英文，即便不為英國經濟學傳統說服，起碼也熟知其詳；英國人一般而言不懂德文，而且忽視奧地利和德國理論家的著作。所幸，國界和學術圈的關聯意義不大。即便處於一戰的恐怖時期，就算學者發現他們置身在戰壕界線的兩端，書籍雜誌的買賣交換仍持續不輟。哲學家維根斯坦（Ludwig Wittgenstein）是凱因斯在劍橋大學時期的朋友，也是海耶克的遠房表親，[4]他在隨奧地利軍隊駐守義大利前線時曾寫信給凱因斯，「你可以寄〔劍橋哲學家伯特蘭・羅素（Bertrand Russell）的新書〕給我，戰後我再付錢給你嗎？」[5]凱因斯隨即協助處理。[6]

就算海耶克在維也納大學汗牛充棟的圖書館裡連一本《數理心理學》都找不到，下一步便尋求名聞遐邇的凱因斯協助也不合邏輯。凱因斯不僅是在劍橋大學國王學院為大學生講授經濟學的一名教授而已。他四十二歲時，由於代表英國財政部參與巴黎和會談判而舉世聞名。巴黎和會催生《凡爾賽條約》，終止了一戰的動亂。凱因斯因為向大眾揭露主導和會的仇外以及民族主義怨恨情緒，成為英國乃至整個歐洲社會津津樂道的公眾人物，尤其是奧地利、德國等戰敗國。

凱因斯的經濟學與公共財政知識深厚，因而當英國於一九一四年九月正式宣戰時，政府立刻徵召他負責向美國債權人協商借貸鉅款。借款不只用於資助領土覆蓋近半個地球的大英帝國在全世界的戰爭，甚至因為美國銀行家不信任法國人和義大利人的償還能力，英國被迫負責出錢為盟邦提供擔保，導致借貸金額極為龐大。凱因斯的運作手法靈活，成功避開複雜的官僚行政，因此戰爭結束後，凱因斯加入顧問團隊，職責是提供建議，確保德國人為他們造成的死傷付出代價。

一戰在當時可謂歷史上最具毀滅性的戰爭。德國、奧地利組成的同盟國和英國、法國、俄國以及後來加入的美國組成的協約國，根本上是為爭奪領土與世界貿易而開戰。幾星期內，雙方已開挖數千英里潮溼的淺壕溝，雙方壕溝的距離近到互相喊話都能清楚聽見，接著，他們從戰壕發動自殺性突擊。這場戰爭代表著騎士時代的終結、現代的曙光。騎兵和刺刀近身搏鬥逐漸為坦克對戰、化學武器攻擊和空中轟炸所取代。經過可怕的四年，德國人餓到被迫投降，一九一八年停戰之際，將近一千萬軍人陣亡，另有八百萬軍人「失蹤」，超過兩千一百萬軍人受傷以及約七百

4 海耶克在口述歷史全集（Oral History Collection）引述道，維根斯坦的祖母和海耶克的曾祖父是手足。Department of Special Collections, University Library, University of California, Los Angeles, 1983, p. 139.

5 Letter from Wittgenstein to Keynes, sent from K.u.k. Art. Autodetachement, "Oblt. Gurth," Feldpost No 186 on January 25, 1915. 引述自Ludwig Wittgenstein, *Ludwig Wittgenstein Cambridge Letters*, ed. Brian McGuinness and Georg Henrik Wright (Wiley-Blackwell, Hoboken, N.J., 1997), p. 52.

6 即便處於這些黑暗處境中也幽默不減的凱因斯曾在一九一五年一月十日寫給維根斯坦的信中開了一個和存在主義密切相關的玩笑，說明她收到了維根斯坦先前寄來的信。「收到你的信我很訝異。你認為這是否證明在我收到信的短暫期間，你是存在的？我想是的。」

萬平民罹難。整整一個世代的歐洲青年慘遭屠殺或終生殘障。

根據海耶克的回憶，凱因斯是「我們中歐人的英雄」[7]，因為他勇敢譴責英國、法國以及美國領袖對戰敗國人民索取沉重賠款的行為。他抨擊巴黎和會的著作《和平的經濟後果》在《凡爾賽條約》簽署後幾個月內面世，立刻引起全球熱烈關注。書中淨是對協約國領袖大不敬的抨擊，將美國總統伍卓・威爾遜（Woodrow Wilson）、法國總理喬治・克萊蒙梭（Georges Clemenceau）[8]和英國首相大衛・勞合・喬治（David Lloyd George）[9]描繪得極為負面。凱因斯預測，沉重賠款將導致政治動盪和極端政治，引發另一次世界大戰，後來這一切預測成為令人毛骨悚然的先見之明。海耶克初次嘗試認識凱因斯時，並不知道這名年輕劍橋教授體內流著濃濃的資產階級反叛血液。

凱因斯出生於書香門第。他的父親奈維爾（Neville）著有經濟學相關書籍，同時是劍橋大學的行政人員。他的母親佛羅倫絲（Florence）也是知識分子，是女子劍橋紐納姆學院（Newnham College）早期畢業生，後來成為劍橋首位女性市長。凱因斯擁有比雙親更獨立、原創的心智成長環境。從英國一流貴族中學伊頓公學（Eton College）畢業後，凱因斯進入國王學院大學部，主修數學。他的父親鬍鬚鬢白的導師馬歇爾不久後收他為門生。馬歇爾是英國經濟學界的明燈，撰有英語世界最權威的經濟學教科書《經濟學原理》（*Principles of Economics*〔1890〕），書中介紹部分基本經濟學概念，像是供給滿足需求就產生價格，以及物品的用處決定它的價值。馬歇爾欣賞凱因斯的聰明才智，鼓勵他放棄數學轉而鑽研經濟學。

凱因斯在劍橋結交了幾個知心好友，這幫人的波希米亞思維指引他餘生的思想及行動。布魯姆斯伯里團體（Bloomsbury group）[10]的成員有即將成名的作家禮頓・史特拉奇（Lytton Strachey）[11]、維吉尼亞・吳爾芙（Virginia Woolf）[12]、E・M・福斯特（E. M. Forster）[13]，視覺

7 F. A. Hayek, *The Collected Works of F. A. Hayek*, vol. 9: *Contra Keynes and Cambridge: Essays and Correspondence*, ed. Bruce Caldwell (University of Chicago Press, Chicago, 1995), p. 58. 以下簡稱 *Collected Works*。

8 克萊蒙梭（George Clemenceau, 1841-1929），法國總理（1906-9, 1917-20）。

9 勞合・喬治（David Lloyd George, 1863-1945），英國自由黨首相（1916-22），被認為是福利國家的創始人。

10 首次提出「布魯姆斯伯里團體」的是史特拉奇。參見 Stanford Patrick Rosenbaum, *The Bloomsbury Group* (University of Toronto Press, Toronto, 1995), p. 17.

11 史特拉奇（Giles Lytton Strachey, 1880-1932）撰寫了維多利亞女王的傳記，他的《維多利亞名人傳》呈現許多英國名流的生活故事。

12 吳爾芙（Adeline Virginia Woolf née Stephen, 1882-1941），英國現代主義小說家、散文家，著名小說包括《達洛威夫人》（*Mrs. Dalloway*, 1925），《到燈塔去》（*To the Lighthouse*, 1927）和《奧蘭多》（*Orlando*, 1928）。他和先生李奧納・吳爾芙在一九一七年成立霍加斯出版社（Hogarth Press）。

13 福斯特（Edward Morgan Forster, 1879-1970），英國作家，劍橋大學國王學院教員，小說包括《天使裹足之處》（*Where Angels Fear to Tread*, 1905）、《窗外有藍天》（*A Room with a View*, 1908）、《霍華德莊園》（*Howards End*, 1910）和《印度之旅》（*A Passage to India*, 1924）。

藝術家鄧肯・葛蘭特（Duncan Grant）[14]、凡尼莎・貝爾（Vanessa Bell）[15]和羅杰・弗萊（Roger Fry）[16]等人，他們一致推崇劍橋三一學院（Trinity College）倫理學家G・E・摩爾（G. E. Moore）[17]的思想，相當重視個人友誼和審美價值。這個團體拒絕僵固的維多利亞傳統，尤其是清教徒式的性道德觀，而且成員們以自己的小團體語言交談，排除外人。錯綜複雜的愛情成為團體的凝聚力。他們一直住在布魯姆斯伯里社區（團體因而得名）的倫敦廣場，以彼此為鄰，有時也住到南部英國鄉間的仿舊房舍。

凱因斯外表並不出眾，也不覺得自己有魅力，不過天生一副威風凜凜的好身材。他身高六呎六吋（約一九八公分），自從在小學顯得鶴立雞群起便有輕微駝背。離開伊頓公學後，他留起鬍子。最令人難忘的是他深邃溫暖又誘人的栗色眼睛。男人及女人無不為他傾倒。悅耳的嗓音甚至迷惑了那些抵抗他魅力的人。誠如海耶克所言，「有幸和他親身相處，當下便能感受到這位健談才子的魅力，他興趣廣泛，嗓音令人神魂顛倒。」[18]

凱因斯和其餘布魯姆斯伯里成員不太一樣，這和任何個人癖好一概無關——他是狂熱的當代繪畫蒐藏家，是多產且辯才無礙的作家，同時也是放蕩、毫無顧忌的同性戀者——而是因為他選擇的專業領域。當其他人享受不受傳統社會束縛的藝術創作生活，藉此攻擊既定社會秩序並能全身而退之際，凱因斯的經濟學天賦使他為戰時政府所迫切需要。他的布魯姆斯伯里伙伴們亦不諱言，他加入了他們最鄙視的統治階級。凱因斯和團體裡許多人一樣，認為政府想在一戰中獲得完全且決定性勝利簡直痴人說夢話，並且相信欲停止戰壕每日發生的血腥殺戮，應該立刻休兵，而不計較誰是勝利的一方。

一九一四年十一月，戰爭才剛開始，凱因斯已經無法忍受西線浴血戰事的慘烈程度。「我的沮喪絕對且徹底，」他寫信給史特拉奇。「日復一日，我目睹年輕人離開……踏進屠宰場，我完全無法忍受。本學院已有五名大學部或剛畢業的學生命喪沙場。」[19]戰事持續，愈來越愈年輕朋友的死訊傳回家鄉。「昨天傳來消息，說我們的兩名大學生已陣亡，兩個我都認識，」他寫信給曾和他出雙入對的情人葛蘭特。「今天，魯伯特也死了。」[20]二十八歲的詩人魯伯特·布魯克

14 葛蘭特（Duncan James Corrowr Grant, 1885-1978），蘇格蘭畫家，曾經和史特拉奇、凱因斯交往，並和畫家吳爾芙的姐妹凡尼莎·貝爾在東薩塞克斯郡查爾斯頓的農莊經營令人意想不到的同居關係。

15 凡尼莎·貝爾（Vanessa Bell née Stephen, 1879-1961），英國藝術家，和藝評家克萊夫·貝爾結婚。在此之前，她和葛蘭特及其伴侶大衛·賈奈特（David Garnett）曾在東薩塞克斯郡查爾斯頓建立非傳統的三人同居關係。

16 弗萊（Roger Eliot Fry, 1866-1934），英國藝術家、藝評家，是現代主義的捍衛者，創造了「後印象派」（Post-Impressionism）一詞。弗萊曾和凡尼莎·貝爾曾短暫發生婚外情。

17 摩爾（George Edward Moore, 1873-1958），英國倫理學家，一九〇三年出版的《倫理學原理》（*Principia Ethica*）啟發了凱因斯和其他布魯姆斯伯里成員。

18 *Collected Works*, vol. 9: *Contra Keynes and Cambridge*, p. 240.

19 R. F. Harrod, *The Life of John Maynard Keynes* (Macmillan, London, 1952), p. 200.

20 Letter from Keynes to Grant, April 25, 1915，出處同前，p. 201.

（Rupert Brook）在前往加里波利戰場途中陣亡的消息震驚全國上下，其國王學院的友人尤為悲慟。

儘管他是和平主義者，凱因斯仍準備為戰爭貢獻其才智，只是絕非出於愛國心態，而是因為他對戰時公共政策難題逐漸有了興趣。凱因斯在戰爭中的角色比任何非民選官員都重要。他非常稱職。他的傳記作者R．F．哈羅德（R. F. Harrod）[21]解釋道，「他在跨協約國經濟活動中占據無庸置疑的關鍵位置，他是政策的催生者，而且實際上為決策負起最終責任。」[22]凱因斯生活的某個面向使他和海耶克有著天壤之別：海耶克為研究經濟理論而研究經濟理論本身，刻意與政治保持距離，相較之下，凱因斯感興趣的是如何應用經濟學做為改善他人生活的手段。

一九一五年，戰爭進入第二個年頭，即便認為這場戰爭是不道德的，凱因斯仍嘗試在財政部職位上調和兩種理念，可惜這漸漸影響到他和布魯姆斯伯里友人們的關係。一九一六年初，他迫於壓力，和所有人一起登記為「拒絕服兵役者」（conscientious objector）以逃避徵召。[23]向來出言不遜的史特拉奇由於凱因斯而失去愛人葛蘭特，是團體中最直接表明厭惡凱因斯職業的人。在財政司長艾德溫．蒙塔古（Edwin Montagu）針對德國人發表嗜血的長篇演說後，史特拉奇從報紙上剪下這則報導，放在凱因斯的晚餐桌上，並附上紙條說，「親愛的梅納德，為什麼你還在財政部？你的禮頓。」[24]史特拉奇告訴弟弟詹姆斯（James），「我本來要寄給他，但碰巧看到他在高登廣場用餐，索性把信放到他的餐盤上。他**真的**滿不爽的。」史特拉奇徑自說下去，「為什麼要讓他繼續以為自己和那些人正在拯救世界？……這個可憐蟲看樣子是來真的，而且承認之所以不離開，部分是出於勝任這份工作使他感到快樂。他認為，每個星期為國家省下數百萬（英鎊）是很大的貢獻。」[25]

同儕壓力迫使凱因斯考慮辭職，他花很多時間為登記拒絕服兵役者的朋友辯護，幫助他們免受牢獄之災。即便如此，他依然相信參與管理戰爭是對的事，而且他的貢獻創造了更良善的政策，倘使這份工作由他人負責，結果只會更糟。一九一八年十一月，當和平降臨，他慶幸自己當初未屈服於回到國王學院、當個沉默不負責任的人的想法。只是戰爭結束並沒有讓他卸下公職。身為英國戰時政策核心人物之一，一九一九年一月，他出發參與巴黎和會，指導首相勞合．喬治的談判策略。

凱因斯對和會沒有不切實際的幻想，他的立場和他解釋自己參與戰爭管理的心情一樣：密切

---

21 哈羅德（Sir Roy Forbes Harrod, 1900-78），英國經濟學家，任教於牛津大學經濟學系，他撰寫的 *Life of John Maynard Keynes* (1952) 在史紀德斯基三卷本（1983, 1992, 2000）傳記完整出版之前，一直是最具權威性的凱因斯傳記。

22 Harrod, *Life of John Maynard Keynes*, p. 206.

23 布魯姆斯伯里的成員們不是和平主義者；可是他們認為不該應募發動一場他們不能認同的戰爭。欲知詳細內容，參見 Robert Skidelsky, *John Maynard Keynes*, vol. 1: *Hopes Betrayed 1883-1920* (Viking Penguin, New York, 1986), pp. 315-327.

24 同前，p. 324。

25 同前，p. 324。

參與國家事務使他感到愉悅。他認為，他參與的結果會相對公義、文明。他對於自己餵養戰爭機器到如此地步深感愧疚，希望透過確保條約的公平性來贖罪。誠如他的傳記作者羅伯特．史紀德斯基（Robert Skidelsky）[26]所言：「他在尋思個人補償的方法。」[27]

協約國最在意的是確保「德國人以海陸空侵略對協約國平民及其財產造成的所有傷害，一概由德國人負責賠償」。[28]以總理克萊蒙梭為首的法國人最為頑固，堅持戰敗國要為其所造成的物資和人為傷害付出代價。無奈協約國不久便陷入困境。他們沒收愈多德國國內資產和海外投資、煤礦以及鋼鐵工業、商業船隊等，德國就愈沒有能力以現金每年償還賠款。新國家如匈牙利、波蘭和捷克斯洛伐克的成立，進一步削弱戰敗國賠償的能力，因為過去在德國及奧匈帝國的統治下，這些新興國家會將剩餘物資送至帝國首都。

併發症不只這麼一樁。一戰期間，俄國孟什維克（Menshevik）民主黨人結束沙皇尼古拉二世（Tsar Nicolas II）的統治[29]，尋求和同盟國和談，接著又遭布爾什維克革命[30]殘暴地推翻。倘若協約國讓戰敗國人民無力滿足戰勝國的要求，很可能會破壞戰敗國的民主，並導致共產主義朝西方蔓延。果不其然，當德國戰敗已無可避免，一九一八年十一月，威廉二世（Wilhelm II）剛遭廢黜不久，羅莎．盧森堡（Rosa Luxemburg）便率領斯巴達克斯聯盟（Spartacus League）的馬克思主義革命派發動政變，挑戰新成立的民主政府。[31]儘管如此，協約國持續為極端主義者創造崛起的舞臺。他們一面為了如何榨乾德國威瑪政府爭執不休，同時持續對德國實施促使他們投降的物資封鎖。德國和奧地利不久後便捲入一場人道主義災難，國民普遍處於悲慘狀態，提供革命派吸納支持者的絕佳環境。

在巴黎，凱因斯成為戰敗國的寧靜擁護者。他主張德國不該被活活餓死，並親自出馬確保奧地利獲得更寬容的待遇，這個消息在維也納廣為流傳，當時海耶克剛從義大利前線回到維也納。凱因斯和卡爾·梅爾基奧博士（Dr. Carl Melchior）[32]兩人認識，後者是漢堡M·M·沃伯格銀行（M. M. Warburg）的股東，也是巴黎和會上德國的首席談判員。這兩人不顧協約國禁令，私下密

26 史紀德斯基（Robert Jacob Alexander, Baron Skidelsky, 1939- ），英國華威克大學政治經濟學榮退教授（University of Warwick），是研究經濟思想史的英國學者，同時也是社會民主黨（1981）的創黨成員之一。他撰寫的三卷本凱因斯傳記是目前最具權威性的凱因斯生平研究。

27 Skidelsky, *John Maynard Keynes*, vol. 1: *Hopes Betrayed*, p. 353.

28 Allies memorandum to President Wilson, in U.S. Department of State, *Papers Relating to the Foreign Relations of the United States, 1918. Supplement 1, The world War* (Government Printing Officer, Washington, D.C., 1918), pp. 468-694.

29 譯注：沙皇在一九一七年的二月革命中遜位。

30 譯注：爾什維克革命（Bolshevik revolution），又稱十月革命，亦發生於一九一七年。

31 盧森堡（Rosalia “Rosa” Luxemburg, 1871-1919）是德國馬克思主義者和斯巴達克斯聯盟的領導者，她在一九一九年一月柏林斯巴達克斯起義失敗後被處死。

32 梅爾基奧（Carl Melchior, 1871-1933）德國M·M·沃伯格銀行家。在巴黎和會上，率領代表戰敗德國政府的代表團。儘管公開對梅爾基奧「示愛」，沒有證據顯示他們有超越柏拉圖式的親密友誼。梅爾基奧有位長年交往的情婦——法國作家瑪莉·德·茉倫斯（Marie de Molènes），他們最終結為連理，兩人育有一子。

會協商一筆交易：倘若德國商業船隊向協約國投降，德國便能獲得糧食補給。

一九一八年五月，凱因斯為奧地利食不果腹的婦孺提出請求。在達成梅爾基奧交易的會面中，「凱因斯先生指出，他但願自己能充分描繪奧地利的駭人景象。儘管〔英國〕已提供奧地利可觀借款購置糧食，絕大多數人口仍處於挨餓狀態。還有很多民眾衣不蔽體。該國人民處於絕望深淵，他們已經為參與一戰的行為遭受嚴厲懲罰。」[33]凱因斯為了奧地利困境站到戰勝國對立面的態度，以及對《凡爾賽條約》的反對，促使他成為海耶克及其維也納友人心目中的英雄。

基於相信賠償對歐洲永久和平的遠景將造成災難性後果，凱因斯感到愈來愈痛苦。「我筋疲力竭，部分因為工作，部分因為圍繞著我的邪惡令我憂鬱，」他寫信給母親道。「條約蠻橫無理又不切實際，只會招致不幸……我想我已成為惡行和愚昧的共犯，然這一切結束的日子近了。」[34]他寫信給假扮農工逃避徵召的葛蘭特，言明協約國領袖「本來有機會採納更大器或至少更人道的世界觀，卻毫不猶豫地拒絕了」。[35]他寫信給財政大臣奧斯汀・張伯倫（Austen Chamberlain），「首相正率領我們眾人走進毀滅的泥淖。他為歐洲提出的安置計畫將造成經濟上的破壞，而且必然導致數百萬人口死亡……你怎能冀望我從旁協助這場悲慘鬧劇？」[36]一個星期前表示自己「強烈認為，你持續在此時為國家服務至為重要」[37]的財政大臣張伯倫並未回應凱因斯。

凱因斯離開財政部團隊下榻的富麗酒店（Hotel Majestic），躲進巴黎西邊僻靜蓊鬱布洛涅森林旁的一間公寓。他精神崩潰，寫信給母親，「我一天中，有一半時間在床上度過，起床不過是陪財政大臣、〔和他一樣反對懲罰性賠償的南非陸軍元帥〕J．C．史莫資（J. C. Smuts）[38]和首相〔勞合．喬治〕接受訪問……上個星期，我清楚看見最壞的可能，然後立即上床睡覺，我一點也不喜歡這可能性。」[39]自覺無法促使條約回歸理性，凱因斯寫信給勞合．喬治表達離意，「我想告知您，星期六起我將從這場噩夢中抽身。我在這裡幫不上忙……木已成舟。」[40]

巴黎和會所見所聞促使他下定決心善用這些經歷，於是凱因斯以不到兩個星期的時間，在葛蘭特和他太太凡尼莎．貝爾位於東薩塞克斯郡查爾斯頓（Charleston, East Sussex）的農舍安頓下來，以冷靜、綜觀全局、無情且風趣的角度，揭露戰勝國主張中令人不寒而慄的荒謬性。他撰寫《和平的經濟後果》的速度飛快。主要論點是這場和談名不符實。報復的欲念以及渴望看見德國

---

33 Skidelsky, *John Maynard Keynes*, vol. 1: *Hopes Betrayed*, p. 374.
34 Letter from Keynes to mother, May 14, 1919，引述自 Harrod, *Life of John Maynard Keynes*, p. 249.
35 Letter from Keynes to Grant, May 14, 1919，出處同前，p. 250。
36 Letter from Keynes to Chamberlain, May 26, 1919，出處同前，p. 251。
37 Letter from Chamberlain to Keynes, May 21, 1919，出處同前，p. 250。
38 史莫資（Jan Christiaan Smuts, 1870-1950）是南非政治家，曾擔任南非聯邦的首相（1919-24, 1939-48）。
39 Letter from Keynes to mother, June 3, 1919, quoted in Harrod, *Life of John Maynard Keynes*, p. 252.
40 Letter from Keynes to Lloyd George, June 5, 1919，出處同前，p. 253。

因挑起他筆下的「歐洲內戰」[41]永遠無法翻身，再再可能導致另一場世界衝突。「德國人在痴心妄想和魯莽自負的驅使下，推翻了我們全體賴以維生和共同建設的基礎，」凱因斯寫道。「然法國和英國人民的代言人卻冒險使得廢墟更加殘破。」[42]

凱因斯希望讀者看清協約國施加殘酷懲罰的暴行，而德國亦無力履行其條約規範義務。他從史特拉奇抨擊克里米亞戰爭（Crimean War）女英雄南丁格爾等英國偶像的諷刺作品《維多利亞名人傳》（*Eminent Victorians*）得到靈感，藉醜化威爾遜總統巴黎會客室參與商討的人物，引起社會大眾的好奇。克萊蒙梭「垂垂老矣，為了重要場合保留體力……他經常閉目養神，身體靠著椅背，一副空白羊皮紙的冷淡神情，帶著灰手套的雙手十指交扣在前」。[43]這名法國總理的態度是「絕對不和任何德國人談判，也不可以安撫他們；一定要讓他們俯首聽命」，他相信「一個寬宏大度或兼顧公平與平等的條約……只不過是縮短德國東山再起的時間，加快她再次舉國入侵法國那天的到來。」[44]

凱因斯對勞合．喬治亦同樣刻薄，儘管母親說服他刪除一整段形容英相為「賽蓮女妖、山羊腳的吟遊詩人、從凱爾特古典時代魔法森林來到我們時代的半人訪客」[45]的裝飾性詞藻，凱因斯仍控訴勞合．喬治為確保所屬自由黨（Liberal）政府取得勝利，竟在和會期間舉行大選，然後和保守黨（Conservative）對手展開競賭，看誰能最快讓德國陷入貧無立錐之地。

對凱因斯而言，條約的魔鬼確實藏在細節裡。德國必須歸還煤藏豐富、一八七〇年在普法戰爭中取得的阿爾薩斯—洛林地區（Alsace-Lorraine），還有採煤的薩爾省（Saar）以及上西利西亞（Upper Silesia）。凱因斯研判「交出煤礦將摧毀德國工業」。[46]除此之外，德國必須把可航行的河川如萊茵河交給國際接管，放棄商業船隊及大部分火車頭及鐵路車輛。他評估，「歐洲工業未來一片漆黑，革命前景看好」。[47]

再來是賠款。凱因斯揭露，法國的主要企圖是確保德國淪為一鄉村貧民國家，同時法國人和義大利人還有一個次要目標：從破產經濟中脫身。德國本身已破產，而且正是破產使她投降，她根本不可能透過徵稅或借貸增資，可惜沒人在乎這一切。凱因斯向復仇心切的協約國人民指出，「德國的償還潛力……遠不如一般所預期」。[48]條約所堅持的賠償數目遠超過德國的償還能力。「事實上，德國已經把未來的剩餘產量全交給協約國了。」[49]凱因斯的結論是，條約「年復一年地

---

41 J. M. Keynes, *The Economic Consequences of Peace* (Harcourt, Brace & Howe, New York, 1920), p. 5.
42 同前，p. 3。
43 同前，p. 30。
44 同前，p. 35。
45 Harrod, *Life of John Maynard Keynes*, p. 256.
46 Keynes, *Economic Consequences of the Peace*, p. 94.
47 同前，p. 96。
48 同前，p. 158。
49 同前，p. 167。

〔對德國〕剝皮」，將成為「文明史上殘酷勝利方最蠻橫的行徑」。[50]

出版商麥克米倫（Macmillan）於一九一九年十一月收到《和平的經濟後果》的書稿，很快便在下個月付梓。自從舊情人葛蘭特移情別戀凱因斯，史特拉奇對凱因斯的作品總是吹毛求疵，但如今就連他也難掩欣喜之情。「最親愛的梅納德，」他寫道，「你的書昨天送來，我一口氣就讀完了……書中論點真教人震驚不已，非常糟糕。」[51]凱因斯半開玩笑地回覆，這本書廣受愛戴。他寫道：「這本書獲得洪水般的肯定……淹沒窒息。每位內閣大臣都來信說，他們對書中字字句句贊同不已等。我相信，首相隨時可能告訴我本書貼切表達他的觀點，寫得極為動人。」[52]

持強硬外交立場的主流媒體指控凱因斯親德，認為他不了解讓德國接受充分懲罰的重要性。其中一家報紙甚至建議德國頒給他十字勳章（Iron Cross），那是德國表彰英勇行為的最高獎章。凱因斯的老闆財相張伯倫痛斥他不忠誠。「老實說，我感到遺憾，一個備受信任的公職人員……竟覺得有必要寫出如此扭曲他國家形象的文章，」他寫道。「我很擔心這樣的評論會阻礙我們的國際外交路線。」[53]哈羅德筆下「英語世界最優秀的論戰作品之一」[54]，以及史紀德斯基所謂「二十世紀文學中罕見的個人陳述」[55]，即將改變凱因斯的生活。自此之後，世界各地媒體競相邀稿，請他發表對條約及任何有關世界貿易和經濟的言論。

本書的銷量說明了一切。美國初版共兩萬本，瞬間銷售一空。時至一九二〇年四月，英國已賣出一萬八千五百本，美國七萬本。它被翻譯為法文、佛萊明文（Flemish）、荷蘭文和義大利文，還有俄文、羅馬尼亞文、西班牙文、日文及中文。同年六月，世界銷量已超過十萬本。令凱因斯感到欣慰的是，這本書也翻譯成德文。在維也納廣受歡迎的正是德文版。誠如海耶克指出，「《和平的經濟後果》使他在歐陸的聲譽更勝英國。」[56]

---

50 同前，p. 168。

51 Letter from Strachey to Keynes, Skidelsky, *John Maynard Keynes*, vol. 2: *The Economist as Savior 1920-1937* (Viking Penguin, New York, 1994), p. 392.

52 Letter from Keynes to Strachey，出處同前，p. 392。

53 同前，p. 393。

54 Harrod, *Life of John Maynard Keynes*, p. 255.

55 Skidelsky, *John Maynard Keynes*, vol. 1: *Hopes Betrayed*, p. 384.

56 *Collected Works* , vol. 9: *Contra Keynes and Cambridge*, p. 58.

第二章　帝國的終結

海耶克親身體驗的通貨膨脹：一九一九至一九二四

海耶克的戰爭經驗截然不同於長他十六歲的凱因斯。一九一四年衝突爆發之際，海耶克不過是個十五歲的學生，由於比其他同齡者高大，常有陌生人問他怎麼還沒應募入伍。馮・海耶克（Von Hayek）一家是愛國的奧地利人，是維也納世紀末的完美產物，毫不質疑皇帝決定和德國並肩作戰的意志。但身為家中三個兄弟當中的長子，海耶克直到一九一七年三月即將屆滿十八歲之際，方才從軍擔任起奧地利軍隊的軍官。

他的父親奧古斯特（August）是一名醫生，因為無法如願成為大學教授，從未克服沒能成為全職學者的失敗感。他藉著在維也納大學擔任植物學兼職教授安慰自己。海耶克和凱因斯家族皆屬於學術世家。奧古斯特的父親古斯塔夫（Gustave）是中學自然老師，岳父法蘭茲・馮・尤拉席耶克（Franz von Juraschek）是奧地利最著名的經濟學家之一。而海耶克似乎承繼了奧古斯特未竟的志向，他參軍服役時，抱持一旦恢復和平即進入大學任教的企圖。「在我成長過程中，已認定生命中最重要的事是成為大學教授，沒有確切概念要教授的科目……我甚至想過要當心理學家，」他回憶道。[1]

不同於凱因斯的優異成績，海耶克在校表現欠佳，曾兩度遭到退學，後來他坦承，「因為我和我的老師們不合，他們不滿我有能力卻懶散、無心學習……我總是拒繳作業，僅憑課堂聽講學習到的知識勉強過關。」[2]海耶克發現，未經雕琢的智慧仍足以使他在軍官訓練班名列前茅，心裡頗為寬慰。「儘管缺乏任何特別的天賦，甚至手腳有些笨拙，我在七十或八十名儲備軍官中還能名列第五或第六。」[3]海耶克結訓時，一戰已進入最後一年，他被派到義大利前線擔任通訊官。他曾經至少四度遊走鬼門關。有一次，彈片擦傷他的頭骨。另一次，他在傾盆暴雨中攻擊南斯拉夫的機槍陣地，事後幽默的形容那是「一次不愉快的經驗」[4]。他戴著耳機從偵查熱氣球跳傘降落時差點勒死自己。他搭乘的偵察機曾經遭義大利戰鬥機攻擊。

不過，戰爭大部分時候是無止盡的等待，以及使人精神耗弱的無聊。海耶克只好在閱讀中尋找慰藉。自從看了一本借來的經濟學書籍後，他找到成為他生命志業的學科。「〔我看的〕前兩本經濟學書籍……寫得好糟，我甚至驚訝於這兩本作品並未澆熄我的熱情，」[5]他說道。海耶克對承平經濟在戰爭期間的轉變漸次感興趣，也就是當自由市場屈服於國家需求。瓦爾特·拉特瑙（Walter Rathenau）為步入政壇的經濟學家，他負責掌管奧地利戰時原物料，海耶克閱讀他的作品，並說道：「我認為，他對如何重組經濟的種種看法或許開啟了我對經濟學的興趣，他的看法毫無疑問的帶有些微社會主義傾向。」[6]

「我從來不是正式的社會民主派，但我應該可以成為英國的費邊社會主義者（**Fabian socialist**），」[7]海耶克回憶道。這代表他的立場比終生自由黨成員凱因斯偏左。自由黨主張中間路線，介於以民主手段讓公股進入主要產業的社會民主主義，以及信仰現狀與自由市場的保守主義之間。「我不曾受馬克思社會主義吸引，」海耶克表示。「相反的，當我接觸馬克思主義式、極度教條式的社會主義……它只令我反感不已。但在相對溫和的路線當中，我認為，拉特瑙的國家社會主義『德國社會政策』（**German Sozialpolitik**）是誘使我研究經濟學的因素之一。」[8]等

1 "Nobel Prize-Winning Economist, Friedrich A. von Hayek," Oral History Program, University of California Los Angeles, 1983 (interviews with Hayek conducted on October 28 and November 4, 11, and 12, 1978), p. 475, http://www.archive.org/stream/nobelprizewinnin00haye#page/n7/mode/2up (accessed February 2011). 以下簡稱 UCLA Oral History Program。

2 F. A. Hayek, *Hayek on Hayek*, ed. Stephen Kresge and Leif Wenar (University of Chicago Press, Chicago, 1994), p. 35.

3 Erich Streissler, ed., *Roads to Freedom: Essays in Honour of Friedrich A. von Hayek* (Augustus M. Kelley, New York, 1969), p. xi.

4 UCLA Oral History Program, p. 387.

5 同前，p. 177。

6 同前，p. 57。

7 同前，p. 57。

8 同前，p. 59。

到休假時，海耶克便前往維也納大學登記就讀經濟學，一旦戰爭結束即展開學業。

一九一八年十一月十一日停戰後，海耶克回到他曾經稱之為家的維也納，那色彩斑爛、富歷史風韻且自信的城市早已面目全非。戰爭亦導致海耶克身體欠佳，他在最後幾個星期染上瘧疾。率領五千萬帝國子民的奧匈帝國皇帝卡爾一世（Karl I）輸了戰爭後，不再統領舊王國的殘餘領地。分離主義運動在戰爭尾聲的混亂之際乘勢建立起幾個獨立國家。帝國也因為新國家成立而失去百分之七十的領土，包括捷克斯洛伐克、波蘭以及南斯拉夫。匈牙利也脫離奧地利，自行宣布為一個馬克思主義的蘇維埃共和國。革命的改變甚至影響馮・海耶克家族的姓氏：奧地利新共和國政府頒布法令，要求撤除過去名望大族的姓氏前綴「馮」（von）。

《聖日耳曼條約》（Treaty of Saint-Germain-en-Laye）對奧利地所帶來的負擔不亞於《凡爾賽條約》之於德國。撐過奧匈帝國解體的德屬奧地利地區就像少了身軀的頭顱，被戰勝國禁止自稱「德國人」，同時不得在未經國際聯盟（League of Nations）同意的情況下和德國結盟。由於同盟國大肆舉債以支付戰爭經費，戰爭期間，奧地利人民遭受經濟掠奪，未想恢復和平後的掠奪甚至變本加厲。根據海耶克的回憶，「過去是歐洲文化、政治中心的維也納……變成屬於農夫和勞工的共和國的首都。」[9] 失去帝國供給路線，維也納不久便耗盡僅存不多的匈牙利小麥和捷克煤炭。民生物資如麵包與電力等貴到沒人負擔得起。街上滿是乞討的婦孺。

凱因斯的《和平的經濟後果》便是在這般地獄混亂中橫空出世，受到海耶克及其友人們的青睞，並爭相捧讀。凱因斯在減輕痛楚的欲望驅使下，形容奧地利人的貧困是戰後安排中最顯著的不公平之一。他指控協約國領袖對奧地利人的困境冷血無情。「歐洲在他們眼前面臨飢餓及瓦解的問題，絲毫無法引起四強（協約國領袖）的注意，」[10]他寫道。四強成員一心只想著復仇，似乎看不見戰敗國陷入混亂與革命。凱因斯寫道：「我們面對的危險，是歐洲人生活水準急遽下跌至某些人即將餓死的地步（這情況已經發生在俄國，奧地利也快要趕上了。）……這些悲慘的人可能會推翻僅存的政府機關並淹沒文明。」[11]奧地利人無法承受加諸在他們身上的嚴厲賠償，「因為他們一無所有。」凱因斯寫道。[12]在奧地利，他說：「饑荒、寒冬、疾病、戰爭、謀殺以及無政府正是真實的現狀。」[13]

凱因斯引用德國政府的觀點，指出戰敗賠償將倒轉時鐘半個世紀，導致德國回到只能養活當下少數人口的前工業經濟。「簽署條約的人等於將數百萬德國男女老幼判處死刑，」他寫道。「對奧地利戰後安排的控訴和對德國的安排一樣。」凱因斯引用奧地利紙媒《工人報》（*Arbeiter*

9 同前，p. 434。
10 Keynes, *Economic Consequences of the Peace*, p. 240.
11 同前，p. 241。
12 同前，p. 233。
13 同前，p. 263。

Zeiteng）的社論：「（《聖日耳曼條約》）每一項條款再再透露殘暴無情的氣息，嗅不到一絲人性憐憫，破壞一切結合人與人的基礎，這是對人類本身和一群受苦難折磨之人的罪行。」凱因斯評論道，「我熟知《奧地利條約》，其中部分條款起草時我在現場，但我難以反駁這項抨擊的正當性。」[14]

凱因斯指出德國和奧地利公民社會所面臨的隱藏威脅：物價飆漲。就連如海耶克家族這些戰前生活優渥的維也納家庭，生活水準都受到嚴重打擊。一九一三年要價十二馬克的一雙鞋，十年後以三十二兆馬克轉手易主。面值一百萬馬克的鈔票為人們用來升火煮飯。當生活必需品價格飆升，海耶克這類家庭的現金存款淪為一文不值，財產的價值亦大幅縮水。忠心愛國的奧地利人當初為資助戰爭所購買的政府債券如今毫無價值。

對十九歲的海耶克而言，戰爭的終結改變了他的職業道路。雖然已報名維也納大學主修經濟，但當他還穿著軍服時，曾因擔心戰爭「永無止盡」而計畫了一些替代方案。[15]他策畫光榮逃離危機重重的前線，加入奧地利外交使節團。他申請轉調空軍單位，冀望長期的訓練期能為他爭取時間準備外交學院入學考。「我不想當懦夫，所以最終仍決定志願成為空軍以證明我不是懦夫。如果我當飛行戰鬥員撐得過六個月，我想，我應該有資格退伍。如今一切都因戰爭終結而煙消雲散……匈牙利垮臺、外交學院消失，從戰鬥中榮退的動機不再。」[16]

海耶克繼續先前的計畫，進入教授經濟學的維也納大學法律系，開始接觸經濟學中的奧地利學派。他初識經濟學時，奧地利學派不若之後那麼獨特，直到一戰後遭遇崛起的馬克思學說，奧地利學派於是提倡起任憑自由市場獨自運作的美德，對經濟採取自由放任。奧地利學派特別注重價格，尤其是商品的「機會成本」，亦即消費者購買競爭產品時的其他替代選擇。如果某人買了一罐啤酒，那就是放棄購買紅酒；如果某人進行投資，意味著放棄存款利息；如果某人販賣投資，代表放棄該投資後續可能創造的價格。諸如此類。機會成本的概念便是各個「生產階段」（**stages of procduction**）資本理論的基礎，生產者放棄製造某產品，為了往後能提供更具價值的產品。海耶克的啟蒙作品是門格爾（Carl Menger）[17]的《經濟學原理》（*Principles of Economics*）和《社會科學方法探究》（*Investigations into the Method of Social Sciences*）。門格爾率先提出邊際效益的概念：一商品數量愈多，價值就愈低。海耶克的老師弗里德里希・馮・維塞爾（**Friedrich von Wieser**）[18]主張，價格是理解市場運作的關鍵，企業家持續開發新市場對確保經濟進步則發揮

14 同前，p. 258 footnote 1。

15 UCLA Oral History Program, p. 41.

16 同前。

17 門格爾（Carl Menger, 1840-1921）生於波蘭的奧匈帝國經濟學家，提出邊際效益理論，創立奧地利經濟學派。他的重要著作《經濟學原理》（*Principles of Economics*, 1871）啟發了博姆—巴維克和好幾代市場經濟學家，其中最著名的便是米塞斯和海耶克。

18 維塞爾（Friedrich Freiherr von Wieser, 1851-1926），維也納經濟學家，和博姆—巴維克聯手將門格爾的奧地利學派理論

重要作用。

戰後維也納是海耶克探索經濟學的絕佳場所。他自身則深受失控的通膨影響。他的醫生父親調漲醫療診斷費用以資助兒子的大學學費，卻沒有多餘的錢贊助他出國學習。當維也納大學因為燃料短缺於一九一九至二〇年的冬天閉校時，海耶克接受父親在植物學界友人們的贊助，前往瑞士蘇黎世（Zurich）度過八個星期。根據海耶克的說法，父親的友人們「為了對營養不良的德國及奧地利孩童聊表心意，想幫助朋友剛從戰場歸來的兒子，因為他不僅面黃肌瘦，而且飽受感染瘧疾之苦。」[19]

「一九一九至二〇年間的蘇黎世讓我在戰後初識一個『正常』社會的模樣，當時維也納仍處於通膨和類饑荒的陣痛中，」[20]海耶克說。基於對社會學家馬克斯．韋伯（Max Weber）的仰慕[21]，他有意前往其任教的慕尼黑大學取得第二個文憑。然計畫趕不上變化，一九二〇年六月，五十六歲的韋伯因流行性感冒而過世，但這並非海耶克改變心意的主要原因。他解釋道，「奧地利通膨後期，父親已經完全沒有辦法為我支付在德國求學一年的費用。」[22]塞翁失馬焉知非福。沒能在巴伐利亞停留進修的海耶克被迫開始找工作。求職期間，他遇見後來影響他的生活及工作至深且持續不斷影響他的米塞斯。米塞斯在維也納大學擔任經濟學講師，與奧地利政府有密切聯繫，曾研究使奧地利陷入深淵的漲價問題。米塞斯有個長鼻子，留著卓別林式鬍子，自戀又不好相處，他後來成為市場經濟學之父，針對社會主義缺失做出極具洞見的研究，同時也是相信一經濟體中貨幣數量為理解通膨關鍵的啟發者。

海耶克在兩年內完成學業，並於一九二一年十一月畢業，他耗費在經濟學與心理學的時間和學習法律差不多，然後者在他眼中不過是「副業」。一開始，是維塞爾向米塞斯推薦海耶克，到專門處理奧地利及他國戰爭債務的政府機構擔任法律助理。海耶克因而投入與凱因斯類似的工作領域。海耶克第一次和米塞斯見面的情況並不樂觀。在寫給米塞斯的推薦信中，維塞爾形容海耶克是「有為的經濟學家」，自負的米塞斯卻對此回應海耶克說，「有為的經濟學家？我從沒在我的課堂上看過你。」[23]儘管如此，米塞斯仍將工作職位給了他。海耶克於一九二一年十月開始任職。

發揚光大。

19 Hayek, *Hayek on Hayek*, p. 54.

20 同前，p. 55。

21 韋伯（Maximilian Carl Emil "Max" Weber, 1864-1920），德國社會學家與政治經濟學家，和馬克思、涂爾幹一起促成社會學理論和研究的巨大變革。他的《新教倫理與資本主義的精神》（*Protestant Ethic and the Spirit of Capitalism*）主張新教教義傳統中的刻苦，使新教國家將投資擺在消費需求之前，催生了現代資本主義。他是《威瑪憲法》（*Weimar Constitution*）的共同起草人。該憲法第四十八條允許德國總統行使緊急權力，後來因為成為希特勒建立極權統治的工具而背負臭名。

22 Hayek, *Hayek on Hayek*, p. 55.

23 UCLA, Oral History Program, p. 583.

海耶克每次領薪資支票皆能深刻感受到奧地利失控的通膨。他第一個月的薪水為五千舊克朗，下個月他則拿到一萬五千克朗以做為幣值下跌的補償。到了一九二二年七月，海耶克的薪水隨惡性通膨的腳步暴增至一百萬克朗。[24]短短八個月內，海耶克的薪水漲了兩百倍。一九一九年一月，一美元可兌換十六．一奧地利克朗；到了一九二三年五月，一美元已可兌換七萬零八百克朗。[25]奧匈銀行（Austro-Hungarian Bank）為滿足需求，日以繼夜地印鈔票。

在《和平的經濟後果》中，可見凱因斯提到通膨失控可能帶來種種危險的語句，且後來將為海耶克及其「健全貨幣」（sound money）追隨者抨擊。凱因斯意識到，因各國政府大量印鈔以支付戰爭費用，一戰前，釘住金價的國際固定匯率已然失效。凱因斯提醒讀者，貨幣崩壞等同於對革命發出邀請函。「據說，列寧已斷言摧毀資本主義體系的最好方式正是讓貨幣脫韁，」凱因斯寫道。「透過持續通膨，政府大可靜悄悄且不動聲色地沒收公民一大部分的財產。」[26]凱因斯讚賞這名布爾什維克領袖的敏銳見地。他認為，「列寧的看法非常正確，要推翻當前的社會基礎，沒有比讓貨幣脫韁更微妙、更穩當的方法。」[27]根據凱因斯的推算，一九一八年十一月，「在俄國與奧匈帝國，〔印鈔〕的情形已到達臨界點，貨幣基本上沒有任何對外貿易功能。」凱因斯警告眾人，「然而，透過法律力量控制價格以保存貨幣虛假價值的舉措本身，埋藏著終極經濟衰退的種子」。[28]對於像海耶克一樣無法負擔燃料費、在公寓裡只能裹著冬季大衣的人而言，凱因斯的忠告句句屬實。

凱因斯將心思放在物價膨脹和貨幣大貶的實際解決辦法上。《曼徹斯特衛報》（*Manchestr Guardian*）[29]主編C・P・史考特（C. P. Scott）委任他編輯一系列特刊，申論歐洲重建問題。凱因斯提出的新論述迅速獲得國際關注。特刊翻譯成包括德文在內的多種語言，海耶克、米塞斯等人皆興致勃勃地追讀每一期出刊。

「我們無不熱中於拜讀他的大作……他在《貨幣改革論》（*A Tract on Monetary Reform*，〔凱因斯於一九二三年出版的書，內容主要來自《曼徹斯特衛報》的文章〕）中預先提出我的第一個小小發現，更是讓我對他加倍崇拜，」[30]海耶克回憶道。凱因斯「預先提出」的「小小發現」是，若將某一貨幣的價格綁定金價——「金本位」——則國內物價將出現波動且無法控制。各國政府被迫選擇：究竟要穩定的貨幣價格或穩定的國內物價。凱因斯指出，「如果國外價格水準不

24 Hayek, *Hayek on Hayek*, p. 60.

25 Richard M. Ebeling, "The Great Austrian Inflation," *Freeman: Ideas on Liberty*, April 2006, pp. 2-3, http://www.fee.org/pdf/the-freeman/0604RME beling. pdf.

26 Keynes, *Economic Consequences of the Peace*, pp. 246-247.

27 同前，p. 134。

28 同前，p. 224。

29 譯注：一八二一年創刊於曼徹斯特，一九五九年後更名為《衛報》（*The Guardian*）。

30 *Collected Works*, vol. 9: *Contra Keynes and Cambridge*, p. 58.

穩定，我們便無法**同時**穩定物價水準與匯兌。因此我們必須做出選擇。」[31]此時，凱因斯與海耶克的思維理路相似——或許受到相同的啟發——儘管米塞斯告誡海耶克，凱因斯「是用非常糟糕的經濟學論述在支持一個善良的理念」。[32]凱因斯為《曼徹斯特衛報》撰寫特刊的稿酬豐厚。史考特和凱因斯相處的過程經常遭遇挫折，稱他是「才華出眾且具原創性的思想家」，但也是「我見過最固執己見又自我中心的人」。[33]凱因斯說服許多人共同供稿，其中包括英國戰時首相H．H．阿斯奎斯（H. H. Asquith）、未來的英國工黨首相拉姆齊．麥克唐納（Ramsay MacDonald）、日後將三度出任法國總理的萊昂．布魯姆（Léon Blum）、英國費邊社會民主運動與倫敦經濟學院創始人席尼．韋伯（Sidney Webb）和他的妻子碧翠絲（Beatrice）、美國記者沃爾特．李普曼（Walter Lippmann）[34]、俄國作家馬克西姆．高爾基（Maxim Gorky）、倫敦政經學院的哈洛德．拉斯基（Harold Laski）、牛津歷史學家理查．陶寧（Richard Tawney）和G．D．H．科爾（G. D. H. Cole）、巴黎和會上的德國首席談判員梅爾基奧，甚至連羅馬尼亞皇后都共襄盛舉。凱因斯還委託葛蘭特和貝爾繪製封面，為特刊增添了布魯姆斯伯里圈子的色彩。

在一九二二年四月出版的第一期特刊中，凱因斯撰寫了三篇文章，其中兩篇後來成為《貨幣改革論》的第一章。文章所談論的主題對前參戰國家至關重要，這些國家的貨幣自一九一四年以降，幾乎毫無例外地大幅貶值。凱因斯認為，倘若恢復戰前匯率，各國將付出極大代價，因此提議將當前價格訂為新貨幣秩序，而英鎊每年漲幅不得超過百分之六。[35]這項提議和英國財政部以及央行英格蘭銀行（Bank of England）倡導的路線南轅北轍，他們希望英鎊能恢復到戰前價值。

讓貨幣回到戰前平價（prewar parities）的代價是伴隨高利率的大規模通貨緊縮（物價持續下跌），加上盡力使出口與進口打平，亦即凱因斯形容的「像奴隸般工作」。儘管米塞斯對此存疑，海耶克在凱因斯的分析中卻找不到不合理之處。凱因斯主張，穩定物價方能避免歐洲家庭受到不公義的傷害，而非依賴通貨膨脹（物價上漲）或緊縮。確實，當他寫道「那些既不花錢也不『投機』的人，為家庭提供『像樣的必需品』……卻得遭受最嚴厲的打擊」[36]，他猶如形容海耶克的家庭，愛國主義致使他們在貧困生活的邊緣打轉。

凱因斯在特刊中朝建議政府干預經濟邁出第一步，這套思維將使他和米塞斯、海耶克及其他自由市場支持者分道揚鑣。歐洲各國政府被迫在通膨和通縮之間抉擇。對凱因斯而言，這便是自

---

31 J. M. Keynes, *A Tract on Monetary Reform* (1923), p. 54, 重印收錄至J. M. Keynes, *The Collected Writings of John Maynard Keynes*, vol. 4: *A Tract on Monetary Reform* (1923) (Macmillan for the Royal Economic Society, London, 1971). 以下簡稱*Collected Writings*。

32 *Collected Works*, vol. 9: *Contra Keynes and Cambridge*, p. 58 and footnote.

33 Skidelsky, *John Maynard Keynes*, vol. 2: *Economist as Saviour*, p. 102.

34 李普曼（Walter Lippmann, 1889-1974），美國新聞記者，是率先提出冷戰概念的人，曾獲普立茲獎。

35 凱因斯一生都在嘗試處理這個問題，直到一九四四年的布列頓森林會議為止，這場會議確立了二戰後的國際固定匯率制度。

36 *Collected Writings*, vol. 4: *Tract on Monetary Reform*, p. 16.

由放任（其哲學是，政府將經濟交給自由市場，不回應任何變動）不再合宜的證據。因此，他提倡政府應該用行動防止價格波動。

米塞斯相信推動市場走向「均衡」的「自然力量」能為波動的經濟恢復秩序，海耶克最終也持此觀點。對凱因斯而言，「靜觀其變」並承受「自中央控制刻意削除的各種偶然原因」的重擊是不可接受的，因為這種因應對策將造成傷害，不可能帶來穩定、不波動的價格水平。凱因斯總結說，「我們必須擺脫對於將控制價格標準納入**人為決定**範疇的深刻不信任。」[37]

凱因斯痛批透過囤積黃金以維持美元價值的政策，鄙視地稱之為「把南非蘭德（Rand）礦工費力開鑿的黃金埋進華盛頓地窖裡」，[38]但他同時在論點中加入對自由市場與管理經濟優點的觀察。他認為，金本位不是真正的自由市場機制，因為其兌換價格是由各國中央銀行設定。「在紙幣及銀行信貸為主的當代世界，無論我們樂見與否，貨幣必然受到『操縱』，」他辯稱道。「貨幣根據固定價格兌換黃金，並沒有改變金價本身取決於各國中央銀行政策的事實。」[39]海耶克往後也採納同樣的思維。

凱因斯也開始檢驗經濟最終將走向充分就業這一概念背後的邏輯，馬歇爾傳授他此一「真理」，這更是奧地利學派奉為圭臬的信條。在診斷貨幣和價格兩者關係的變動時，凱因斯提出「就長期而言」，系統內貨幣數量和穩定價格之間肯定存在一恆常關係。然而，他主張「此一長期關係對當前事務造成誤導的效果」，[40]因為改變價格之於貨幣數量關係的，正是消費金錢的速度（「貨幣流通速度」），它可能使價格與貨幣數量的關係不成比例。雖然「就長期而言」會走向均衡，但他也強調，「就長期而言，我們都會死。」[41]這句話成為他的名言之一。

儘管觀察重心是貨幣與價格之間的關係，但凱因斯發現，對嘗試評估均衡理論在經濟學中的角色的人而言，「就長期而言，我們都會死」是更無遠弗屆的真理。凱因斯還要再過幾年才會棄守均衡理論，不過他已經能夠解釋，為什麼均衡的應許狀態沒有解決居高不下的失業率。均衡理論主張，長期而言就業率終將達到百分之百的狀態，凱因斯卻認為，長期是個捉摸不定的時間尺度，總是設在未來某個無法確定的時間點。長期如同吊在驢子面前誘使牠前進的胡蘿蔔，永遠無法達到。當後來的人主張，以公共支出解決失業問題，就長期而言，將造成通膨問題，此時凱因斯早已準備好現成的機智應答：「就長期而言，我們都會死。」

關於匯率對通膨的影響，凱因斯的觀點在海耶克及其他奧地利學派成員眼中顯得尤其中肯。當多數歐洲政府任憑貨幣自由浮動，對歐陸是否應該恢復至一九一四年經濟情況的重大決定仍猶

37 同前，p. 36。
38 同前，p. 134。
39 同前，p. 136。
40 同前，p. 65。
41 同前，p. 65。

豫不決之際，奧地利政府已然決定立即調升克朗幣值。國際聯盟給予奧地利政府條件式借款，要求刪減包括七萬名公職及糧食津貼在內的公共預算。一九二五年，克朗以高價和黃金掛勾。當凱因斯在《曼徹斯特衛報》的文章中談論操作匯率牽涉的一些原則時，海耶克及其同僚正近距離地目睹導致克朗升值的種種措施所造成的慘痛後果。

海耶克焦慮不安，決定到美國親眼見識不受拘束的資本主義運作。所幸政府薪資根據通膨進行調整，海耶克的收入方能跟上物價飆漲，甚至存了一點積蓄。一九二二年春天，米塞斯介紹海耶克認識當時人在維也納的紐約大學教授傑瑞邁亞．威泊．詹克斯（Jeremiah Whipple Jenks）。來到維也納之前，詹克斯和凱因斯等人獲德國政府聘任組成財政專家團，負責指導德國政府穩定馬克幣值。[42]詹克斯計畫以中歐國家遭戰爭破壞的經濟為題撰寫專書，並邀請海耶克前往曼哈頓擔任該計畫的研究員。

手頭吃緊的海耶克由於負擔不起來回交通費，便拿著一張單程票橫渡大西洋。為了省下發電報的費用，海耶克並未通知詹克斯自己何時抵達。一九二三年三月，海耶克從曼哈頓西區的客輪碼頭上岸，口袋裡只有二十五美元。他登門拜訪詹克斯於紐約大學的辦公室時，接待人員卻說聯絡不上教授。海耶克當下意識到自己身在他鄉，沒錢也沒朋友。他決定先找份工作，直到詹克斯回來。第六大道的一間餐館願意雇用他當洗碗工。就在他將手伸進肥皂水裡的前一個小時，他接到來自詹克斯辦公室的電話，通知他經濟學家回來了。海耶克從此再也沒有如此接近勞力工作。

事實上，活到九十二歲高齡的他，從未受雇於私人公司。

海耶克興致高昂地展開美國新生活。他開始在紐約大學攻讀博士，指導教授為經濟學教授J．D．邁吉（J. D. Magee）。他未經同意就到景氣循環權威衛斯理．克雷爾．密契爾（Wesley Clair Mitchell）[43]的講座旁聽。所謂景氣循環即經濟繁榮（經濟快速成長時期）後必出現衰退（經濟活動緊縮時期）的現象。他參加德國社會主義者J．B．克拉克（J. B. Clark）在哥倫比亞大學的研討課程。海耶克對聯邦準備系統理事會（Federal Reserve Board，簡稱聯準會）神秘的運作感到好奇，凱因斯曾經詳細說明該機構囤積黃金及操縱貨幣的作法。海耶克曾短暫效力威爾遜總統在巴黎和會上的經濟顧問威勒德．索普（Willard Thorp），期間他挖掘到有關德國、奧地利以及義大利工業生產波動的訊息，促使他思考景氣循環可預測性的本質。

一九二四年五月，阮囊羞澀、未受幸運之神眷顧的海耶克再次搭船橫越大西洋，回家後，他發現一封洛克斐勒獎學金的通知函。若非信件晚一步寄達，他本來可以在美國多停留一年。獎學金來得太遲了。接下來二十五年，海耶克未再回到美國。

42　專家團提出的辦法一點也不具革命性或前瞻性或前衛革命性：他們倡導給戰敗國兩年的暫緩戰爭賠款假期，低利息的外國貸款，並平衡國家預算。Donald Edward Moggridge, *Maynard Keynes: An Economist's Biography* (Routledge, New York, 1992), p. 380.

43　傅利曼後來在威斯里．克雷爾．米契爾（Wesley Clair Mitchell）門下學習。

第三章 拉開戰線

凱因斯否定經濟學的「自然」秩序：一九二三至一九二九

一九二四年回到維也納，海耶克繼續從事管理奧地利戰爭債務的官方任務。米塞斯再次將海耶克收到自己的羽翼下，扮起良師益友，甚至試著幫他在奧地利工業總會謀職。海耶克追求海倫·伯爾塔·瑪莉亞·馮·弗里奇（Helen Berta Maria von Fritsch）時，米塞斯曾邀請這對戀人到家中共進晚宴以呵護這段關係。

米塞斯在海耶克腦中種下對社會主義優點的質疑，他在一九二〇年出版的《社會主義共同體中的經濟計算》（*Economic Calculation in the Socialist Commonwealth*）以及一九二二年的重要著作《社會主義：經濟學和社會學分析》（*Socialism: An Economic and Sociological Analysis*）動搖了海耶克的社會民主主義信仰，並說服他將集體主義視為偽神。海耶克表示，「社會主義承諾滿足我們的願望，給我們更理性、公正的世界。然後〔米塞斯的《社會主義》〕出場。我們的願望破碎。《社會主義：經濟學和社會學分析》告訴我們，一直以來，我們在尋求改善時總是找錯方向。」[1]

米塞斯之所以對共產主義或社會主義社會不認同，主要在於兩者忽略了他心目中使每個經濟體有效運作所需的價格機制（price mechanism）。《社會主義共同體中的經濟計算》論稱，在一個社會主義社會裡，政府擁有主要產業──「生產工具」──並因而得以制訂物品價格，導致價格分配稀有資源的關鍵作用變得多餘。他聲稱「遠離生產工具私有制與貨幣使用，正是遠離理性經濟」。[2]米塞斯的論點直搗凱因斯和海耶克往後辯論的核心，並早已提出海耶克最終的主張之一，亦即社會主義透過忽略市場價格來剝奪個人對社會的獨特作用──藉由付出某價格的意願，他們可以表達一個物品或一項服務在自己心目中的價值。海耶克日後將主張中央計畫剝奪了個人某種最根本的自由。

米塞斯試圖為海耶克在政府資助的研究中謀職之際，海耶克亦漸次將美國的學習成果記錄下來，他指出，美國廉價信貸創造了資本財（capital goods）產業的繁榮，但他相信此榮景不會持續。他就景氣循環的本質進行推斷──他自己稱景氣循環為「產業波動」（industrial fluctuation），這是往後他對經濟學理論有所貢獻的基礎，也是他和凱因斯爭鋒相對的主戰場。若想受聘成為大學講師，海耶克必須發表一篇原創著作。為此，他開始整合各種事實和論述，期盼能為貨幣理論提出重要貢獻。此舉並使他和凱因斯之間產生衝突。

在美國期間，海耶克發現景氣循環是一個值得研究的主題。在景氣循環中，一個經濟體在活絡繁榮時期與破產失業時期之間規律切換。熟悉了美國普遍使用而歐洲經濟學者尚未採用的實證研究工具，譬如工人行為的時間動作研究（time and motion study）和記錄工廠和機器產量，他希望成立一個鑽研景氣循環細節的機構。海耶克告訴米塞斯這個想法，可惜米塞斯持懷疑態度，甚至是有點不以為然的輕蔑。米塞斯不相信經濟學可以被當作自然科學般研究，以致他認為，嘗試記錄景氣循環中的種種要素根本走錯方向、毫無意義。

同一時間在英國，凱因斯的腦袋快速轉動。他正在整理《曼徹斯特衛報》的文章並集結成書，一九二三年十二月付梓前一個月，他動筆撰寫另一本新書，主題為貨幣在社會中扮演的角色，書名為《貨幣論》（*A Treatise on Money*）。他直率的經濟辯論文章大受歡迎，從為政府發聲的《泰晤士報》（*the Times*）到民粹主義的《每日郵報》（*Daily Mail*）紛紛向他邀稿。一九二三年三月，晉升《國家文藝雜誌》（*the Nation and Athenaeum*）董事長之後，他也在雜誌上的專欄評論時事。

一九二〇年代早期困擾著英國的高失業率漸漸引起凱因斯的注意。他的動機是出於同情沒有

---

[1] F. A. Hayek, 1978 foreword to new edition of Ludwig von Mises, *Socialism: An Economic and Sociological Analysis* (LibertyClassics, Indianapolis, 1981), pp. xix-xx.

[2] Ludwig von Mises, "Economic Calculation in the Socialist Commonwealth," trans. S. Alder, p. 14, http://mises.org/pdf/econcalc.pdf (accessed February 2011).

工作的人，以及對必然導致大量失業人口——一九二三年七月的失業人數是一百一十萬，占勞動力的百分之十一·四以上——的經濟安排感到義憤填膺。他質疑起馬歇爾告訴他的重要假設：經濟體會隨時間演進達到充分就業的均衡狀態。失業數字持續攀升，凱因斯於是大聲疾呼自己的觀點，鼓吹政府應該透過發行國家債券降低利率。此外，凱因斯慢慢相信，政府有責任以鋪設道路這類公共計畫直接雇用工人。

英鎊匯率是這場經濟辯論的核心議題。一九二〇年晚期，凱因斯曾提議，恢復英國經濟至一戰爆發前健全狀態的最佳方式，是將英鎊匯率綁在從戰前平價四點八六美元降至三點六〇美元的市場水準。英鎊貶值肇因於政府為資助戰爭向美國銀行借了大筆貸款。他相信，將英鎊定在三點六〇美元能夠穩定物價，將失業率維持在百分之六到七之間。財政部和英格蘭銀行的官員則未加理會他的提案，反而傾向將英國帶回戰前匯率。英國經濟在一九二一和二二年之間同時受高利率、高工資、物價下跌、英鎊升值（導致出口成本過於昂貴，貿易逆差）以及高失業率的折磨。一九二三年七月，執意要讓英鎊升值的英格蘭銀行無視國內悲慘的經濟狀況，將銀行放款利率從百分之三調高至百分之四。[3]凱因斯砲轟銀行總裁做出「放款利率史上最愚蠢的調整……英格蘭銀行承繼了一套狹隘、過時的學說，鑄下大錯」。[4]八月，他在劍橋舉辦的自由暑期學院（Liberal Summer School）中提出警告，稱資本主義本身出現危機，除非政府或英格蘭銀行出手管控經濟，否則可能遭受「社會主義和共產主義創新者的攻擊與批評」。十二月，他在西敏區全國自由俱樂部（National Liberal Club）的演講中延續相關批評，火力全開地攻擊政府以自由市場思維解決經濟問題。

「很顯然的，自行運作的個人主義社會不但無法欣欣向榮，甚至連差強人意都有困難，」他宣稱。「時局愈是艱難，自由放任系統的運作就愈差勁。」同月出版的《貨幣論》以典型凱因斯的大膽作風「謙虛地獻給央行總裁和理事會」，凱因斯表示英格蘭銀行完全有能力解決英國棘手的經濟情況，他們可以在不訂定新法的情況下，僅憑降低銀行利率和發行公債管理英國的經濟和景氣循環。凱因斯再次對不作為發出嚴正警告。「我預言，除非（各國央行總裁）即時聽取智慧建言，否則現行系統運作將失靈，他們會被不樂見的滔天情勢壓垮，相較之下，我此刻提議的溫和、局部措施好多了。」[5]

海耶克拜訪美國的一九二四年成為凱因斯反對自由市場運作論點的關鍵時期。一月，保守黨

3 哈羅德和史紀德斯基都認為這次銀行加息，加速了凱因斯主義革命的發生。「這可能是英格蘭銀行所做過長期後果最令人擔心的一個決定，因為它讓凱因斯把心力聚焦在一個直到今天仍影響著世界的思緒理路上。」Harrod, *Life of John Maynard Keynes*, p. 338.「這是凱因斯主義革命的開端。」Skidelsky, *John Maynard Keynes*, vol. 2: *Economist as Savior*, p. 147.

4 J. M. Keynes, "Note on Finance and Investment," *Nation*, July 14, 1923.

5 *Collected Writings*, vol. 19: *Activities 1922-9: The Return to Gold and Industrial Policy* (Macmillan for the Royal Economic Society, London, 1981), pp. 158-162.

失去下議院多數席次，麥克唐納成為英國第一位工黨首相，可惜他領導的是少數政府。一九二四年四月，《國家》（*Nation*）雜誌刊登一封信，鼓吹成立由國庫稅收贊助的公共工程計畫，以協助國家回歸正常。此提案是前自由黨首相勞合．喬治的心計，試圖打造自由黨比工黨更保護工人階級的形象。工黨獲得許多工會贊助，威脅到自由黨做為保守黨主要競爭對手的地位。凱因斯在五月加入筆戰，撰寫了一篇題為〈失業需要下猛藥嗎？〉（Does Unemployment Need a Drastic Remedy?）的文章。凱因斯認為，答案是百分之百的肯定。

「我們必須為『繁榮是可累積』的原則尋求援助。[6]我們一成不變。我們需要一股衝動、一記猛擊、一次加速。」凱因斯主張。他認為，耗費一億英鎊在公共住宅、道路整修和改善電力網是「失業的終極藥方」。他的看法是，刺激經濟足以恢復人民對景氣的信心。「且讓我們大膽實驗這條思路，」他寫道，「即便某些方案最終或許一敗塗地，這可能性極高。」[7]

凱因斯使用納稅人血汗錢滿不在乎的態度令人啞然，工黨財相菲利浦．史諾登（Philip Snowden）更是震驚。史諾登管理經濟的觀點比多數保守黨人還要保守。「身為財政大臣，我的工作不是把國家公款開支的計畫書呈給下議院，」他對議會的其他成員說。「根據我的理解，財政大臣應該抵抗一切同僚所提出的開支要求，實在無法抵抗時，也要將讓步局限在可接受範圍內。」[8]但凱因斯堅信支出是必要的，浪費是兩害相權取其輕。他說道：「即便住宅投資的費用花得不夠明智，或在實施過程中過於鋪張，至少這個國家有所改善；而規畫得最糟糕、建設得最鋪張的住宅方案，無論如何，仍為我們留下一些房子。」[9]

凱因斯在《國家》發表的第二篇文章中回歸激進論調。「關於〔刺激國內投資〕怎麼實施，」他寫道，「我們必須借重我的異端邪說——就算它真的是異端邪說。我會讓國家介入；我會放棄自由放任……自由放任將公眾福祉交給私人企業而不加以限制，也不提供援助。私人企業不再免於限制——它們將受到各種不同的限制與威脅……一旦私人企業受到限制，我們便不得不提供援助。」[10]

為論點進行暖身操後，凱因斯蓄勢待發地跨出思想革命的下一步：他主張自由放任是虛假的、不合邏輯的，而且不合時宜的。他在牛津大學的悉尼・波爾紀念講座（Sidney Ball Memorial Lecture）宣傳此論調，題為「自由放任的終結」（The End of Laissez Faire）。兩年後，他為了德國人以及海耶克等以德語為主的奧地利人的福祉，將演講稿一字不差地在柏林大學發表。凱因斯展現全然的布魯姆斯伯里氣質：聰明、能言善道、諷刺、激進，顛覆舊秩序。領導對自由市場的

6 這是凱因斯所提出的第一個類似後來「乘數」概念的線索。乘數是關於消費對經濟具有一種累積效應的理論解釋，後來由凱因斯的同僚卡恩提出。這個概念在凱因斯的《通論》中扮演重要角色。凱因斯的直覺又一次超前他的理論。

7 *Collected Writings*, vol. 19: *Activities 1922-9*, p. 220.

8 *House of Commons Debates* , 5th series (HMSO, London, 1924), vol. 176, July 30, 1924, cols. 2091-2092.

9 *Collected Writings*, vol. 19: *Activities 1922-9*, p. 283.

10 同前，p. 229。

知識攻擊顯示出凱因斯的思想遠超越經濟學理論範疇，更是關於如何確保個人能夠享受最大的幸福。經濟學理論在當時比今日更不為眾人了解。

凱因斯回顧從啟蒙時代至當下的思想家，囊括所有幫助自由放任塑造值得尊敬、自然、公正、理所當然形象的人。他指出「經濟學家」解決了約翰・洛克（John Locke）[11]、大衛・休謨（David Hume）[12]以及埃德蒙・伯克（Edmund Burke）[13]等「保守派個人主義者」和讓—雅各・盧梭（Jean-Jacques Rousseau）[14]、威廉・佩利（William Paley）[15]以及傑瑞米・邊沁（Jeremy Bentham）[16]等「民主派平等主義者」之間的爭鋒論調，並主張「根據自然法則，受自由啟蒙的個人，在追求自身利益的同時，總是有助於公眾利益的提升」。[17]或可簡單理解為公共利益就是全部個體的個人利益的總和。作家狄更斯（Charles Dickens）的《艱難時世》（*Hard Times*）裡具有反社會人格的比策（Bitzer）曾傳達過此觀點：「我相信，你了解整個社會體系皆和自我利益息息相關。你的訴求總是必須針對一個人的自我利益。」[18]對凱因斯而言，仰賴自我利益的下場是政治終結，「政治哲學家可以把位子拱手讓給商人退休去——因為後者只要藉由追求利潤便能達到哲學家的至善。」

在這些思想家當中，凱因斯還加入了達爾文（Charles Darwin）[19]，他的適者生存演化理論被一些人沿用於解釋經濟行為。當部分經濟學者辯稱自由競爭成就了倫敦，凱因斯則寫道，「達爾文主義者乾脆進一步主張——自由競爭成就了人類。」自由市場為相互競爭的各種主張提供公平的解決管道，凱因斯對此觀點的回應是：「個人經濟活動並不具備客觀的『與生俱來的自由』。將永久權利授與擁有者或取得者的『契約』並不存在。老天沒有把世界治理得極有秩序，起碼私人利益和社會利益不總是相符。人類也沒有把社會管理得好到兩者在現實上相符。從《經濟學原理》無從推論出進步的自我利益總是符合公共利益。個人利益也不若一般所認為是進步的；更多時候，每個個體為達成自己的目的各行其是，無知或脆弱使他們根本無法達到這般境界。經驗不曾顯示組成社會的個體一定比單獨行事的個體不明智。」[20]

為避免遭人指控骨子裡是個社會主義者，凱因斯花了點心力抨擊反對自由市場的兩大政治傳

11 洛克（John Locke, 1632-1704），英國啟蒙思想家，被稱為「古典自由主義之父」。他提出的經驗主義、社會契約和法治等理論貫穿整個啟蒙運動，美國的開國元首們從中獲益良多。

12 休謨（David Hume, 1711-76），蘇格蘭哲學家和經濟學家，蘇格蘭啟蒙運動的重要推手。

13 伯克（Edmund Burke, 1729-97），愛爾蘭哲學家和惠格黨（Whig）議員，有「現代保守主義之父」的稱號。

14 盧梭（Jean-Jacques Rousseau, 1712-78），瑞士哲學家，《社會契約論》的作者。

15 佩利（William Paley, July 1743-May 1805），英國基督教哲學家。

16 邊沁（Jeremy Bentham, 1748-1832），英國哲學家。

17 J. M. Keynes, *The End of Laissez-Faire* (Hogarth Press, London, 1926), p. 11.

18 Charles Dickens, *Hard Times* (Harper & Brothers, New York, 1854), chap. 23, p. 281.

19 達爾文（Charles Robert Darwin, 1809-82），英國博物學家，提出天擇的演化理論。凱因斯的弟弟喬佛瑞（Geoffrey）娶了達爾文的孫女瑪格麗特（Margaret）。

20 Keynes, *End of Laissez-Faire*, p. 40.

統——保護主義和馬克思式社會主義，並指出它們根本支撐著自己所鄙視的體系。保護主義表面上合理，但終究是個錯誤。然而，相較之下，凱因斯不齒馬克思主義者更勝保護主義者。他納悶「一個邏輯不通又愚鈍的教條怎會對眾人的思想產生如此強大且持久的影響」。[21]後來，他批評國家社會主義「只是旨在回應五十年前問題的方案的殘餘，而且還是建立在對某人一百年前學說的誤讀之上」。[22]凱因斯費力澄清他不像馬克思主義者和某些社會主義者，無意提倡以國家取代私人企業。「政府的重要任務，不是完成個人已經在做的事，然後把事情做得更好或更糟，而是完成目前完全沒有人在做的那些事。」他寫道。[23]

由於直至今日仍有人形容凱因斯和凱因斯主義者是未出櫃的社會主義者，在此值得重申，海耶克曾是社會民主主義者（social democrat），凱因斯卻不曾信奉任何流派的社會主義，甚至從未和社會主義對上眼，即便是改良後的英國版——費邊主義。凱因斯是自由黨資深黨員，當時自由黨為求生存正和工黨的社會民主主義者搏鬥。他相信，資本主義和社會主義之間、保守主義和社會民主主義之間，以及他眼中雙方陣營的原始教義派之間，存在一條「中間路線」。或許正因如此，他一方面被批評為復興失敗體制遺產的資本主義辯護，另一方面被視為能言善道、陳倉暗渡馬克思主義的狡猾社會主義者。

凱因斯和海耶克爭論所引發的保守派和自由派理念衝突中，有個較少被談論的面向是，政治術語經常被不明所以地誤用，導致論點難以釐清。對某些人而言，資本主義和社會主義的分界線是政府形式；對另外一些人而言，任何社會行為都是分界，例如好撒馬利亞人（Good Samaritan）[24]的善行甚或是代議民主。凱因斯在席尼．波爾演講中特別指出，「就我個人而言，我認為受到明智管理的資本主義比現有的任何替代方案更能有效達成經濟目的」，不過他也承認「它〔資本主義〕本身在諸多方面是非常令人抗拒的」。或者，誠如他寫給英格蘭銀行董事查爾斯．阿迪斯爵士（Sir Charles Addis）的話，「我的企圖是改善社會機制，不是推翻。」[25]

就凱因斯的看法而言，他已經在演講中已對自由放任屠龍，但是他並未找到一個足以填補其空缺的理論架構。精采地數落一番後，他的結論也不過是高聲疾呼的空想。他的替代觀點既不具革命性，更遑論驚世駭俗。他試探性的建議有能力提供更高效率、更公平結果的非國家機關，如大學和英格蘭銀行，應該承擔起更大的責任。對讀過席尼．波爾演講的奧地利學派成員而言，凱因斯玷汙了他們的指導原則，亦即自由市場的本質是良善的，而所有試圖馴服它的嘗試若非邪

---

21 同前，p. 44。

22 同前，p. 45。

23 同前，p. 47。

24 譯注：《聖經》中〈路加福音〉的故事，內容為一名猶太人被強盜打劫，受了重傷，躺在路邊。曾有猶太人的祭司和利未人路過，卻不聞不問。唯有一個撒瑪利亞人路過，不顧隔閡，動了慈心照應他，在需要離開時自己出金錢把猶太人送進旅店的故事。這個故事影響西方法律制度，許多國家制定了「好撒馬利亞人法」，用立法手段保護做好事的人。

25 *Collected Writings*, vol. 19: *Activities 1922-9*, pp. 267-272.

惡、也是無用的，或者既邪惡又無用。

雖然政府團隊某些成員覺得，凱因斯是隻討人厭的牛蠅，各部會首長仍不斷向他請益。當政府針對英鎊是否該以戰前的四點八六美元匯率平價將貨幣與黃金綁定——金本位制——尋求建議時，凱因斯是少數主張反對英鎊與金價綁定的人之一。後來，當他發現這個論點不為採用時，他便主張英鎊應該綁定在目前的浮動價格四點四四美元。簡言之，凱因斯在論戰中迂迴前進，試圖找到折衷之道，將固定英鎊匯率對經濟的傷害降到最低，他預測將英鎊恢復至戰前水準將造成嚴重物價下跌，同時嚴重降低媒礦等重要產業的工人薪資與生活水準，因為新的英鎊匯率水準將迫使煤礦產品價格不再具有國際競爭力。

保守黨在一九二四年十月大選中將麥克唐納短命的工黨政府拉下臺。一九二五年二月，出任保守黨新任財相的前自由黨人溫斯頓・邱吉爾（Winston Churchill），寫了一份帶刺的備忘錄致財政部金融管理員奧圖・尼梅爾（Otto Niemeyer）。獨立有主見的邱吉爾喜歡挑釁傳統觀點，讀過凱因斯在《國家》雜誌中反對回到戰前平價的文章後，他相信將英鎊訂在四點八六美元將使失業問題進一步擴大，當時失業人口已超過百萬並持續增加。凱因斯認為，英鎊升值必然使薪資降低百分之十到十二的推論不太可能發生，因為礦工聯合會（Miners' Federation）等力量強大的工會將確保工資水準「黏滯」，或者不及時回應其他經濟因素，因此要減薪並不容易。

「在我看來，財政部從未面對凱因斯先生稱之為『飢饉下的失業悖論』的深遠影響，」邱吉爾寫給尼梅爾道。「對於英國具備全世界最優秀的銀行信貸，同時亦有一百二十五萬失業人口，〔英格蘭銀行〕行長感到心滿意足。」[26] 次月，邱吉爾邀請凱因斯和金融圈其他領袖人物前往唐寧街十一號官邸共享晚宴。凱因斯和前戰時自由黨財相雷金納德．麥克納（Reginald McKenna）認為，強行降低煤礦工百分之十的工資將延長罷工時間，隨之而來的還有幾個重要產業的緊縮。三天後，受到較正統同僚持續施壓的邱吉爾放棄對財政部觀點的本能反對，同意恢復英鎊和金價綁定的戰前平價。

邱吉爾的決定促使凱因斯在《國家》雜誌發表一系列文章，之後集結成名為《邱吉爾先生的經濟後果》（*The Economic Consequences of Mr. Churchill*）一書並大賣，且呼應他過去出版的《和平的經濟後果》。凱因斯認為，將英鎊價值訂在高於浮動（或市場）匯率百分之十的水準，無異於「一項使每人每英鎊工資少兩先令〔百分之十〕的政策」。[27] 由於沒有機制能確保這項措施會加諸於各行各業的所有工人，議價能力不夠強或者所屬工會軟弱的工人將承擔起大部分的後果。雇主和政府得「和不同的團體一一鬥爭，後果不保證公平，而且不能確保優勢團體的收穫不建立在弱勢團體的犧牲上。」[28]

26 引述自Skidelsky, *John Maynard Keynes*, vol. 2: *Economist as Savior*, p. 198.

27 同前，p. 202。

28 J. M. Keynes, *The Economic Consequences of Mr. Churchill* (Hogarth Press, London, 1925), p. 9.

凱因斯主張，提高匯率是引入通貨緊縮的殘忍手段。「通貨緊縮不會『自動』降低工資，它是透過創造失業降低工資。昂貴貨幣（dear money）[29]的適當目標是控制剛起步的景氣繁榮。請讓受信念驅使以此政策惡化經濟蕭條之人蒙受災難。」[30]凱因斯堅定地和礦工們站在一起，他認為，這些人「被要求在飢餓與臣服之間抉擇，而他們臣服的果實將累積到其他階級的利益之上……站在社會正義的立場，調降礦工工資是不成立的。他們是經濟衝擊的犧牲者」。[31]他警告說，邱吉爾的決定將在工人團體間點燃革命之火。

凱因斯預測，為避免將英鎊維持在戰前價格的決策造成災難性社會後果，政府必須透過不斷借款從難題中脫身，這項預測很快成真。當礦場業主在六月對礦工工會發出最後通牒，要求接受降低工資否則後果自負，工會便威脅將發起全國性罷工。首相史丹利·鮑德溫（Stanley Baldwin）迅速提供業主一千萬英鎊的貸款，好讓他們得以在世界市場上不具競爭力的舊利率繼續發薪給旗下礦工，而不用直接面對產業的亂世局面。

情況不久便逐漸明朗，回歸金本位制對英國經濟被證實具毀滅性。當今經濟史學者絕大多數認為，這個決定是場大災難。在將資本主義推向崩毀邊緣的一連串事件中，它是打響第一砲的先聲：一九二六年，英國發生第一次全國性大罷工；保守黨輸掉一九二九年六月的大選，工黨重新掌權，在下議院取得最多席次；美國股市在一九二九年十月崩盤，全球金融嚴重受創；金融危機促使英國在一九三一年八月組成緊急聯合政府；次月，經過慘痛的六年，英鎊與金本位脫鉤。

米塞斯於一九二六年獲得並接受訪美的洛克斐勒獎助金。他在繁忙的演講行程之餘，亦同時探索令海耶克著迷的美式經濟實證研究。回到維也納後，他相信，只要方法經過仔細檢驗以及適當應用，以景氣循環（亦即經濟繁榮和衰退彼此交替的現象）為主題的計量研究可能帶來建設性成果。米塞斯為建立奧地利商業週期研究所（Austrian Institute for Business Cycle Research）籌措資金，並在自己的研討課上找到擔任研究所主任的人選。這個人正是海耶克。一九二七年元旦，由海耶克擔任主管的新機構正式運作。

寫信向凱因斯打聽埃奇沃思《數理心理學》的下落，是海耶克上任後首先要做的事情之一。海耶克向凱因斯借書的動機不單純，似乎想藉此吸引凱因斯的注意，是一個旨在致敬而非下戰帖的大膽舉動。凱因斯僅以明信片簡短回覆，雖說是親筆寫下，不過大概還是令人感到有些失望。凱因斯回覆中的諷刺意味——「很遺憾，我的《數理心理學》庫存已告罄。」——並沒有令海耶克卻步，只是從回覆中可明顯看出，凱因斯從未聽聞過海耶克這號人物。海耶克透過《和平的經濟後果》深入認識了凱因斯，也讀過《貨幣改革論》，幾乎完全認同其觀點。有關米塞斯和海耶克是否讀過凱因斯對自由市場的抨擊，如和他們核心思想相牴觸的席尼・波爾演講，這點不得而

29 譯注：亦稱緊縮貨幣（tight money），詳見注35。

30 同前，p. 19。

31 *Collected Writings*, vol. 9: *Essays in Persuasion* (1931) (Macmillan for the Royal Economics Society, 1972), p. 223.

知。凱因斯反覆建請英國政府降低利率、投資公共建設，和奧地利學派的經濟學理論是完全衝突的，然這些文章主要發表在英語刊物上，鮮少有機會傳到維也納。

海耶克繼承米塞斯的衣缽，著手勾勒貨幣、價格和失業率關係的輪廓。[32]在了解美國聯邦準備系統運作的過程中，海耶克發現有些聯準會的人希望消除不斷重複的繁榮和衰退景氣循環。他總結道，景氣循環最劇烈的波動雖然可能被稍加抑制，但欲使美國擺脫景氣循環絕對是徒勞無功。

為維持物價穩定，聯準會提高利率並發售政府債券，凱因斯在《貨幣論》中提過這個方法。但海耶克指出，刺激聯準會採取措施的「消費者物價指數」（consumer price index）是一項不善其事的工具，無法清楚揭露個別商品價格的波動。因此就調整一般利率而言，它不是具參考性的指數。他認為，聯準會以如此概括且不精確的指數調整利率和貨幣政策，解決問題的機會根本和惡化問題一樣高。他斷言，「民生物價指數無法提供和景氣循環有關的任何訊息，更重要的是，即便在對的時間也做不到。」[33]

凱因斯主張，在景氣循環觸底時，長期的需求短缺將導致經濟活動趨緩，創造不必要的失業。他認為，當私人企業無法確保足夠需求時，政府應該透過公共建設自行創造需求。（他尚未對此提出知識上的說明。）然而，米塞斯補充瑞典經濟學家克努特．維克塞爾（Knut Wicksell）[34]提出的理論，從另一個角度談論對景氣循環的干預。他主張，當中央銀行降低利率，等於干擾個人儲蓄和資本財（用以生產的機器）投資之間的自然均衡。愈來愈多資本財被低息資金（cheap money）[35]購買，而未被真實的儲蓄水準維持價格，於是導致不均衡（disequilibrium）。時間一久，央行便遭遇兩難：繼續降低利率以提供更多投資，再次將過多貨幣注入一個追逐過少商品的系統，導致通貨膨脹；或者提高利率使投資慢慢降溫而後停滯，帶來一個比央行起初試圖避免的更為嚴重的衰退。

海耶克觀察低息資金投資資本財的實際結果，進一步強化米塞斯的分析。他相信，刻意降低利率，提供資金給存款不足的投資，導致「生產週期」（period of production，生產商品需要的時間長度）不自然延長。事實上，生產週期延長將迫使許多資本財的研發被迫終止，尤其「高階商品」（goods of a higher order，生產消費者購買商品之上游商品的機器）更是如此，因為等到他們研發完畢，需求（客戶購買的欲望）即不存在了。舉例來說，冰淇淋需求衰退期間，一家為商業用冰箱生產製冰盒的工廠很可能倒閉。

---

32 "The Monetary Policy of the United States after the Recovery from the 1920 Crisis," in F. *A. Hayek, Money, Capital, and Fluctuations: Early Essays*, ed. Roy McCloughry (Routledge & Kegan Paul, London, 1984), pp. 5-32.

33 同前，p. 17。

34 維克塞爾（Knut Wicksell, 1851-1926），瑞典經濟學家，他的《利息和價格》是後來所謂「貨幣主義」的早期研究成果。

35 譯注：又稱為廉價貨幣，相對於昂貴貨幣，銀行降低利率，促使人們或企業更容易自銀行貸款的貨幣。

海耶克認為，問題的癥結在於央行降低利率的措施干擾了儲蓄和投資的關係。他和奧地利學派都相信包括貨幣市場在內的所有市場，終將達到製造商商品供給等於市場需求的均衡狀態。海耶克主張，價格機制反應市場走向均衡的趨勢，任何操縱價格的嘗試盡皆帶來不良後果。他的觀點是，操弄價格如同對走向均衡過程中的種種徵兆東修西補。人為降低利率或降低借款的代價只會導致物價膨脹，而人為提高利率則等同於鼓勵經濟活動收縮（景氣衰退）。

這些思維背後的基礎是維克塞爾對「自然利率」（natural interest rate，在此狀態下，個人儲蓄等於投資）與「市場利率」（market rate of interest，由銀行決定的信貸價格）兩者差別的假設。對奧地利學派而言，景氣循環運行的動力源於自然利率與市場利率的落差。每家央行都有無從得知確切自然利率的問題，因此他們勢必訂出不恰當的市場利率，進而觸發繁榮和蕭條不斷交替的景氣循環。海耶克相信，忠於自然利率，一經濟體的貨幣便能「中立」，在此環境下，景氣循環的波動正是源於其他因素的變化，如新產品的研發和新發明。

凱因斯與海耶克的戰線於焉形成。凱因斯認為，政府應該擔起改善人民生活的責任，尤其是對失業的人。海耶克則認為，政府干預如自然力量般不可動搖的力量是多此一舉。凱因斯拒絕堅守自由市場，認為那是把達爾文主義不恰當地應用在經濟活動上，並主張深入理解經濟體的運作將使負責任的政府有能力做出正確決定，排除景氣觸底產生的最糟糕效應。海耶克最終主張參透經濟體運作的知識就算並非全無可能，難度也很高，而根據這般理解制訂經濟政策的嘗試可能弊大於利，就像讓理髮師從事簡陋的外科手術。

凱因斯相信人類足以掌握自己的命運，相較之下，海耶克儘管有點不情願，卻認為人類注定要遵照經濟的自然法則過活，一如人類服從其他自然法則。這兩人各自代表兩種對生活和政府的不同觀點。凱因斯持樂觀看法，並認為倘若掌權者做出對的決定，人民的生活不需要如此辛苦。海耶克則認同悲觀概念，覺得人類活動有其極限，所有改變自然法則的嘗試無論立意如何良善，充其量只會招致預料之外的後果。

當世界一步步走向劃時代的一九二九年，這兩個男人磨槍擦劍，強化彼此對立的個人觀點。截至目前止，外界仍不太理解凱因斯飛馳的想法，但也沒有人能夠論理清晰地加以反對。不認同凱因斯拯救經濟的處方箋的人，並未從知識上挑戰他，只是緊握正統信念，在僵固的體制大傘下躲避風雨。海耶克的精力都放在處理現存的概念，但他修正奧地利學派資本理論的貢獻，基本上只有維也納小圈子內的少數人清楚。就像《伊索寓言》的龜兔賽跑，精力充沛的凱因斯一開跑便衝刺向前，將海耶克遠遠拋在起跑線上。

一九二九年十月，美國股市的崩盤將改變一切。金融動盪席捲全球，統治者和被統治者無不為現況尋求解釋以及一條離開亂局的快速道路。享樂主義當道的咆哮二〇年代陷入低潮，一頭跌進為期約十年的大蕭條。世界崩毀在即，大規模失業和貧困的煎熬攜手並進，人們看不見盡頭。在絕望心死的恐怖新氛圍下，秉持樂觀主義的凱因斯提供一條嶄新而明確的路，帶領眾人脫離苦海。相較之下，悲觀的海耶克將以理論解釋為何一切修復經濟的嘗試淨是庸人自擾。

凱因斯的想法廣受歡迎，因為他在絕境中提供一絲希望。海耶克不久便發現，他殘酷的評估無論多麼準確，都不會獲得太多支持，因為他傳遞的嚴肅訊息成了不作為的藉口。在獨裁者時代的不確定以及恐懼中，凱因斯式革命即將起飛，再合乎邏輯的悲觀主義一概無法打擊政治人物試圖為經濟困境尋求出路的喊話。當凱因斯與海耶克展開近距離捉對廝殺，兩人的重大知識分歧變得難以忽略。

第四章 史丹利和李文斯頓

凱因斯與海耶克的初次見面：一九二八至一九三〇

在美國研究經濟思想的短暫旅程使海耶克意識到，有關經濟學未來的論戰不會發生在這個不受束縛的資本主義大本營。若想掀起論戰，海耶克很清楚，他必須前往英國。念茲在茲，於是一九二七年，他寫信給凱因斯，然後想辦法當面自我介紹。一次機會出現在一九二八年，[1]海耶克獲邀參加「倫敦劍橋經濟服務」（London and Cambridge Economic Service）[2]舉辦的會議。凱因斯

1 海耶克對第一次和凱因斯見面的說法前後矛盾。在一九六三年於芝加哥大學發表的演講「The Economics of the 1930s as Seen from London（從一九三〇年代的倫敦看經濟學）」(published in Collective Works, vol. 9: Contra Keynes and Cambridge , p 59)，他說，「一九二九年……我在一次國際會議上遇見他。」在發表於《東方經濟學家》（*Oriental Economist* 的文章中（vol. 34, no. 663, January 1966, pp. 78-80, reproduced in 同前，p. 240），他寫道，「我在一九二八年的倫敦第一次見到他。」凱因斯全集中沒有關於他們初次見面的任何紀錄。

2 倫敦劍橋經濟服務（LCES）由倫敦政經學院貝弗里奇、阿瑟・鮑利（Arthur Bowley）和劍橋凱因斯、韓德森組成的執行委員會管理。透過將統計數據轉換成實用形式，並且提出諸如股票價格、貨幣工資和工業生產等新的數據指

五年前成立這個機構，並由倫敦政經學院和劍橋大學合力運作。

這一幕看在旁觀者眼裡肯定顯得滑稽逗趣。兩人身高都超過六呎（約一百八十二公分），凱因斯即便駝背仍略高於海耶克，身高給了他交鋒時恫嚇對手的優勢。兩人也都蓄鬍，海耶克甚至配了一副英國人眼中專屬於中歐知識分子的金框眼鏡。凱因斯穿著凌亂的三件式白條紋西裝，散發出放蕩不羈的活力，雙手插在大衣口袋裡。海耶克的白領子漿得硬挺，粗呢外套鈕扣扣到底，呼應他嚴謹、細心的思緒。

種種蛛絲馬跡都能看出兩人個性對比鮮明。凱因斯以悅耳的聲調迷惑、催眠對手，藉此掩飾犀利話鋒，反觀海耶克的英文不太流利，濃厚的奧地利口音就連曾被好幾名德國私人女教師帶大的凱因斯都難以辨識。海耶克對禮儀錙銖必較的特質立即展現。「我至今仍記得我房間的門打開時，有個人高馬大、拘謹保守的人淡定地介紹自己是『海耶克』。」倫敦政經學院的年輕教授萊昂內爾・羅賓斯（Lionel Robbins）[3]憶及對海耶克的第一印象。

凱因斯和海耶克正式會面前不曾謀面，卻在短短幾秒鐘後，兩人已拋棄禮節展開唇槍舌戰。會面對海耶克別具意義，完成了他長久以來的心願。對凱因斯而言則是一場日常的爭辯，不過是和自由市場的徒子徒孫的又一次摩擦。然而，從經濟思想史的角度來看，這場會面的重要性如同亨利・史丹利見到大衛・李文斯頓[4]。雖然比較像是和假想敵進行拳擊練習，然這次會面是兩大巨擘首次交手，而這場對戰將持續延燒直到下個世紀。

海耶克對會面記憶猶新，不僅初嘗凱因斯對他毫不留情的滋味，且認為這次會面適切地奠定了往後激烈交鋒的基調。「我們立刻擦出理論衝突的第一道火花——針對調整利率成效的一些議題，」他回憶道。「在這類辯論中，凱因斯總是先發制人，以一種給年輕人下馬威的態度試圖無情地輾平異義。若在這種時刻公開反抗他，他會對對方產生異常親切和藹的感情，就算他強烈不認同對方的觀點。」[5]自從這段刺人的友誼建立之後，海耶克覺得儘管凱因斯不同意他的奧地利學派觀點，卻願意聽取他的言論。這段友誼持續到凱因斯於二十多年後過世。「每當我提出嚴肅的反駁論點，他也是同樣嚴肅地看待我，而且自此對我保有尊重，」海耶克回憶道。「我知道他是怎麼形容我的：『他當然很瘋狂，可是他的想法也滿有趣的。』」[6]

海耶克在倫敦結交了朋友，即羅賓斯。他是同期英國經濟學家中，極少數能夠閱讀德文的

標，促進商業發展。

3 羅賓斯（Lionel C. Robbins, later Lord Robbins, 1898-1984），英國經濟學家。

4 譯注：李文斯頓（David Livingstone, 1813-1873）是英國探險家、傳教士，維多利亞瀑布和馬拉威湖的發現者，為非洲探險最偉大的人物之一。史丹利（Henry Stanley, 1841-1904）是英裔美國記者、探險家，成為《先驅報》的記者後，獲派到非洲尋找失蹤許久的李文斯頓。一八七一年十一月十日，史丹利終於在坦噶尼喀湖附近的烏吉吉找到李文斯頓。史丹利和李文斯頓一起探索周邊地區，確定了坦噶尼喀湖和尼羅河是沒有交集的。返國後，他出版了《我如何找到李文斯頓：在中非的行程、探險、探索》（*How I Found Livingstone; travels, adventures, and discoveries in Central Africa*）。

5 "Economics of the 1930s as Seen from London," in *Collected Works*, vol. 9: *Contra Keynes and Cambridge*, p. 59.

6 Hayek, *Hayek on Hayek*, p. 78.

人，且看過許多歐陸經濟學家的作品，包括米塞斯、瑞典的維克塞爾、奧地利的歐根・博姆—巴維克（Eugen von Böhm-Bawerk）[7]。倫敦政經學院院長威廉・貝弗里奇（William Beveridge）[8]在一九二九年拔擢充滿活力、積極進取的羅賓斯為政治經濟學主任，才三十一歲的他於是成為「全國最年輕教授」。[9]上任後，羅賓斯認為，倫敦政經學院應該對抗馬歇爾和凱因斯的母校劍橋，藉由呈現完整的歐陸思想，進升為英國經濟理論的智慧泉源。海耶克也有遠大抱負。他有意到倫敦累積幾年資歷，朝他的登頂大計步步邁進。

海耶克「半開玩笑地」[10]告訴妻子，他想要爬到奧地利社會頂端的企圖。在回到維也納教書之前，他得先在倫敦教授經濟學一段時間。然後，隨名聲漸漸打響，他希望能夠被任命為奧地利央行國家銀行（National bank）的總裁。步入老耄之年後，再回到倫敦擔任奧地利大使。個性中缺乏謙遜和自知之明的他回想這一切時說，這「絕非不合理的嚮往，而且可以滿足我想要的那種生活，遊走在純學術和政府公職邊緣。晚年出任公職，應該會讓我感到非常欣慰」。[11]靠著在倫敦出人頭地，海耶克完成了精心規畫的人生第一步。

羅賓斯過去是社會主義勞工組織者，他因為海耶克的論文〈儲蓄「悖論」〉（The 'Paradox' of Saving）[12]而對這個人感興趣。這篇文章旨在推翻美國經濟學者瓦蒂爾・卡欽斯（Waddill Catchings）以及威廉・特魯芬特・佛斯特（William Trufant Foster）的論點，他們主張儲蓄和需求，亦即一個人的存款及其購買商品的欲望，存在直接關係。[13]這對研究搭檔和凱因斯一樣，建議在衰退期以公共建設提高經濟體內的需求，海耶克稱之為「就業功能」（the employment function），指就業和總體需求（一經濟體內消費者欲購買的商品總數）之間的直接關聯。在一九二六年論文〈撙節的兩難〉（The Dilemma of Thrift）[14]中，佛斯特與卡欽斯主張，衰退是源自存款過多所帶來的商品與服務需求短缺。他們宣稱，當個人選擇儲蓄而不消費，景氣便陷入低迷，導致由於儲蓄投入資本財投資所創造的額外商品乏人問津。因此他們論稱，景氣循環高峰的過多儲蓄將造成景氣蕭條時期的商品過剩。

他們提倡成立一個「聯邦預算委員會」（Federal Budget Board）負責投資公共工程以刺激需

7 博姆—巴維克（Eugen Ritter von Böhm-Bawerk, 1851-1914），維也納經濟學家，門格爾的學生，米塞斯的老師，持續不懈地對同時代的馬克思提出批評。博姆—巴維克生於捷克斯洛伐克的布爾諾（Brno），當時此地仍隸屬於奧匈帝國。

8 貝弗里奇（William Henry Beveridge, Lord Beveridge, 1879-1963），英國經濟學家，一九四二年提出的《社會保險與相關服務報告》（*Social Insurance and Allied Services*，即《貝弗里奇報告》）啟發工黨建立社會福利制度以及國民健保署。

9 Lionel Robbins, *Autobiography of an Economist* (Macmillan/St. Martin's Press, London, 1971), p. 150.

10 Hayek, *Hayek on Hayek*, p. 75.

11 同前。

12 F. A. Hayek, "The 'Paradox' of Saving," 一九二九年初次刊登在*Zeitschrift für Nationalökonomie*, vol. 1, no. 3. 參見本章注16。

13 卡欽斯（Waddill Catchings, 1879-1967），美國銀行家，後來改行做經濟學家。佛斯特（William Trufant Foster, 1879-1950），美國經濟學家，奧勒岡州波特蘭里德學院（Reed College）第一任校長。

14 W. T. Foster and W. Catchings, "The Dilemma of Drifts," published by Pollak Foundation, Newton, Mass., 1926.

求，必要時亦可貸款為之，藉此提供消費者資金，購買景氣低潮生產的過剩商品。海耶克哀嘆這對搭檔成功說服華倫・G・哈定（Warren G. Harding）總統的保守派商務部長赫伯特・胡佛（Herbert Hoover）[15]，鼓勵聯邦機構用納稅人的錢創造更多工作機會。[16]

海耶克撰寫〈儲蓄「悖論」〉的目的在於撥正佛斯特和史欽斯。他辯稱這對搭檔的論點立基於一項錯誤觀念：他們誤解了資本在生產過程中的角色。在真實的經濟體中，除非有很好的理由相信新投資創造的新產品保證有市場，否則儲蓄不會投資到新生產當中。因此消費者將儲蓄投入非必要商品的生產、而不把錢花在購買商品的情況並不成立。

海耶克主張，生產不是只會產生單一最終產品與最終價格的單一流程。新投資可能刺激任何生產中的規模經濟（economy of scale），降低商品價格，使購買商品變得更沒有負擔，消除供應過量的問題。海耶克記得博姆—巴維克曾證明資本生產的階段繁多，而且長短不一，博姆—巴維克稱之為「迂迴」生產（“roundabout” production）。在製造商品的工廠之外，還有製造生產商品用之組裝元件的工廠，以及製造生產商品或零件用之機械的工具機及零組件工廠。投資者在迂迴生產的每個階段皆獲得報酬，因此有別於佛斯特與卡欽斯的觀點，投資者將有足夠資金支付生產最後階段所創造的產品。

海耶克承認，「倘若以謹慎態度和超人能力加以管理」，政府挹注資金刺激需求的計畫「或許……可防止危機」。[17]但「就長期而言」，這般操弄經濟的作為比較可能「帶來重大干擾以及整體經濟系統的瓦解」。[18]他的結論是，「根據這樣的分析，藉由救濟措施等辦法減輕失業症狀的權宜之計，效果令人高度存疑」。[19]

海耶克與凱因斯初次見面、開戰時，〈儲蓄「悖論」〉僅以德文發表在某維也納經濟學期刊，發行量極小，凱因斯沒讀過情有可原。就算凱因斯取得英文翻譯版，也未必能從海耶克的反對論點中汲取新知。〈儲蓄「悖論」〉以枯燥的散文謹慎推理，冗長的德式句構中有好幾層從屬子句，絕非流暢易讀的文章。文中包含大量數學公式和圖表，說明一消費財（consumer goods）涉及的各生產階段會累加至最終成本裡。海耶克理所當然地接受博姆—巴維克的成果，責罵那些不熟悉奧地利學派大師作品的人。不過，海耶克明知博姆—巴維克眾多著作僅《資本實證論》（*Positive Theory of Capital*）的初版翻譯成英文，且於四十年前在倫敦發行。

羅賓斯不但讀過德文版的博姆—巴維克，而且很欣賞海耶克在〈儲蓄「悖論」〉中為自己的立場辯護所運用的技巧。眼見海耶克極具說服力地推翻凱因斯思想背後的「就業功能」概

---

15 胡佛（Herbert Clark Hoover, 1874-1964），商務部長（1921-28），第三十一任美國總統（1929-33）。

16 Hayek, "The 'Paradox' of Saving," translated by Nicholas Kaldor and George Tugendhat 刊登於 *Economica*, vol. 11, May 1931，收錄至 *Collected Works*, vol. 9: *Contra Keynes and Cambridge*, p. 88.

17 同前，pp. 118-119。

18 同前，p. 119。

19 同前。

念，羅賓斯於是邀請他在一九三一年二月到倫敦政經學院發表四場演說。海耶克約略清楚自己受邀的原因。「〔羅賓斯〕看上我的主題：這正是我們目前對抗凱因斯所需要的，」[20]他重複羅賓斯當時所說的話。〈儲蓄「悖論」〉翻譯成英文，刊登於一九三一年五月號的《經濟學刊》（*Economica*）[21]，也就是羅賓斯主編的倫敦政經學院期刊。羅賓斯將海耶克引進英國一舉，點燃了海耶克與凱因斯之間的重要辯論。

我們不禁想問，羅賓斯為什麼不是邀請米塞斯和凱因斯一較高下。米塞斯比海耶克更為傑出，出版作品也已足夠挑戰凱因斯的諸多觀點。影響這個決定的因素有兩個。若要有效對抗凱因斯，羅賓斯需要一名讓人容易理解的人選，可惜米塞斯的英文表達不順暢，且奧地利腔重到連他自己都無法理解。「他對說法文或英文非常不自在，」米塞斯的傳記作家約爾格・桂多・許爾斯曼（Jörg Guido Hülsmann）指出。「用外語演說時，他顯得笨拙。」[22]相較之下，曾短暫旅居紐約的海耶克具基本的英語口說能力，雖然亦稱不上流利。

海耶克的年紀較輕也是促成這個決的因素之一。羅賓斯自己很年輕，或許他覺得和年紀相仿的人共事會相對融洽。米塞斯不僅年紀較長，個性又固執、沒有彈性。外傳他沉默寡言、脾氣暴躁，一點不假。就連妻子瑪姬（Margit）都沒辦法粉飾丈夫時而發作的黑暗情緒。「〔米塞斯〕令人驚訝又恐懼的便是他的脾氣，」她回憶道。「偶爾他怒氣爆發……這些可怕的情緒發洩，其實是憂鬱的徵兆。」[23]此外，米塞斯是徹底的生活白痴。據瑪姬所言，「他連水煮蛋都不會。」[24]因此在羅賓斯看來，個性溫和又理性的海耶克似乎是最理想的人選。海耶克在〈儲蓄「悖論」〉提出一整套論述，可和羅賓斯眼中那滲透至劍橋的凱因斯主義形成鮮明對壘。

在海耶克和凱因斯於一九二八年的倫敦初會面後、一九三一年二月海耶克到倫敦進行四場演說前，一起重大事件徹底改變他們往後激辯的籌碼。一九二九年十月，華爾街股市大崩盤可說是史無前例的經濟災難。股市崩盤拖垮美國經濟所造成的恐慌規模，迫使經濟學家面對一連串實際問題。導致崩盤的原因是什麼？若不想重蹈覆轍，該記取什麼教訓？大災難創造的失業問題導致民不聊生，有哪些措施可以減輕痛苦？

在當時，人們並不清楚華爾街崩盤將對世界其他經濟體造成多大影響，或者風暴後的政治發展會如何。但就在接下來的幾個月到幾年之間，凱因斯發現自己站在推廣其激進觀點的絕佳位置，因為他不僅透過新聞和政治參與促進就業的政策宣導，他的許多理論亦為以公共支出創造就業的知識辯護。隨著股市崩盤化為景氣蕭條，在大西洋兩岸創造愈來愈高的失業率，海耶克對

---

20 Hayek, *Hayek on Hayek*, p. 77.

21 Hayek, “‘Paradox’ of Saving,” in *Collected Works*, vol. 9: *Contra Keynes and Cambridge*, pp. 74-120.

22 Jörg Guido Hülsmann, *Mises: The Last Knight of Liberalism* (Ludwig von Mises Institute, Auburn, Ala., 2007), p. 514.

23 Margit von Mises, *My Years with Ludwig von Mises* (Arlington House, New Rochelle, N.Y., 1976), p. 44.

24 同前，p. 85。

凱因斯理論的駁斥，以及他對創造工作機會最常見的處方箋的否定，似乎逐漸和大眾情感失去共鳴。

凱因斯或許比海耶克更了解華爾街崩盤對個人的衝擊，因為他每天都在操作商品和貨幣市場。他經常賴在床上直到中午，一邊用電話對他的仲介下達指令。他對金融市場的敏銳直覺，確保布魯姆斯伯里一票友人能以微薄的信託基金賺取足夠獲利，並全心投入藝術熱忱，無需面對現實生活的壓力。凱因斯沒有美國股票，只是市場土崩瓦解的速度仍令他措手不及。他在市場上冒險賺來的財富被股市崩盤一掃而空。（他不久又靠著操作市場賺到第二筆財富，且和第一筆財富規模相當。）即便凱因斯並未預測到即將發生的災難，他的理論似乎也和新環境極為相符。

一九二四年出版《貨幣改革論》後不久，他隨即動筆撰寫《貨幣論》。此書是一部耗時的偉大著作。寫作《和平的經濟後果》歷時幾個星期；《貨幣論》則是六年又兩個月，部分原因是凱因斯受英國政治爭議影響而分心，像是一九二九年他為自由黨助選，另一部分是參與國王學院的院務。此外，他的注意力還被其他眾多活動所吸引。過了半輩子同志生活的他，自從一九二五年娶了謝爾蓋·戴亞吉列夫（Sergei Diaghilev）俄國芭蕾舞團的舞者莉迪亞·樂甫歌娃（Lydia Lopokova）後，生活變得愈來愈複雜。莉迪亞不但小他九歲，且個性又男孩子氣。

布魯姆斯伯里團體對凱因斯和莉迪亞的婚姻非常不滿，其中表現最明顯的莫過於吳爾芙，她覺得莉迪亞心態輕挑，經常出現令人啼笑皆非的詞語誤用，配不上他們才智出眾的同性戀友人。不過，莉迪亞絕非凱因斯同志身分的掩護；凱因斯是真的墜入愛河。他持續在劍橋、倫敦和莉迪亞最常住的提爾頓（Tilton）農舍[25]之間奔波。他不時寫長長的信給她，留下許多親密、毫不保留而且相當露骨的紀錄，極其符合他們炙熱、冒險犯難、狂放不羈的愛情生活。[26]這對眷侶很想要小孩，可惜努力一陣子後發現莉迪亞有不孕的問題。為了不讓妻子感到難堪，凱因斯一肩扛起責任，並用黑色幽默隱藏心中的失望。雖然獲封「提爾頓的凱因斯男爵」（Baron Keynes of Tilton），他卻習慣自稱為「無後的凱因斯」[27]。

儘管外務繁多，凱因斯依舊堅持將一些最新的想法化為文字。可是《貨幣論》的寫作期將近七年，卻犧牲了最終定稿的連貫性。為傳達自己不斷變化的想法，他一再修改草稿，期間不只一次因為獲得全新的啟發而刪掉整個章節。即便出版日期訂在一九三〇年秋季，遲至一九二九年八月，凱因斯仍寫信給出版商丹尼爾．麥克米倫（Daniel Macmillan），「說來慚愧，逐頁修改至四百四十幾頁的時候，我才意識到特定章節必須大幅度調整，整體結構也要進行相當程度的重新安

25 提爾頓是蓋奇勳爵（Lord Gage）的莊園。蓋奇勳爵的祖先蓋奇將軍（General Gage）在美國獨立戰爭的第一場戰役邦克山戰役中戰敗。

26 參見J. M. Keynes and Lydia Lopokova, *Lydia and Maynard: The Letters of Lydia Lopokova and John Maynard Keynes*, ed. Polly Hill and Richard Keynes (Charles Scribner's Sons, New York, 1989).

27 譯注：Barren Keynes，英文Baron（男爵）和Barren（無後、不孕）發音類似。

排。」[28]

因此，這部作品摻雜了各種毫不相關的想法，缺乏整體說服力。「這部著作並未呈現他的思想全貌，只是一個橫切面，」[29]凱因斯的友人暨傳記作者哈羅德表示。出版前夕，凱因斯致信雙親，「從藝術的角度來看，這本書是失敗的——寫作期間我的想法出現多次轉變，犧牲了整體性。」[30]凱因斯在前言中坦承「相較於一部成品，它更像是一整批資料的集結」。[31]雖然他的態度保留，《貨幣論》總算在一九三〇年十二月以兩大冊的樣貌問世。

這部作品的中心主旨之一是劃清儲蓄與投資（或稱資本支出）的界線，他相信這能為理解經濟增添全新的角度。直到那個時候，經濟學家咸認為，儲蓄和投資最終會達到等值。但凱因斯認為，由於儲蓄和投資的不是同一群人，因此儲蓄和投資的失衡經常出現。當投資額大於儲蓄額，隨之而來的必定是伴隨通膨的景氣繁榮。相反的，當儲蓄超越投資，景氣會陷入低潮，緊縮和失業接踵而來。他論稱一經濟體的總收入來自消費財和資本財兩者的銷售。倘若沒有任何儲蓄，全部收入亦都花在消費財上，則那些商品的價格將急速成長，創造榮景。反之，如果全部收入都被存入銀行，消費財的價格將一落千丈，產業將萎靡傾頹。

凱因斯論點的引申對嘗試管理景氣循環有重要意涵，因為凱因斯辯稱，若他的主張正確，物價上漲的幅度便能透過增加儲蓄加以縮減，而通貨緊縮也可能藉由刺激投資來改善。凱因斯指出，景氣循環繁榮和衰退的交替，罪魁禍首是銀行的作為，因此銀行也握有解藥。「失衡出現肇因於銀行業的運作機制，」[32]凱因斯寫道，因為銀行創造信貸時，並未考慮一個社會儲蓄的欲望或能力。銀行的放款決定不是根據自家保險庫的儲蓄水準；「決定借貸金額的主要標準完全是另外一回事——亦即他們的現金存款和資產負債的比例。」[33]如果央行能謹慎控制信貸額度，儲蓄和投資的水準將彼此相符，創造穩定物價。凱因斯和維克塞爾一樣，將儲蓄等同投資、價格穩定的「自然利率」，以及銀行自訂的「市場利率」區隔開來。[34]

凱因斯在《貨幣論》中，通篇假設經濟將走向儲蓄和投資對等、物價平穩的均衡狀態，無論央行訂定利率為多少，而且屆時社會將達到充分就業。他的觀點是「貨幣理論說穿了，不過就是把『一切都無關痛癢』的真相變成長篇大論」。[35]

凱因斯也再次討論固定匯率的棘手問題，以及固定匯率對景氣循環繁榮及衰退反覆交替的助

---

28 Skidelsky, *John Maynard Keynes*, vol. 2: *Economist as Savior*, p. 285.

29 Harrod, *Life of John Maynard Keynes*, p. 403.

30 Skidelsky, *John Maynard Keynes*, vol. 2: *Economist as Savior*, p. 314.

31 J. M. Keynes, *A Treatise on Money* (Harcourt, Brace, New York, 1930), p. vi.

32 *Collected Writings*, vol. 13: *The General Theory and After, Part 1, Preparation* (Macmillan for the Royal Economic Society, London, 1973), pp. 19-22.

33 同前。

34 儘管凱因斯將定義不同利率的功勞歸給了維克塞爾，但他得到這個結論完全不是受到維克塞爾研究的影響。

35 Keynes, *Treatise on Money*, p. 408.

長。他主張，只要金本位制持續下去，各國央行就沒有能力管理信貸，促使儲蓄與投資達到平衡，因為他們會使用利率政策將貨幣維持在固定匯率。他曾大力反抗英國政府將英鎊釘在四點八六美元的戰前匯率。然而，輸掉這場戰役後，凱因斯為因應新的條件重新調整許多想法，他總結表示，度過一戰帶來的世界經濟亂流之後，以單一度量衡（諸如黃金）駕馭所有貨幣的作法也有一些優點可言。

在《貨幣論》中他進一步提議組建新機制將各國貨幣連結起來，一個「超國家的中央銀行」（**Supra-national Central Bank**），而這個概念將在一九四四年的布列頓森林協議（**Bretton Woods agreement**）中落實。凱恩斯主張，根據金價固定匯率，實際上幾乎無異於和美元掛勾，他在《貨幣論》中提議，與其用上述方式固定匯率，根據一籃子六十種重要國際貿易商品調整各國貨幣，並提供各國貨幣牌價每年正負百分之二的浮動空間，才是更公平的作法。即便如此，他預測，如果人民為「嚴重失業」所苦，部分國家就連堅守新的固定平價都有困難。[36]在這種「特殊案例」中，他表示，「中央主管機關只是做好放貸準備還不夠……政府必須提出創造內需的計畫〔公共工程〕。」[37]

在一九二九年六月大選之前，凱因斯把在《貨幣論》中提出的想法變成自由黨的政策。從他當時發表的政治言論中，可清晰看見未來的「凱因斯式革命」（**Keynesian Revolution**）正逐漸形成。自由黨人全心相信善謀略的威爾斯人勞合．喬治，他在巴黎和會上輕蔑不屑的行為態度令凱因斯震驚，不過凱因斯仍勉為其難地肯定勞合・喬治是自由黨人的最佳希望。勞合・喬治傾全心投入制訂經濟政策，期待藉此獲得選民青睞，其中最主要的承諾是讓國家回歸正常。一九二九年大選之際，英國的失業人口已達一百三十四萬。每十人至少有一人超過八年沒有工作，除了一九二四年曾經出現短暫復甦期之外。

一九二八年三月，凱因斯在全國自由聯盟（National Liberal Federation）發表他的新理念。「讓我們動起來，用我們的閒置資源增加我們的財富。這麼多人失業，這麼多工廠閒置，卻說我們沒能力撐起新的開發，真是荒謬。正因我們有這些工廠和人力，才能夠從事新的開發，」[38]他說。七月，凱因斯為他幫勞合・喬治訂定的創造就業政策，撰寫了一封極具說服力的請願書。「當我們有失業的人和閒置工廠，而且儲蓄多於家庭支出，卻還是認為我們沒有能力做這些事，簡直愚鈍至極。單單動用失業人口和閒置工廠，這些事就會大功告成了，」[39]他寫道。

隔年三月，凱因斯嘲笑財政部宣稱失業沒藥醫。他寫道：「他們相信，如果能引誘人民盡量儲蓄，並祭出各種措施避免人民使用這些儲蓄，利率便會下降。沒錯，如果所有形式的資本活

---

36 Harrod, *Life of John Maynard Keynes*, p. 413.

37 Keynes, *Treatise on Money*, p. 376.

38 Skidelsky, *John Maynard Keynes*, vol. 2: *Economist as Savior*, p. 297.

39 *Collected Writings*, vol. 19: *Activities 1922-9*, p. 765.

動都變成非法的，利率一定會跌到零——然後失業率也會飆上天。」[40]他在《貨幣論》中辯稱，自從一九二五年使用了不適切的美元／英鎊兌換價格，英國已成為難以實現充分就業均衡狀態的「特殊案例」。他主張，唯有公共工程能夠刺激遲緩的經濟走向復甦。在〈勞合．喬治辦得到嗎？〉（Can Llyod George Do It?）的宣傳手冊中，凱因斯直白地闡述己見：「有工作等著人做，有人想工作。為什麼不把工作和人湊起來呢？」[41]

凱因斯提出的就業計畫遭保守黨訕笑為浪費錢。他回擊表示事實恰好相反，消極不作為才是浪費國家資源。失業補助每年花掉五千萬英鎊的稅收，這還不包括貧窮救濟。過去八年來，國家已支付五億英鎊給失業者，卻是一事無成，揮霍資源的程度驚人。這筆龐大資金足以建造一百萬間新房，或重新鋪設英國三分之一的道路，或為三分之一英國家庭購買輛新車，或成立一個極具規模的信託基金，讓每個英國人看一輩子的免費電影。[42]「但這些稱不上真正的浪費，」他寫道。「失業者本身承受更慘重的損失，也就是失業補助和全職工資之間的差額，以及信心和士氣的喪失。雇主損失了利潤，財政大臣損失了稅收。整個國家十年來經濟持續不前的損失更是難以估計。」[43]

而他提出的計畫，每年將支出一億英鎊預算。保守黨人宣稱，這筆錢一年至多創造兩千個新工作，凱因斯則反駁他們，不僅沒有把省下來的失業津貼與國外借款納入計算，還忽視了他所謂的「乘數效應」（multiplier effect）：政府每創造一個工作機會，連帶創造一個提供新工人商品的工作機會。「規模愈大的貿易活動就能創造愈多貿易活動；如同貿易衰退，繁榮的運作方式也是有累積效應的。」[44]他如此宣稱。

選舉日逐漸接近，凱因斯有信心自由黨會獲勝。結果不然。保守黨人獲得百分之三十八的最多票數，取得兩百六十名議會席次，但奇特的選舉制度卻讓工黨在新的下議院贏得兩百八十七席，以些微差距拿下百分之三十七的總票數。自由黨獲得的總票數為百分之二十三，僅五十九位黨員被送進議會。由於並非絕對多數，麥克唐納組成一個少數政府，期望自由黨對他投下信任票。新政府重用凱因斯，在華爾街股市崩盤次月委派他進入麥克米倫金融與產業委員會（Macmillan Committee on Finance and Industry），研究銀行部門和整體經濟之間的關係。

凱因斯和自由黨人的長期曖昧在此結束。永遠的實用主義者凱因斯如今把精力放在說服新政府接受他開出的經濟處方。一九二九年十一至十二月間，麥克唐納三度邀他共進午餐，向他請益，並將凱因斯延攬至他的經濟諮詢委員會（Economic Advisory Council）。只是凱因斯不久便意

---

40 Skidelsky, *John Maynard Keynes*, vol. 2: *Economist as Savior*, p 302.

41 *Collected Writings*, vol. 9: *Essays in Persuasion*, p. 91.

42 *Collected Writings*, vol. 19: *Activities 1922-9*, p. 825.

43 *Collected Writings*, vol. 9: *Essays in Persuasion*, p. 93.

44 同前，p. 106。

識到生性膽小的麥克唐納儘管激進形象深植人心，欲毫無進步思想，在諸多方面甚至比自己更不像個「社會主義者」。

凱因斯在麥克米倫委員會的表現搶眼，口才出眾的他用外行人也聽得懂的淺白語言不厭其煩地對委員會提出忠告。主席麥克米倫勳爵（Lord Macmillan）為性格冷淡的法官，但每當凱因斯發表具催眠魔力的日常演說，他總是聽得如痴如醉，他甚至告訴凱因斯，「當你說話的時候，我們幾乎感覺不到時間的流逝。」[45]對於難以掌握《貨幣論》所傳達的想法的人而言，凱因斯淺白的說明促使閱讀《貨幣論》充滿趣味，尤其是當他藉由一個虛構的香蕉共和國的各種運作方式，解釋儲蓄和投資之間存在落差可能所造成的影響。[46]除了《貨幣論》裡的一些原則，凱因斯也就幾個經濟中的元素說明自己的觀點，有助於後來的凱因斯式革命發展，也將界定他和奧地利學派思想上的差異。

他在委員會所舉辦的公聽會中的主要貢獻是解釋銀行利率——即英格蘭銀行訂定的利率——在調控經濟方面扮演的角色。第一天，他解釋高利率導致投資緊縮和物價下跌的原因，因此利率調降能為景氣創造繁榮的環境。當貿易維持良好平衡，價格和成本也隨時間上漲，如此安排長期來看可行，不過若有必要向下調整成本時，便會帶來災難性的後果。誠如哈羅德所解釋，凱因斯強調，「〔委員會〕必須了解，我們目前唯一仰賴的機制，只會透過嚴重失業導致的工資削減帶來向下調整」。[47]

凱因斯宣稱儲蓄和投資的關係傾斜，並指出高利率導致企業貸款成本墊高的貨幣壓力，只會惡化利潤和成本（如工資）。其結果就是失業。然而一九二〇年代的英國有個問題，由於工會集體談判議價，工資「黏滯」，減薪不易。事實上，因為工作週數縮短且工會要求維持工資，實際工資反而增加了。凱因斯警告委員會說「綜觀古今歷史，沒有任何社會在頑強抵抗之前便心甘情願接受現金所得水準的調降」。[48]

雖然他對委員會否認失業補助造成工資的「黏滯」，並比喻這個觀點如此責怪醫院的服務助長了疾病，但在一次電臺廣播中，他承認失業補助確實有助於工人反抗減薪。「失業補助無疑分攤了個人承受的壓力，讓他們能夠推拒不想要或不習慣的工資或工作，」[49]他說道。儘管如此，他表示，若想降低工資至國家能夠負擔的水準，必須實施由政府管理的薪資所得政策，他稱之為「共同協議的現金所得水準調降」。他強調，對社會各部門一視同仁地進行調降，不能只針對產業部門的工資勞動者，這項「社會契約」也會帶來物價下跌。儘管「就某些面向而言是理想解

---

45 *Collected Writings*, vol. 20: *Activities 1929-31: Rethinking Employment and Unemployment Policies* (Macmillan for the Royal Economic Society, London, 19 81), p. 148.

46 同前，p. 76。

47 Harrod, *Life of John Maynard Keynes*, p. 416.

48 *Collected Writings*, vol. 20: *Activities 1929-31*, p. 64.

49 同前，p. 318。

藥」，[50]他同時承認這類政策大概沒有落實的可能。為增加就業，他呼籲政府編列道路和電話系統的公共預算，並辯稱財政部目光如豆，才會拒絕增加政府開支。「我們陷入惡性循環。我們什麼都不做，因為我們沒有錢。但也正因為我們沒做任何事，我們才會沒錢。」[51]

在委員會面前作證的財政部發言人理查．霍普金斯爵士（Sir Richard Hopkins），被羅賓斯形容為「身材矮小，整體外形有點像一隻聰明絕頂的猴子」。[52]他成功抵禦凱因斯以公共工程創造就業的主張。他相信沒有利潤可言的投資將破壞英國公司對外資的吸引力，也導致英國資本流向海外；引導資金進入特定產業將打亂勞工市場、工人從生產力較高和獲利能力較強的企業遷移至相對不值得投資的公共計畫案；資本的數量有限——政府為公共建設募資會剝奪私人產業對資本的需求。凱因斯的回應是，一旦恢復充分就業，失業補助和商業損失的金額都會減少，足以彌補霍普金斯提出的種種疑慮且游刃有餘。

凱因斯冒犯了財政部、英格蘭銀行和信奉奧地利學派思想的人，不單是因為他持續不懈地要求政府介入，這些人無法認同的還包括凱因斯對自由貿易的抨擊，以及他在一場惱人的內部辯論後鼓吹實施進口關稅。在麥克米倫委員會的證詞裡，凱因斯拒絕關稅，認為此舉等同服藥——一旦啟用就很難廢除——可是在給首相的經濟諮詢委員會報告書中，他卻提倡進口稅——和出口信貸——是對多數群眾盡皆有利的唯一政策。凱因斯堅信英國和全世界都處在險峻深淵，因此必須採取同樣險峻的非常措施，像是實施貿易關稅。「若要維護信念的一貫性，自由貿易者或許可將財政關稅（revenue tariffs）視為我們的緊急食糧，唯有緊急危難發生時才能使用，」他在一九三一年三月寫道。「而緊急危難已經到來。」[53]

對「財政關稅」改變心意，是凱因斯和自由貿易者羅賓斯產生重大分歧的主因。凱因斯親自任命羅賓斯加入經濟諮詢委員會的經濟展望會（Committee on Economic Outlook）。他提拔羅賓斯出任該職務的動機難解，畢竟他們發生爭執齟齬在所難免。凱因斯的傳記作者史紀德斯基認為，羅賓斯「單方面在知識信念上抗拒凱因斯和解的擁抱。或許凱因斯推薦人選時，並未認清羅賓斯對自由市場的信念堅定不移；又或者，他純粹高估了自己說服他人的能力」。[54]

無論如何，這兩個人在麥克米倫委員會上以傷害力十足的方式發生衝突。他們都很易怒，但令在座其他成員錯愕的是雙方都無意控制情緒。與羅賓斯正面交鋒之前，凱因斯只需忍受財政部和央行官員死板的保守心態。和羅賓斯交手就像被迫面對某種復仇女神、一名天資聰穎的年輕戰將，無視發源自劍橋大學的激進思想，選擇信奉奧地利學派的自由市場概念。針對凱因斯提出的

50 同前，p. 102。
51 同前，p. 144。
52 Robbins, *Autobiography of an Economist*, p. 187.
53 Harrod, *Life of John Maynard Keynes*, p. 429.
54 Skidelsky, *John Maynard Keynes*, vol. 2: *Economist as Savior*, p. 368.

所有解藥，羅賓斯的回應是任市場自行運作，無論會對英國產業、英國雇主和英國勞工造成多大傷害。倘使英國經濟確實如凱因斯不斷強調的，處於不均衡狀態，那麼應該給它時間自我修正。凱因斯開立的每張處方箋充其量是拖延必然的發展，致使事態加倍惡化，苦難沒有終點。哈羅德形容，羅賓斯「認為〔凱因斯的關稅〕提案悖離使英國強大的傳統，而且會對剛萌芽的國際主義給予致命打擊……他覺得自己有必要使出渾身解數抵抗」。[55]

凱因斯也嘲諷地批評羅賓斯的自由市場解決之道：「總有一天……一旦我們堅守自由放任夠久，必當歡喜收割。只要美國對英國殘餘出口（像是貴族和前奴隸主）仍有興趣，而且我們可以將必要進口和過剩儲蓄刪減至與這些殘餘等值，經濟便能回歸均衡。」他繼續侃侃而談，「如果沒辦法咬牙撐過，而且打算透過關稅、進口禁令、補助津貼、政府投資和阻止外資放款，在某種程度上拋棄自由放任，那就有希望早點脫離苦海……甚至有可能避免一場社會災難。」[56] 從羅賓斯的角度來看，凱因斯認為藉由物價上漲降低薪水的實際價值是調降工資最好的方法，同樣令他震驚不已。

羅賓斯希望傳喚他的朋友海耶克以專家證人的身分出席委員會，他深信海耶克不致被凱因斯的猛烈砲火擊垮。未想凱因斯拒絕這項提議。羅賓斯以出人意料的優雅風度接受凱因斯打發他手上的明星證人，但他對凱因斯傲慢態度的不耐旋即一發不可收拾。由於不認同凱因斯和其他人擬定的結案報告，羅賓斯要求他有權利提供一份持異議的少數觀點報告。羅賓斯回憶道，「凱因斯這個人發怒時幾乎不受控制，他當時氣急敗壞一如往常……盛怒之下，他極其粗暴地對待我。」[57]凱因斯引用內閣祕書的意見，不允許羅賓斯和委員會其餘成員劃清界線。他援引許多前例說明，單一個人發表少數報告在過去被認定是違憲的行為。其他成員也紛紛表示此舉非常不體面、不恰當、完全不可接受，還說如此大費周章有失風度。除了不想讓羅賓斯開創不必要的先例；「為了不破壞有益的經濟政策被採納的機會，眾人準備將歧見減到最低。」[58]

無奈羅賓斯不為所動。凱因斯不得不放低身段，勉強同意標題為〈羅賓斯教授報告書〉的異義觀點以附錄的形式呈現在主報告書之後。然而凱因斯和羅賓斯激烈衝突的火氣和怨氣都白費了。一九三〇年十月，麥克唐納收到報告後便擱置一旁，按兵不動已是恐慌得不敢動彈的保守首相最英勇的表現了。

凱因斯很快就忘記和羅賓斯的嚴重衝突。「過沒幾個星期，我和凱因斯又見面了……彷彿我們只是在知識上意見分歧罷了，」羅賓斯回憶道。「我一直認為他是個了不起的人，氣度寬宏，

---

55 Harrod, *Life of John Maynard Keynes*, p. 427.

56 *Collected Writings*, vol. 13: *General Theory and After, Part I*, p. 185.

57 Robbins, *Autobiography of an Economist*, p. 151.

58 Susan Howson and Donald Winch, *The Economic Advisory Council, 1930- 1939: A Study in Economic Advice during Depression and Recovery* (Cambridge University Press, Cambridge, U.K., 1977), p. 63.

至於那些令我吃盡苦頭的個人行為特質，相較於他的整體品格，實在微不足道。」[59]

不過，羅賓斯有意持續這場論辯。如今把海耶克從維也納請來，緊盯棘手的凱因斯，成為羅賓斯待辦清單上最迫切的任務。羅賓斯有所不知的是，海耶克的到來成了貝弗里奇手中的籌碼。貝弗里奇對凱因斯評價不佳。倫敦政經學院共同創辦人碧翠絲・韋伯和她的先生席尼有一次和貝弗里奇共進午餐時，發現他「發自內心討厭凱因斯，並視他為經濟學的江湖術士」。[60]如同羅賓斯，貝弗里奇期待海耶克的演講能讓凱因斯原形畢露。

此時舞臺一切就緒，就等海耶克以倫敦政經學院教員的身分對凱因斯下戰帖。接下來，他只需要在羅賓斯邀請他發表的四場講座中，稱職地傳達奧地利學派的景氣循環理論。

---

59 Robbins, *Autobiography of an Economist*, p. 152.

60 Norman Mackenzie and Jeanne Mackenzie, eds., *The Diary of Beatrice Webb*, vol. 4: *"The Wheel of Life," 1924-1943* (Virago, London, 1985), p. 260.

第五章 雙虎屠龍

海耶克從維也納遠道而來：一九三一

羅賓斯和貝弗里奇在經濟學史上最具影響力的決鬥中退居二線。海耶克於一九三一年一月抵達倫敦，他接受羅賓斯的邀請展開四場講座，主題是他對景氣循環的研究以及在〈儲蓄「悖論」〉[1]中嘗試證明的經濟衰退並非源於消費者缺乏購買欲望。

海耶克抵達倫敦後，第一站不是到史傳特地下道旁厚敦街的倫敦政經學院，而是北方五十英里外的劍橋大學。他獲邀向馬歇爾學會（Marshall Society）發表演說，該學會是經濟學者組成的活躍團體，成員大多是凱因斯的同事。這個學會是劍橋經濟學派的精神依歸，名稱是為了紀念盎格魯薩克遜經濟學之父馬歇爾。它提醒海耶克來到了奧地利學派不能作主的異邦。誠如劍橋經濟

1 F. A. Hayek, "The 'Paradox' of Saving," *Zeitschrift für Nationalökonomie*, vol. 1, no. 3: 1929.

學家最常說的一句話，「馬歇爾就是一切解答。」[2]海耶克則想證明他們錯了。個性膽大無畏的他昂首闊步地深入虎穴。

凱因斯人見人愛，思想又特立獨行，很自然地吸引了一群忠心耿耿的徒弟。凱因斯身邊還有一小群密友，因為他早期曾是劍橋大學祕密社團「使徒」（Apostles）的一員，該社團聚集一批信奉英國哲學家摩爾思想、志同道合的年輕人，後來成為布魯姆斯伯里團體的核心成員。身為國王學院極富個人魅力的經濟學教授，他經常以不藏私的、慈父般的態度給予一些年輕男性——當時的劍橋學生清一色是男性——人生建議。在眾多學生裡，博得他青睞的都是經長時間交談而不令他感到枯燥無趣、見解獨到的人。馬歇爾學會裡就有一群非常死忠的凱因斯追隨者，他們戲稱自己為「劍橋馬戲團」（Cambridge Circus）。

理查．F．卡恩（Richard F. Kahn）[3]是團員之一，他記得第一次和偶像見面的感覺。在國王學院一間滿是貝爾和葛蘭特壁畫創作的華麗研究室中，凱因斯全身攤平陷在扶手椅裡，伸直修長的雙腳。「為了第一次督導課而踏進凱因斯的研究室之前，我全身顫抖，」卡恩回憶道。「不過另外三個同學和我圍在火爐邊坐下後，發現眼前對我們說話、也鼓勵我們說話的男人，他的態度和藹可親，急著想幫助我們建立自信。」令人敬畏卻沒有距離感是凱因斯的某種天賦，這使最親近的仰慕者對他產生宗教信仰般的虔誠心態。他不只是個地位崇高的老師；他是被人當作聖人般崇拜的大師。卡恩說，「一九三〇年十月三十一日《貨幣論》出版，一群年輕劍橋經濟學者幾乎是第一時間聚會討論起幾個基本議題，然後對凱因斯即將撰寫新書〔《就業利息和貨幣通論》（*The General Theory of Employment, Interest and Money*，接下來簡稱《通論》〕一事，興奮不已。」[4]

另一位重要馬戲團成員奧斯丁·羅賓森（Austin Robinson）則可能是率先將每週非正式討論會命名為「劍橋馬戲團」的人。「我們忙著閱讀、消化《貨幣論》，我們當中一些人——卡恩、喬安·羅賓森（Joan Robinson，[5]〔奧斯丁的太太〕）、皮耶羅·斯拉法（Piero Sraffa）[6]、詹姆

---

2 喬安·羅賓森最後勝出。她認為，「馬歇爾是一切的泉源，其中包括〔凱因斯的〕《通論》。」Joan Robinson, *Economic: An Essay on the Progress of Economic Thought Philosophy* (Aldine Transaction, Piscataway, N.J., 2006), p. 73.

3 卡恩（Richard Ferdinand Kahn, Baron Kahn, 1905-89），英國經濟學家，是凱因斯門下高徒。他在凱因斯的鼓勵下，研究將公共資金注入經濟系統的後果，宣稱增加的款項能增加總體需求，並導致穩定而顯著的經濟活動成長，凱因斯稱這個概念為「乘數」。

4 Richard F. Khan, *The Making of Keynes' General Theory* (Cambridge University Press, Cambridge, U.K., 1984), p. 171.

5 喬安·羅賓森（Joan Violet Robinson née Maurice, 1903-83）是國王學院第一位女性教員。他除了是凱因斯最具攻擊性的弟子，也是「劍橋馬戲團」的傑出成員。她後來提出不完全競爭的概念，共同創立了新李嘉圖學派和後凱因斯學派；她和卡爾多一起研發出許多經濟成長的理論，尤其是針對未開發國家的理論；她振興了馬克思經濟學理論的研究。一九二五年嫁給奧斯丁·羅賓森。

6 斯拉法（Piero Sraffa, 1898-1983），義大利經濟學家，凱因斯拯救他遠離墨索里尼的法西斯主義威脅，特別安排他到劍橋當經濟學講師和馬歇爾圖書館員。斯拉法和喬安·羅賓森共同創立了新李嘉圖學派。維根斯坦將他哲學思想的許多重大突破歸功於和斯拉法的討論。

斯・米德（James Meade）[7]和我本人——自然地聚在一起辯論書中內容。『馬戲團』的曝光是個意外，而非事先安排的。」[8]除這五名成員之外，還有C・H・P・吉佛德（C. H. P. Gifford）、A・E・W・普朗崔（A. E. W. Plumptre）、羅里・塔西斯（Lorie Tarshis）和幾名大學生。每個新成員都必須接受卡恩、羅賓森和斯拉法的面談。成員在一九三一年一月到五月之間定期聚會，展開火光四濺的唇槍舌戰，但都謹守劍橋人的風度，哪怕歧見深刻、言詞咄咄逼人，眾人一概不覺得受到冒犯。據羅賓森表示，「唯有透過辯論，或者稱衝突也可以，經濟學才能有所進展。」[9]

馬戲團起初在卡恩位於國王學院吉布斯大樓的研究室聚會，後來轉到三一學院的聯合休息室，他們儼然成為凱因斯的擴音器，是一群可以為他校對《通論》校樣的年輕經濟學家，且在他和海耶克的決鬥中扮演重要角色，他們猶如一群擺好陣仗的忠心門徒，可以在任何時候挺身為大家長擋子彈。凱因斯沒有參加馬戲團的聚會。固定班底米德是牛津大學赫特福德學院（Hertford College）的教員，當時到劍橋客座一年，他回憶道，「從一個渺小凡人的角度來看，凱因斯似乎扮演道德劇中的上帝；主宰整齣劇，卻鮮少在舞臺上露臉。卡恩則是報信天使，將凱因斯的訊息和問題傳達給『馬戲團』，然後帶著我們的商議成果回到天堂。」[10]

卡恩本來是平庸的物理學家，由於精通數學變成傑出的經濟學家，不僅以最優異成績畢業，並於一九三〇年獲聘為國王學院教員。奧地利學派經濟學家約瑟夫・熊彼得（Joseph Schumpeter）[11]不近人情地對轉換跑道的卡恩說，「很多被淘汰的賽馬拉起馬車都如魚得水。」[12]

凱因斯認為卡恩擁有「的經濟學天賦，不亞於戰後我所教過的任何學生」。[13]卡恩非常聰明且邏輯縝密，可惜欠缺對別人傳播個人觀點的自信。語氣溫和，行為舉止禮貌周到，同儕以中間名「費迪南」（Ferdinand）稱呼他，是凱因斯點名的「愛徒」中最重要的一個。卡恩是正統派猶太人，凱因斯親暱地替他取了小名「小拉比」（Little Rabbi）。

研究經濟學一輩子、在劍橋從一九五一到七二年擔任了二十一年的經濟學教授，卡恩發表的著作有限，且始終被外界視為凱因斯藝術工作室的首席工匠。熊彼得稱讚卡恩對《通論》的重大貢獻，彌補過去口無遮攔的不體貼，他認為卡恩「幾乎算是這本歷史性著作的共同作者」。[14]

7 米德（James Edward Meade, 1907-95），英國經濟學家，先後任教於倫敦政經學院和劍橋大學，一九七七年和貝蒂爾·奧林（Bertil Ohlin）共同獲得諾貝爾經濟學獎。他撰寫英國充分就業白皮書（1944）和關稅暨貿易總協定（General Agreement on Tariffs and Trade）的初稿，一九四五至四七年之間，他是艾特禮工黨政府的首席經濟學家。

8 引述自 Marjorie Shepherd Turner, *Joan Robinson and the Americans* (M. E. Sharpe, Armonk, N.Y., 1989), p. 51.

9 同前，p. 62。

10 *Collected Writings*, vol. 13: *General Theory and After, Part I*, p. 339.

11 熊彼得（Joseph Alois Schumpeter, 1883-1950）生於捷克的奧地利經濟學家與政治科學家，師從博姆—巴維克。他的「創造性破壞」經濟學理論，和奧地利學派的自由市場觀念互為補充。一九三二年他為逃離納粹主義魔掌來到美國，在哈佛大學找到避風港。

12 Khan, *Making of Keynes' General Theory*, p. 170.

13 Letter from Keynes to Pigou，引述自 Charles H. Hession, *John Maynard Keynes* (Macmillan, New York, 1984), p. 263.

14 Joseph Alois Schumpeter and Elizabeth Boody Schumpeter, *History of Economic Analysis* (Oxford University Press, Oxford,

態彼得將卡恩對凱因斯的奉獻視為劍橋學者典型的慷慨大度。「他們丟出各自的想法，當作公共財。藉由提出批判和建設性提議，幫助其他人將想法變得具體。他們發揮的匿名影響力不是在出版品中一一點名所能比擬的。」[15]

羅賓森是劍橋大學悉尼・薩塞克斯學院（Sidney Sussex College）的教員，一九一九年四月從印度來到劍橋，曾在一戰期間負責駕駛飛船，誠如許多在戰爭中倖存的劍橋大學生，他也將改變世界視為驅策自我前進的動力。「我們堅信再也不該讓戰爭解決世上的問題，」他寫道。「當時的我們或許太過天真，但我們的心意懇切。」[16]他聽了剛從巴黎和會回到英國的凱因斯發表後來構成《通論》內容的一系列演講，被迷得神魂顛倒。在利物浦從事義工一陣子後，他回到劍橋專攻經濟學。「我關心的是能改善世界境況的經濟學，讓窮人和富人都過得更好，」他回憶道。[17]他對馬戲團的記憶是，他和卡恩以及其他人定期聚會，然後「凱因斯聽說了我們的聚會，他問卡恩我們大多討論些什麼，卡恩則向他傳達我們的問題和困難。」[18]

羅賓森妻子喬安婚前的本名是喬安・薇奧雷・墨利斯（Joan Violet Maurice），畢業於格頓學院（Girton College），主修經濟學。根據凱因斯傳記作者史紀德斯基的形容，她成為「一群偉大經濟學家中（目前）唯一的女性」。[19]她的父親弗雷德里克・巴頓・墨利斯（Frederick Barton Maurice）是名少將，膽大無畏，且曾指責首相勞和・喬治在一戰的西部戰線英國軍隊人數問題上誤導議會。有其父必有其女，喬安享受爭議，勇於捍衛自己的理念。她常用的手法是人身攻擊。某個和她同時代的人曾說，「海耶克痛斥她總是把和自己意見相左的人當成智障，而且設想對方大概也沒有太高的道德操守，因此和她辯論往往非常艱難——委婉來說。」[20]她不僅和卡恩密切合作，協助凱因斯完成《通論》，而且因為「不完全競爭」（imperfect competition）的研究和企圖挽救馬克思經濟學家名聲的開創性著作而在經濟學領域留下重要成就。她和奧斯丁的婚姻美滿，育有兩女，但和卡恩密切的學術合作促使他們成為情人。有一次，凱因斯意外撞見他們正在翻雲覆雨，凱因斯告訴莉迪亞，這對情人「充滿愛意地交纏在卡恩的書房地板上，不過我想他們

U.K., 1954), p. 1118. 頭腦冷靜的卡恩駁斥這樣譁眾取寵的聲稱「荒謬至極」。「這可能是出自對凱因斯無意識的敵意……他和凱因斯的友誼……到最後階段已經被嫉妒之心扭曲了。凱因斯找到解決熊彼得提出之根本問題的辦法，而熊彼得卻花了大半輩子都沒找到。熊彼得經常對朋友們說：『年輕的時候，我有三大志向：做個好情人、好騎手和好經濟學家。』我只實現兩個。」Kahn, *Making of Keynes' General Theory* , p. 178.

15 Schumpeter and Schumpeter, *History of Economic Analysis*, p. 1152.

16 Michael Senzberg, ed. *Eminent Economists: Their Life Philosophies* (Cambridge University Press, Cambridge, U.K., 1993), p. 204.

17 同前，p. 205。

18 同前，p. 211。

19 Skidelsky, *John Maynard Keynes*, vol. 2: *Economist as Savior*, p. 703.

20 G. C. Harcourt, "Some Reflections on Joan Robinson's Changes of Mind and Their Relationship to Post-Keynesianism and the Economics Profession," in Joan Robinson, Maria Cristina Marcuzzo, Luigi Pasinetti, and Alesandro Roncaglia, eds., *The Economics of Joan Robinson*, Routledge Studies in the History of Economics, vol. 94 (CRC Press, London, 1996), p. 331.

只是在討論『壟斷的純粹理論』」。[21]

海耶克和馬戲團的初次遭遇是在倫敦政經學院正式登臺之前、為馬歇爾學會準備的演講上。有幾項因素阻礙了他在凱因斯自家後院大顯身手的機會。他因發高燒腦袋混沌，只能倉促準備演講稿，而且他竟然想把即將在倫敦政經學院發表的四場、以理論為主的講座內容濃縮在一次發表。這群對任何奧地利學派看法抱持懷疑態度的聽眾反應，完全超乎他意料的冷淡。

海耶克更受制於另一個重大阻礙。儘管在紐約住了十四個月，他的英文口語能力仍停留在基礎程度。他的奧地利腔濃得像倫敦的霧，一輩子也未曾改善。更糟糕的是，他對馬歇爾學會演講時經常轉身背對聽眾，在黑板上畫起一系列複雜凌亂的圖表，殊不知臺下聽眾全然無法理解。凱因斯當時人在倫敦，自然沒與會聆聽，而他的年輕追隨者們似乎因此對客人更是毫不留情。在這種情況下，海耶克還能完成演講，已經算是表現不錯。

凱因斯主義者並非因為太沉浸在大師最近出版的《貨幣論》，所以對提出不同經濟學理論的海耶克送上閉門羹。說穿了，其實是他們完全聽不懂海耶克解釋的概念。即便事先提供紙本報告，對他們的幫助或許也不大，海耶克的英文寫作非常需要重新翻譯及編輯，甚至比他的口說英文更難理解。海耶克後來也承認，他談論的淨是奧地利學派經濟學家普遍接受的概念，對歐陸經濟學抱持根本質疑的英國經濟學家並不了解。的確如此，海耶克假定英國聽眾應該了解的許多論點，在英國根本不曾存在。[22]

經過一個多小時的論點闡釋和圖表塗鴉，說明景氣循環為何從繁榮走向蕭條，海耶克邀請臺下聽眾提問。根據這群年輕凱因斯主義者的理解，海耶克主要的論點是總體需求（一個經濟體內消費者想要購買的商品總數）和就業之間，不存在凱因斯所主張的直接連結。儘管向來不排斥激辯，尤其是當一個陌生人誤闖他們的舒適天地，這群年輕的凱因斯主義者卻頭一次不知如何回應。海耶克提問時間的現場鴉雀無聲。

關於對馬歇爾學派正統和《貨幣論》新思維的攻擊，知書達禮的卡恩提供了稍微客觀的說明。他的紀錄是嚴酷的，但由於在事件過後五十多年方才提筆，文字已隨時間流逝稍顯軟化。無論怎麼嘗試，卡恩無法掩蓋就連海耶克這般堅毅、在學術上自信滿滿的人，都因為他們的冷淡對待而受影響。自信沉著帶著宛若貴族般的傲慢，海耶克是和大師唱反調的完美人選。

「在座聽眾困惑不已，」卡恩寫道。「馬歇爾學會的演講結束後，通常在座人士會立刻展開熱絡且漫長的討論和問答。這次演講後則是一片寂靜，我覺得好像有必要緩和僵局，於是起身問道，『你是說，如果我明天出門買一件新大衣，失業率會提高？』」「是的，」海耶克說。「但

21 Letter from Keynes to Lydia, February 1, 1932, King's College, Cambridge, U.K.

22 F. A. Hayek, "Preface to the Second Edition" (1935) in *Prices and Production* (Augustus M. Kelley, New York, 1967), p. ix, http://mises.org/books/pricesproduction.pdf.

是，」手指向他畫在黑板上的三角形，「原因得用很長的數學論證來解釋。」[23]

對待敵人毫不手軟的喬安可沒那麼客氣了。「我對海耶克到倫敦政經學院之前繞道拜訪劍橋的事印象深刻，」近四十年後她回憶道。「他闡釋自己的理論，在黑板上畫滿三角形。我們後來才發現，整個論點立基在錯把當前投資率當作資本財總存量，只是當時的我們並不知道。接下來合理的推論就是，經濟衰退源自通貨膨脹。」她殘酷評價海耶克在英國舞臺初次亮相的演出為「尷尬得可憐」。[24]

海耶克回到倫敦。劍橋經驗多少打擊了他的士氣，但他也相信倫敦政經學院對他的歡迎應該會比較熱情。羅賓斯預期海耶克的演講會「艱澀，但同時振奮人心，」[25]他對這四場講座抱高度期待，希望能一舉撼動英國的知識地景。為了不讓海耶克感覺像在劍橋一樣受到冷落，主辦單位準備了最大的演講廳，並由羅賓斯親自挑選一定會熱烈回應海耶克演說的出席聽眾。對奧地利學派觀念不夠熟悉的人，被要求在演講前重新複習，以便屆時能和講者正面互動。不同於在劍橋，倫敦政經學院特別為海耶克安排一個墊高的講臺，臺下十幾排木椅一字排開，坐滿近兩百名引頸期盼的教職員，走廊上還再擠滿了一百多名聽眾。

在場無人懷疑這次演講對經濟學理論未來以及倫敦政經學院名聲的重要性。海耶克即將闡釋的論點，亦即貨幣供應在經濟運作中的角色，是反抗凱因斯和劍橋之戰的關鍵第一炮，同時間接為最終將挑戰凱因斯主義的貨幣主義反革命奠定基礎。海耶克第一場演講題目是〈貨幣影響價格的幾種理論〉（Theories of the Influence of Money on Prices），旨在概述貨幣、價格和生產之間的關係。

他在演講一開始即表示英國財政部決定以戰前平價將英鎊帶回金本位制，充分證明貨幣「流通緊縮」[26]（貨幣轉手率的降低）導致產業減產。他哀嘆近來英國和歐洲發生的經濟動盪，對進一步了解貨幣在經濟中的關鍵角色並無助益。他將這個發展怪罪於「多數經濟學家在經濟學方法論上的態度轉向，然此轉向在諸多團體中卻被稱頌為一大進步：我指的是試圖用定性研究取代定量研究」。[27]他堅持測量經濟的各種元素不等於理解經濟如何運作。他鄙視以數學方程式「在**總**貨幣量、所有物價之一般水準和**總**生產量之間建立**直接**因果連結」[28]的一切嘗試，彷彿經濟學是無異於物理、化學的一種科學。他主張，理解經濟活動的真正關鍵在於個人所做的選擇，這些選

23 Kahn, *Making of Keynes' General Theory*, pp. 181-182.

24 Joan Robinson, "The Second Crisis of Economic Theory," *History of Political Economy*, vol. 8, Spring 1976, p. 60.

25 Robbins, *Autobiography of an Economist*, p. 127.

26 F. A. Hayek, *Prices and Production and Other Works: F. A. Hayek on Money, the Business Cycle, and the Gold Standard* (Ludwig von Mises Institute, Auburn, Ala., 2008), p. 197, http://mises.org/books/hayekcollection.pdf. 初版為Routledge & Sons, London, 1931.

27 同前，p. 198。

28 同前，p. 199。

擇數量龐大、內容多元，無法輕易度量。同理，他不同意以一般物價標準為基礎的任何假定。他認為更具意義的，是買賣雙方在構成經濟的無盡個別交易中所達成共識的無數不同價格。

在貨幣理論宏觀歷史回顧裡，海耶克滿懷仰慕之情地引用研究貨幣力量的先驅：十八世紀愛爾蘭裔法國經濟學家理察・坎蒂隆（Richard Cantillon）[29]。坎蒂隆觀察新貨幣的注入——指以十七世紀南美洲探險家新發現的金銀礦脈形式存在的財富——如何增加將這些貴重金屬帶回歐洲的人的購買力。新財富刺激探險家的消費，造成物價上揚，商人的荷包隨之膨脹，於是有更多閒錢投入消費，如此週而復始。坎蒂隆觀察到新貨幣供給帶來的效應，到頭來只對發現及生產這些新財富的人有助益，社會上其他人則因金銀的注入提高物價，反而蒙受其害，之後蘇格蘭哲學家休謨也如此主張。海耶克認為這個論點具建設性，卻也言明他對坎蒂隆的理論有所保留，因為「倘若新增貨幣首先落入貿易商和製造商的手中，後續效應可能會非常不一樣」。

海耶克接著點出坎蒂隆和休謨未加留意的一個因素，「貨幣數量對利率的影響，以及後續對消費財之於生產財（producer goods）或資本財相對需求的影響。」[30]貨幣供過於求會降低借款的代價，提高消費財的價格，同時使儲蓄顯得較不具吸引力。他追溯思想家如亨利・桑頓（Henry Thornton）[31]、大衛・李嘉圖（David Ricardo）[32]以及湯瑪斯・圖克（Thomas Tooke）[33]對貨幣和利率關係的觀察，以及邊沁、托瑪斯・馬爾薩斯（Thomas Malthus）[34]、約翰・斯圖爾特・彌爾（John Stuart Mill）[35]、里昂・瓦爾拉斯（Léon Walras）[36]、維克塞爾和博姆—巴維克如何談論以

「強迫儲蓄」形式呈現的貨幣和資本連結。在指出維克塞爾邏輯瑕疵時，海耶克全面推翻凱因斯《貨幣論》的核心假定，[37]也就是當「自然利率」和「市場利率」彼此相等，物價會保持穩定。[38]海耶克承諾將在後續講座中闡明他不同意維克塞爾和凱因斯論點的原因。

在第一場講座中，他確實提出了一個貫穿他和凱因斯分歧核心的概念。「一旦開始思考便會發現，貨幣量的任何變化無論影響價格水準與否，必定對相對價格造成影響。同時，由於相對價格無疑決定了生產的數量和方向，任何貨幣量的變化勢必毫無例外地影響生產。」[39]他自覺即將

29 坎蒂隆（Richard Cantillon, 1680-1734），愛爾蘭——法國經濟學家。

30 Hayek, *Prices and Production*, p. 205.

31 桑頓（Henry Thornton, 1760-1815），英國經濟學家和國會議員。

32 李嘉圖（David Ricardo, 1772-1823），英國經濟學家。

33 圖克（Thomas Tooke, 1774-1858），英國經濟學家，海耶克完成倫敦政經學院四場演講後獲得聘任的講座教授職位就是以他為名。

34 馬爾薩斯（Thomas Malthus, 1766-1834），英國經濟學家。

35 彌爾（John Stuart Mill, 1806-73），英國哲學家、政治理論家、經濟學家和國會議員。

36 瓦爾拉斯（Marie-Esprit-Léon Walras, 1834-1910），法國經濟學家。

37 我們並不知道一九三一年二月海耶克在倫敦政經學院進行第一堂講座時，是否已經讀過凱因斯於一九三〇年十二月出版的《貨幣論》。

38 Hayek, *Prices and Production*, p. 215.

39 同前，pp. 217-218。

在貨幣理論上有所突破，貨幣理論將「不再是貨幣價值的理論，而是關於各式各樣商品不同交換比例的貨幣影響力的理論」。[40]

海耶克接著發表的聲明令人瞠目結舌：貨幣不具備內在價值。「在這層意義上……貨幣是多餘的——現行貨幣絕對數量對人類的福祉沒有任何影響——因此，貨幣不具有我們談論的商品客觀價值的那種客觀價值。我們研究的不過是做為所得來源或滿足欲望的手段，商品相對價值如何受到貨幣的影響。」[41]

海耶克的演講提供在座聽眾重新評估經濟理論的新方向，其中許多人讀了三個月前出版的《貨幣論》後，對凱因斯的觀點態度有所保留。海耶克在倫敦的第一場講座博得滿堂彩，截然不同於在劍橋所得到的回應。重點是，好強的羅賓斯很滿意演講內容，他相信自己找到有能力挑戰凱因斯大力宣傳的新理論的人。

第二場講座於隔天舉辦，講題為〈消費財製造和生產財製造達到均衡的幾種條件〉（The Conditions of Equilibrium between the Production of Consumers' Goods and the Production of Producers' Goods），海耶克談論全球景氣低迷狀態下備受矚目的重要主題：在什麼情況下，資源會被閒置？他宣稱，解釋經濟現象時，學者為求方便，經常假定經濟終將達到所有資源獲得充分利用的均衡狀態。但在達到均衡之前必然有過渡時期，此時可得資源會被閒置。

提高生產的辦法很多，海耶克主張最有效的是——他在此借用奧地利經濟學家博姆—巴維克創造的名詞——利用資本滿足他所謂「迂迴」生產方法中的後期需求。海耶克在黑板上畫了一個三角形簡圖，就是讓劍橋聽眾一頭霧水的那些三角形。他解釋道，為滿足未來需求，企業家會逐漸累積對一系列中間資本財（intermediate capital goods）的投資，諸如工具和機器，主要賣給資本財的其他生產者。在一定時間內，這些迂迴生產方法將創造更多未來的消費財供給。企業主投資這種中間生產方法，做好延遲獲利的心理準備，因為它將使企業主生產更多未來的消費財，從而滿足消費者為未來儲蓄的欲望。

接著，海耶克切入第二場講座的核心問題：需要較少資本的生產方法如何進展至需要較多資本？答案很簡單：當民眾減少購買消費財、增加儲蓄，他們就會把儲蓄投資到資本財上。但還有另一個辦法：當生產者取得銀行貸款，便有更多的資本財被生產出來。他說，第二種手段不是真正的儲蓄，而是「強迫儲蓄」，因為新投資的實現不是因為儲蓄增加，單純是銀行認為借款對自身有利可圖。當借給生產者的資金減少至先前的水準，意味著投入設備生產的資本損失了。「在下一場講座我們將會發現，」他以不祥的語氣預告，「這種朝向較不資本式的生產方法的過渡，必然會以經濟危機的形式呈現。」[42]

40　同前，p. 219。
41　同前，pp. 220-221。
42　同前，p. 241。

聽眾們迫不及待想知道下一場講座的內容。海耶克在第三場講座中，以老師米塞斯的研究做為開場。這場演講題為〈信貸週期過程裡的價格機制運作〉（**The Working of the Price Mechanism in the Course of the Credit Cycle**），海耶克首先引用米塞斯的話：「因為銀行以低於自然利率放款所造成的生產性活動增加，其首要影響是……提高生產財的價格，而消費財價格只有微幅增長……不過反向運動不久便出現：消費財價格提高，生產財價格下跌，亦即貸款的利息增加，再次接近自然利率。」[43]

海耶克以一絲不苟卻也枯燥至極的招牌方式，解釋不合理的借款額度擴增何以逐漸導致資本財生產過程陷入混亂，進而在景氣循環的底部造成崩盤。為了幫助不願意主動分析的聽眾吸收理解，海耶克舉了一個例子。他說：「這情況就好像有一群孤島居民在打造一部提供所有必需品的龐大機器時發現，他們的全部儲蓄和可得自由資本在新機器開始運轉前便已耗盡。他們只能選擇暫時放棄製造機器，將全部勞力投入生產以供應自己食用的每日糧食。」[44]

海耶克表示，這情況在真實世界發生的結果是失業率居高不下。他對提倡以刺激消費財需求來增加就業的人如凱因斯等，陳述一個簡單卻也令人難以接受的真相。「唯有當我們的消費不超過總財富在現行生產組織下注定要流向當前消費的部分，資本式生產的機器方能運作順暢。任何消費的增加，如果不要干擾生產，都需要先前的新儲蓄。」

海耶克也挑戰另一劑凱因斯式解藥，即重啟閒置工廠將刺激低迷的景氣起死回生，同時增進就業。「〔凱因斯等經濟學家〕忽略……為了讓現有的堪用工廠發揮最大效能，必須投資一大筆錢在其他生產工具上，過程漫長，而且短時間內無法收成。」[45]他繼續說，「有一點應該要澄清，近來人們極力推崇以消費者信貸解救經濟的作法，殊不知如此將收到反效果。」他認為這種「人為創造的需求」只不過是在拖延審判日的到來。「因此，『動員』全部可得資源唯一的永久性方法是不使用人為刺激——無論在危機期間或之後——讓時間徹底解決問題。」[46]簡言之，走出景氣低潮沒有捷徑。長遠來看，自由市場將使經濟體回復至充分就業的均衡狀態。

海耶克又一次正中聽眾下懷。終於有人對凱因斯的干預主義提出實際且具說服力的反駁。海耶克證明劍橋人的改善措施表面看似合理，其實埋藏許多邏輯漏洞。出於一片好意是不夠的。以借錢投資的方式改善景氣低迷等種種症狀，只會讓問題變本加厲。海耶克拿出自己調製的冷靜解藥取而代之：別再奢望一步登天，真相是唯有時間能夠治癒失去平衡的經濟。小心提防像凱因斯這種開靈丹妙藥、說話圓滑不誠懇的醫生，因為他們是庸醫，是賣蛇油的銷售員，是江湖術士。捷徑只會將經濟帶回原點。沒有簡單的辦法。唯有時間能帶來真正的復甦。市場有自己的邏輯，

---

43 Ludwig von Mises, *Theorie des Geldes und der Umlaufsmittel* (Duncker & Humblot, Munich, 1912) p. 431.

44 Hayek, *Prices and Production*, p. 272.

45 同前，p. 273。

46 同前，p. 275。

其中便包含了天然的解藥。海耶克的角色不是提供鎮定劑，因為他不是凱因斯那種政治煽動家。

隔天，在第四場講座上，海耶克踏進普遍未開發的貨幣理論領域——貨幣理論最終將成為挑戰凱因斯觀念的主力論調的基礎。海耶克認為，一經濟體內的貨幣數量以及貨幣從一人手中傳遞給另一個人的速度，是理解經濟系統運作的關鍵。「在現有條件下，貨幣一定會對經濟活動的進程施展決定性影響……因此，若沒有將貨幣納入考量，任何對實際經濟現象的分析都不夠完整，」他宣稱。[47]不過，他也強調貨幣理論雖是更全面理解經濟系統的必要工具，卻有嚴重的局限性。用在平時是夠的，但用於世界目前經歷的情況則嫌不足。

海耶克相信，若要促使經濟體最有效地運作，貨幣必須保持中立。「貨幣數量在一個地理區域的增加或減少，和一個人收入的增加或減少，效果是一樣的，亦即使居民取得較多或較少世界總產品分額的功能。」[48]增加貨幣供給對社會某些部門造成不必要的負擔。「貨幣數量的增加只是意味著某些人得將部分額外產品轉讓給新財富的生產者。」[49]他煞費苦心地強調，創造額外貨幣不僅創造進帳，連帶也增加負債——「帳面貸款」（book credits）——以及與銀行無關的各式信貸。他認為，「這些形式各異的信貸有個特質，它們的出現不受任何中央控制，可是一旦它們存在了，若要避免信貸崩潰，就必須允許它們轉換成其他貨幣形式。」[50]

他主張，為避免景氣循環過度波動，銀行應該嚴密把關貸款。「銀行業者不需要擔心過度謹慎將對生產造成傷害。」他說。就控制貨幣政策而言，銀行唯一能夠提供的貢獻或許是慎重行事。「在現行條件下，超越這個規範是不允許的。無論如何，只能由一個中央貨幣主管單位為全世界採取行動：單一國家私自採取措施必定招致災禍。」[51]

儘管將貨幣從造成不均衡的因素中刪除至關且要，他也提醒，嚴厲的貨幣政策不是萬應靈丹。「我們不能妄想透過貨幣政策總有一天能徹底消除產業波動。」他說。即便如此，那些相信經濟體在一定程度的通膨下運作得最好的人被誤導了，凱因斯便是其一。「我們頂多只能冀望公共資訊的成長能夠幫助中央銀行在景氣復甦時遵循謹慎政策，藉此緩和下一次的蕭條，並懂得拒絕以『些許通膨』對抗經濟低潮這種良善卻危險的提議。」[52]

海耶克就這樣完成了四場講座。「講座造成轟動，」羅賓斯回憶道，「一部分是因為人們由此看見古典貨幣理論被遺忘多年的某個面向。」[53] 熊彼得認為海耶克的演講具某種程度的耳目一新，同時又令人震驚。

---

47 同前，p. 299。
48 同前，p. 288。
49 同前。
50 同前，p. 290。
51 同前，p. 298。
52 同前。
53 Robbins, *Autobiography of an Economist*, p. 127.

海耶克演講中解釋的問題不比引發的問題少，不過羅賓斯很滿意，因為他的目的達成了，他終於介紹英國經濟學家認識「這個偉大的傳統（奧地利學派），（這麼做）多少能說服英國讀者相信，忽略該學派的思想等同於拒絕堪稱我們的時代成果最豐碩的科學發展之一」。[54]

這四場演講成為海耶克的進階面試，他滿心期待能加入倫敦政經學院的教員行列。在講座的推波助瀾下，貝弗里奇欣然提供海耶克訪問教授的職銜，並在隔年聘請他擔任圖克經濟學以及統計學客座教授（Tooke Chair in Economic Science and Statistics）[55]據羅賓斯表示，「眾人一致贊成通過。」[56]海耶克亦毫不猶豫地接下這份教職。

---

54 John Cunningham Wood and Robert D. Wood, eds., *Friedrich A. Hayek: Critical Assessments of Leading Economists* (Routledge, London, 2004) p. 201.

55 外界誤會羅賓斯在任用案中扮演重要角色。儘管羅賓斯的確很高興，而且部分材料如Daniel Yergin and Joseph Stanislaw, *The Commanding Heights: The Battle for the World Economy* (Simon & Schuster, New York, 2002)，形容「是羅賓斯特別交代」任用的，但羅賓斯在*Autobiography of an Economist* (p. 127)稱「大大出乎我意料，貝弗里奇問我要不要以圖克講座的位子邀請講者正式加入我們……眾人一致投下贊同票。」

56 Robbins, *Autobiography of an Economist*, p. 127.

第六章 凌晨槍響

海耶克嚴厲批評凱因斯的《貨幣論》：一九三一

海耶克抵達倫敦的那個月，凱因斯在一次廣播節目中鼓吹倫敦的主婦們花錢、花錢、再花錢。商品如此便宜，英國消費者可說是買到賺到。儘管有工作的人生活過得好，社會上仍有數百萬人待業中。「失業勞工和閒置工廠每天可生產價值數百萬英鎊的產品。」凱因斯說道。[1]

凱因斯接著說，解決辦法雖然違背直覺，但真的很簡單。「如今，很多人……相信他們和鄰居們能為修復當前狀況貢獻心力的最佳方式是積極**儲蓄**。只要克制不花錢……便能改善就業問題……在現今環境下……這是大錯特錯。」凱因斯利用招牌的歸謬法（reductio ad absurdum）對過度儲蓄的後果提出警告。「假設我們再也不花錢，把收入全部存起來，所有人都會丟飯碗。要不了多久，大家再也沒有收入可以消費。沒有人會變得更富裕，結果是我們全捱餓至死。」

---

[1] BBC radio, January 14, 1931, in *Collected Writings*, vol. 9: *Essays in Persuasion*, p. 138.

「每當你多儲蓄五先令，就有一個人失去一天的生計，」他告訴聽眾們。「相反的，當你購買商品，就業率順勢提高了……因為你不購買商品，商店庫存賣不完就無法繼續下單，然後一定有人會丟飯碗。因此，愛國的主婦們啊，明天一早便上街逛逛美妙的清倉拍賣……妳該為自己幫助國家促進就業、增加財富感到份外喜悅。」[2]凱因斯的建議至少打動了一名婦女——他的太太莉迪亞為替拯救失業盡一份心力，於是向倫敦的店家買了幾條毛毯。

凱因斯力勸地方委員會投資公共工程，創造就業機會。「舉例來說，何不把倫敦南岸從西敏寺拓展到格林威治……這個工程需要雇用人力嗎？當然需要！工人無所事事，生活悲慘，不停領救濟金真的比較好嗎？當然不。」[3]

廣播造成巨大轟動，至少有四十家報紙社論權衡了凱因斯的論點。「媒體從不曾如此關注我。」[4]凱因斯寫信給莉迪亞。可惜麥克唐納病懨懨的政府絲毫不為所動。財相史諾登認為，凱因斯的想法極不負責任。他絕望地告訴內閣，國家財政「令人擔憂……世界經濟危機數個月來不見好轉跡象，財政前景持續惡化」。[5]

一份財政備忘錄呼應了史諾登對以公共建設對付失業的焦慮，預測「政府持續目前的借貸規模，又提不出償還措施，很快便會危及英國財政體系的穩定。」[6]凱因斯承認他的主意可能迫使世界市場恐於政府將推卸還債責任，導致英鎊擠兌，於是他建議施行臨時進口關稅。由此，他的立場一百八十度大轉變，凱因斯改變觀點的老毛病成了流行笑話。最常聽到的是，「讓兩個經濟學家共處一室，你會得到兩種意見，但倘使其中一人是凱因斯勳爵，那麼你將得到三種意見。」[7]這笑話經常被認為出自邱吉爾。笑話中的凱因斯則回應：「我的想法隨事實改變而改變。換作你，會怎麼做，先生？」[8]

凱因斯提議的進口關稅遭到政治領域敵友雙方夾擊。史諾登和勞和．喬治都是堅毅的自由貿易者，保守派雖然歡迎凱因斯為他們長久提倡的政策背書，但他們並不需要他的加入。保守派正等著麥克唐納的第二任工黨政府垮臺，屆時他們將重新掌權。

龐大的工作壓力逐漸為凱因斯帶來不良後果。一九三一年初，困擾他餘生的健康問題首次浮上檯面。一次劇烈牙痛惡化成伴隨扁桃腺發炎的流感。六年後，他發現自己得了細菌性心內膜炎，那是一種心臟瓣膜慢性感染，在盤尼西林發明之前無藥可醫。然而凱因斯依舊維持筋疲力竭

2 同前。
3 同前，p. 139。
4 Skidelsky, *John Maynard Keynes*, vol. 2: *Economist as Savior*, p. 384.
5 Howson and Winch, *Economic Advisory Council*, p. 82.
6 Royal Commission on Unemployment Insurance, *Minutes of Evidence* (HMSO, London, 1931), p. 381.
7 沒有證據顯示邱吉爾曾說過這樣的話。凱因斯傳記作者哈羅德和史紀德斯基都沒有引述這句話，邱吉爾傳記作者吉爾伯特和詹金斯也沒有。
8 儘管這番話被認為出自凱因斯之口，但其真實性也無法證明。同樣的，哈羅德和史紀德斯基的書中都沒有引述。

的行程。一九三一年五月底，他身體大致復原，健康狀況足以啟程前往美國發表一場演講。距離他上一次造訪美國已有十多年。這次的行程可一點也不輕鬆。

此時，大西洋兩岸都需要凱因斯。一九三一年五月十一日，當維也納信貸銀行（Credit-Ansalt Bank）為扶助搖搖欲墜的奧地利企業而導致六分之五資本成為呆帳一事曝光，銀行旋即倒閉，並觸發更大規模的歐洲經濟危機。英國的麥克唐納工黨政府正面臨破發點，美國經濟也是一團混亂。凱因斯迫不及待想親眼見識一九二九年美股崩盤對美國經濟造成的災難性後果。芝加哥大學邀請他到美國針對失業問題發表演講，當時美國的失業率已攀升至百分之十六點三，不過，其他美國人旋即前來詢問他對搶救全球經濟災難的看法。

雖然他不任職於英國政府，亦非官方派到美國的非正式大使，凱因斯的聲譽使他被視為名人對待，因而得以和一些最具影響力的美國人會晤。亞德里亞號一抵達紐約，他和莉迪亞就被匆匆帶往聯準會主席尤金・邁爾（Eugene Meyer）位於長島的鄉村度假別墅。凱因斯很快取得邁爾的信賴。「〔邁爾〕一直和總統、銀行家摩根等人通電話。我和他獨處一室，他出乎意料地對我暢所欲言。」凱因斯在寫給過去的學生、《國家》雜誌前主編赫伯・韓德森（Hubert Henderson）的信中如此說道。[9]

邁爾掙扎著該如何處理一戰天價賠款造成的德國經濟癱瘓，這也是凱因斯關心的問題。沒有資料顯示凱因斯究竟提供邁爾什麼建議，不過關於戰勝國蠻不講理地逼迫德國扛起賠款一事，凱因斯的看法眾所周知，似乎也無須多所贅述。無論實際建議為何，總之他成功發揮影響力。邁爾不久對胡佛總統建請賠款折半。三天後，胡佛進一步宣布暫停所有欠款償付一年。凱因斯稱此決定是「邁向偉大價值的第一步」。[10]

凱因斯向倫敦友人O．T．福克（O. T. Falk）[11]回報美國的財務危機，不可思議地預告了半世紀後於二〇〇八年九月橫掃美國的銀行危機。「〔銀行業者〕購買大量已貶值的次級債券，他們借貸給農民以及房地產的貸款完全沒有充分的保障。」[12]佛克記錄道。

凱因斯在紐約新學院（New School）的演講中駁斥由「所謂隸屬一流紐約銀行的『經濟學家』」開立的自由市場藥方，[13]倡議提高物價和放寬貸款標準，將經濟推上正軌。他在芝加哥對一群經濟學家和外交政策官僚演講，他向聽眾傳達，他們處在「現代世界——一次幾乎任由經濟因素導致的空前災難中，」[14]並論稱美國聯準會「愚蠢非凡」的高利率政策觸發了經濟大蕭條。

---

9 Hubert Henderson Papers, Nuffield College, Oxford, file 21, June 17, 1931.

10 Skidelsky, *John Maynard Keynes*, vol. 2: *Economist as Savior*, p. 390.

11 福克（Oswald Toynbee "Foxy" Falk, 1881-1972），倫敦市股票仲介，也是凱因斯的朋友兼投資夥伴。一九一七年，凱因斯邀請他一起加入財政部的團隊。

12 O. T. Falk's papers, British Library, London, June 22, 1931.

13 *Collected Writings*, vol. 20: *Activities, 1929-31*, 563.

14 *Collected Writings*, vol. 13: *General Theory and After, Part 1*, p. 343.

他以截至目前為止最具連貫性的知識辯護，要求政府在經濟遲滯時帶頭投資，他說，「顯而易見，企業恢復獲利之前，就業問題無法解決。然而，就我的判斷，投資規模恢復之前，企業不能獲利。」[15]他疾呼透過「直屬政府或其他公家單位的計畫」提振投資，同時「調降長期利率」。凱因斯意外地發現，在芝加哥這個美國企業家之鄉和商業重鎮，以昆西・萊特（Quincy Wright）[16]為首的一群經濟學家，似乎和他同樣熱中於增加公共支出。[17]

凱因斯回到英國，發現社會嚴重不信任政府償債能力。此外，依然與金本位掛鉤的英鎊爆發擠兌風波。阿道夫・希特勒（Adolf Hitler）率領激進的納粹黨在一九三〇年德國選舉中取得勝利，內戰一觸即發，德國國內資本出逃，黃金和外匯大規模撤離。一九三一年初，德國央行德意志帝國銀行（Reichsbank）因未能兌現承諾而引發銀行危機，更進一步造成德國對英鎊的匯率炒作，迫使英國財政部向美國尋求貸款。為符合貸款條件，工黨財相史諾登提議刪除一系列重大公共預算支出。草擬預算刪減的是前保德信保險（Prudential Assurance）的高層主管喬治・梅爵士（Sir George May），內容包括減少百分之二十的失業補助。凱因斯譴責梅的方案是弄巧成拙，預測失業人口將增加二十五萬到四十萬，如此所造成的國庫支出遠比他們當初刪減失業補助預期省下的花費還要多。

麥克唐納就梅的方案向他諮詢意見時，凱因斯回應說自己氣得想破口大罵。凱因斯極力勸阻，希望首相不要採納梅的意見。他的預測將英鎊維持在目前水準的政策不可能持續，事實也的確如此。凱因斯在《每日先驅報》（*Daily Herald*）上怒斥梅的報告是「我這輩子不幸讀過最愚蠢的文件」，而史諾登在預算提案採納梅建議的刪減則是「滿紙荒唐與不公」。[18]

凱因斯主張，經濟蕭條至此地步，英國與其試著透過刪減支出盡速還債，不如接受與巨額赤字的後果共處。他解釋，「各國政府目前無不承受嚴重赤字，因為政府以各種形式借錢可說是自然的補救措施。在類似目前的嚴重衰退中，這麼做能避免商業損失不至於嚴重到讓一切生產徹底停止。」[19]麥克唐納內閣成員對凱因斯主張實施進口關稅幫助修正收支平衡的建議，一面倒地表示贊同，然而史諾登否決了這個想法。當麥克唐納發現自己無法在下議院取得必要多數以執行梅的預算刪減案，他決定請辭。不過，才下臺不久，國王喬治五世（George V）又苦勸他和保守黨組成聯合內閣。組閣一事，他倒是成功了。在一九三一年十月匆忙舉行的大選中，聯合政府在新的下議院取得五百五十二席，打敗了麥克唐納所屬的工黨。拒絕跟隨黨魁加入聯合內閣的工黨僅剩四十六個席次。自由黨淪為小黨，且內部存在相互競爭的三股勢力。工黨和自由黨的徹底失

---

15 同前，p 355。

16 萊特（Philip Quincy Wright, 1890-1970），一九二三年起在芝加哥大學社會科學系任職。

17 Skidelsky, *John Maynard Keynes*, vol. 2: *Economist as Savior*, p. 392.

18 J. M. Keynes, *Daily Herald*, September 17, 1931.

19 出自《新政治家》（*New Statesman*）文章中，重新出版於 John Maynard Keynes, *Essays in Persuasion* (W. W. Norton, New York, 1963), p. 161.

敗，標誌著凱因斯對英國經濟政策影響力的式微。

麥克唐納主掌保守派占絕對多數的新政府致力於執行大幅刪減公共開支的政策。一九三一年九月十五日，麥克唐納放棄金本位制。誠如凱因斯傳記作者哈羅德所言，「這些年來的辛苦全白費了。何不在一九二五年就採納〔凱因斯〕意見！」[20]這個決定或許讓凱因斯感覺獲得平反，可惜眼下不是慶祝的時刻。過去六年，金本位制對經濟的衝擊已重創英國產業。英國增加數十萬不必要的失業人口，只因一群固守正統思想的人希冀將英鎊釘在一個根本無以為繼的價值水準。三〇年代初期的大環境仍看不見經濟慘劇的盡頭，這時凱因斯注意到劍橋有許多年輕大學生紛紛投入共產主義的懷抱。在一九三〇年代初期，行事高調且主要由同性戀組成的劍橋社團「使徒」（凱因斯也是成員之一）吸收了居伊・伯吉斯（Guy Burgess）和安東尼・布朗特（Anthony Blunt），兩人往後成為蘇聯探員。凱因斯為阻止這種極端主義，加倍努力尋找改善資本主義自殺式放縱的方法。

一九三一年五月凱因斯遠渡大西洋之際，海耶克正在修潤對凱因斯《貨幣論》的毒舌攻擊，準備刊載於倫敦政經學院《經濟學刊》八月號。海耶克剛當上倫敦政經學院的教員，羅賓斯便以《經濟學刊》主編的身分，將仔細審視凱因斯著作的任務交付給他。羅賓斯打算盡快刊登書評，因為他相信海耶克絕對不會手下留情。海耶克躍躍欲試地接下任務。這是他的大好機會，不僅可破壞凱因斯觀點在當前世界經濟衰退核心辯論中日漸增加的吸引力，還可以針對世界最具影響力的經濟學家的最新理論著作提出個人意見。

海耶克有意透過這篇評論掀起討論。雖然他已在馬戲團的凱因斯擁護者心目中留下深刻印象，不過截至目前為止，他當未獲得凱因斯本人的關注。倫敦政經學院的四場講座為他爭取到教職，可是並未在霍頓街之外掀起波瀾。沒有證據顯示凱因斯注意到海耶克的個人成就，但他不可能忽略《經濟學刊》文章對他思想的評價。海耶克急著在這片新土地上揚名，和羅賓斯一樣，他認為若要達成目的，絕對不能言詞溫和、彬彬有禮、就事論事的評價凱因斯。他必須祭出能發揮最大效果的尖銳抨擊。海耶克經常對同事說，他喜歡像熊彼得和凱因斯這類思想家，因為他們和偉大的人作對，而且喜歡衝撞值得尊敬的觀點。如今他瞄準凱因斯，準備以其人之道，還治其人之身。

海耶克以身為凱因斯晚輩與英國學術圈後進的奧地利紳士之姿，在書評的第一句對凱因斯及其成就給予無可挑惕的禮貌恭維。「J．M．凱因斯先生出版的每一部作品向來都至關重要：經濟學界一直高度期待《貨幣論》的出版，」他寫道。接著他迅速朝凱因斯肋骨刺進一刀。「儘管如此，《貨幣論》顯而易見——應該說，不幸地——成為快速變動學術發展過程中的過渡階段，

20 Harrod, *Life of John Maynard Keynes*, p. 438.

因此它不具有外界一度期待看見的決定性意義。」[21]

海耶克在後續評論中一概採用一種高傲筆調，暗示凱因斯是個無知、狹隘的人，框限在其恩師馬歇爾的盎格魯薩克遜思想中，而他惡補奧地利學派思想的慢半拍嘗試，似乎超出自身的能力範圍。「〈貨幣論〉明顯受到凱因斯先生最近認識的特定思路的影響，過去凱恩斯先生所屬學派對此思路並不熟悉。因此，若不將其視為一實驗性著作，則對本書有失公允——將劍橋傳統貨幣知識與新觀念結合的首次嘗試，」[22]他寫道。

海耶克繼續寓貶於褒。「雖然對一名歐陸經濟學家而言，這樣的取徑似乎不像對作者而言那麼新穎，但還是必須承認，他試著將分析導入細節以及複雜問題的企圖超越過去任何一次嘗試。」[23]在肯定凱因斯理解歐陸經濟學的嘗試後，海耶克又擺出高高在上的刻薄姿態。「他是否成功，他是否把精力都花在潤飾句子上，沒有用心了解支撐任何貨幣解釋所需的『真正的』經濟學基礎定理，導致嘗試受到嚴重干擾，這些淨是後文要一一檢視的問題。」[24]

激怒海耶克的倒不是這部作品的本質，而是凱因斯對某些奧地利學派觀點的不恰當解釋，導致他在推動現實世界的干預主義政策時得到這樣的結論：各國政府應盡快提出公共工程計畫以創造就業。海耶克寫道：「這樣的一本書會激勵人心是理所當然的。同時，關於此書出版可能對貨幣理論發展造成的立即性影響，部分擔憂不容易平息。毫無疑問，凱因斯先生出版這本公開承認仍未完成的作品，是因為他認定現實提案有其迫切性，於是藉由理論推斷來合理化自己的認定。」[25]

如同身上帶著血漬的馬克・安東尼（Marc Antony）展現演說技巧，大力推崇剛遇刺的凱薩，海耶克接著又對凱因斯美言相向。「這些提案確實具革命性，而且成功吸引廣大注意力：它們的作者以獨一無二且名實相符的勇氣和務實洞見著稱；作者在闡釋這些提案的過程中展現他驚人的學識、博雅和對現實的了解。」[26]緊接著，又是一輪批評：凱因斯的理論對無知者或許貌似合理，甚至具有說服力，但對經濟學稍有涉獵的人都看得出那充其量是胡言亂語。這部作品「具高度專業性和複雜度，專家學者以外的人將永遠無從理解」。[27]海耶克幾乎不遮掩對凱因斯架構理論的關鍵術語和方程式的鄙視。凱因斯的闡述「難懂、雜亂無章又隱晦」而且「難以親近」，帶著「某種程度的艱澀……幾乎令人難以置信」，「讀者永遠不確定自己是否正確理解凱因斯先

21 Hayek, *Prices and Production*, p. 425.
22 同前。
23 同前，p. 426。
24 同前。
25 同前。
26 同前。
27 同前。

生的本意。」[28]

在開場白數落凱因斯知識上的無能，以及對基礎奧地利經濟學理論的認識不足之後，接著海耶克解釋為什麼凱因斯對奧地利學派資本理論的無知，使《貨幣論》在解釋景氣循環波動時注定派不上用場，他的解釋冗長複雜，而且經常讓人看得一知半解。海耶克對奧地利學派的資本理論亦有個人貢獻，不過還沒有出版英譯本，因此凱因斯絕對沒有讀過。

海耶克通篇火氣十足的憤慨語氣，彷若凱因斯寫作的目的是蓄意對他人身攻擊。「我原則上不反對這種惱人的〔企業家利潤和貨幣所得〕區分，」[29]他寫道，隨之羅列一連串彷彿對他構成人身冒犯的事實。「我不同意他對利潤產生的解釋，」[30]他說。「我必須承認，我在他的概念中看不到任何實質意義。」[31]而且「我得反覆指出」[32]另一個凱因斯認知上的誤解。凱因斯是個自負的人，但他向來勇於改變觀念並承認錯誤，海耶克堅持立場則是基於確信自己在各方面正確無誤。凱因斯享受爭執和辯論，對不同意他的人張開雙臂歡迎，至於海耶克，根據羅賓斯的說法，「不是能被說動的人。」他的信念堅定。但在討論中，他的心思全放在傳遞言外之意，並無意說服誰。[33]

除了解釋他對凱因斯論理和結論的不認同，海耶克暴躁的言論中同時穿插人身攻擊，像是「他似乎以為……」和「儘管凱因斯先生的諸多陳述明顯自相矛盾，」他甚或指控凱因斯「有許多惡劣的性情」。他批評凱因斯文字晦澀，同時不忘指出對手的錯誤，像是「此處的許多難題都源自凱因斯先生採用怪異的研究取徑，他打一開始就逕自分析複雜的動態過程，忽略了應該以對基本過程做充分的靜態分析為基礎。」[34]

在事實基礎上，海耶克為了一些定義對凱因斯糾纏不休，他偏好使用「儲蓄」和「投資」這類基本概念的奧地利學派術語，而不樂見劍橋那批人慣用的名詞，也不想採用凱因斯為他自認不曾有人觀察到的現象所創造的新詞。然而，海耶克最不同意《貨幣論》之處是，凱因斯忽略奧地利學派對資本理論的闡釋，尤其是資本財「迂迴」生產方式對價格和需求的影響，也就是他當初在馬歇爾學會演講未能有效說明的概念。海耶克把焦點放在使他們對經濟運作看法相衝突的其中兩個概念：凱因斯否定儲蓄和投資必須達到均衡狀態，海耶克不同意；凱因斯宣稱投資和儲蓄兩者分歧的重要性在於它對價格穩定造成負面影響，海耶克也覺得無法接受。

在其他分歧上，凱因斯擅自從維克塞爾的整體概念中擷取片段，並且沒有將博姆—巴維克

28 同前，p. 427。
29 同前，p. 429。
30 同前。
31 同前，p. 447。
32 同前，p. 430。
33 Robbins, *Autobiography of an Economist*, p. 128.
34 Hayek, *Prices and Production*, p. 434.

的資本理論成果整合到論點中，這些在海耶克眼中淨是不可原諒的。「利用特定理論的結論，卻不接受該理論本身，這在邏輯上不成立。但對凱因斯先生這般智力水準的作者而言，他覺得這個嘗試得到了非凡的成果。凱因斯先生徹底忽略維克塞爾理論的立論基礎。同時他又覺得有必要提出立論基礎，於是便自己想辦法生出一個。」[35]在斥責凱因斯沒有參考法蘭克．陶辛格（Frank Taussig，號稱「美國馬歇爾」的經濟學理論家）[36]的著作時，海耶克無禮地諷刺問道，「如果不要只是接受博姆—巴維克理論的其中一個成果，而是同時讓自己認識理論本身的內涵，凱因斯先生的任務會不會簡單些？」[37]

結束抨擊之前，海耶克終於從敵意中抽離，回頭恭維凱因斯，但其實比較像是責罵他的疏漏和犯下的判斷錯誤。不知道是否有人提醒他，或許是羅賓斯，若想牢牢勾住凱因斯，話不要說得太死，要懂得欲擒故縱。「現在，我要做最後的說明，」他寫道。「在接下來的文章中可能出現諸多批評，但其實那是我的個人看法，我應該給作者進一步解釋的機會，而且我對表達的精確度太過執著。雖然目前為止提出的全是批評，但希望不至於被視為我不欣賞本書。無可否認的，它在許多方面表現傑出。」

他略顯不夠坦率地繼續寫道，「我的目的始終是想幫助讀者理解這本困難卻重要的著作，希望我朝這個方向付出的心血能成為我看重本書的力證。」[38]在下一句陳述中，他展現了無比的自負，他說，倘若凱因斯能在《貨幣論》更精確地表達自我，凱因斯或許會發現他其實認同海耶克的看法。「到頭來，甚至會發現，凱因斯先生和我之間的觀點差異，比我此際傾向假設的更微小，」他寫道。「難處僅止於凱因斯先生的推理極難掌握。如果筆者在嘗試理解的過程中遇到作者設下的重重障礙，無法完全理解他的想法，難免會失去耐心，也希望各位能夠見諒。」

海耶克的總結發言，事後證明是虛偽的結尾樂章。他的書評不過是雙重連擊的第一拳。他利用跋的注腳朝人在劍橋的凱因斯對空鳴槍，警告他更多的批評即將在下個月《經濟學刊》連載的下半部書評中呈現。他坦言因為「凱因斯先生提出的許多概念，有時候極度難懂，」而「我完全不確定自己是否正確地理解凱因斯先生」。

海耶克明白要求凱因斯盡速對批評提出反駁，藉以澄清被混淆或表達不夠清晰的部分論點。「凱因斯先生肯定能夠為讀者釐清的問題已經累積不少了，或許比較明智的作法是暫時停在這裡，等待進一步解釋，提供更堅實的後續討論基礎。」[39]語畢，海耶克的炮火停止，暫且打住。他不是百分百確定凱因斯會上鉤，但就他對這個人的認識，他和羅賓斯幾乎不懷疑他們不久便會

35 Hayek, *Prices and Production*, p. 436.
36 陶辛格（Frank William Taussig, 1859-1940），美國經濟學家。
37 Hayek, *Prices and Production*, p. 436.
38 同前，p. 455。
39 同前，pp. 455-456。

收到凱因斯從國王學院書房發射的重砲轟擊。

實驗性的、初次嘗試、未完成、完全不可理解、論點薄弱、如此困難、雜亂無章、費解的、極度難懂、不一致、晦澀、極度謹慎、過分保留。海耶克用這些嚴厲刺耳的詞彙和輕蔑態度砲打偉大的凱因斯。他的意圖明顯：抓住每個挑戰凱因斯的機會，不給他喘息空間，以高喊國王沒有穿衣服的方式吸引眾人目光。羅賓斯並未親自出馬以相同態度評論《貨幣論》的原因在於，他自覺受限既有的學術傳統和基本禮儀，而且在麥克米倫委員會上和凱因斯有過摩擦後，這麼做只會遭人指控為挾怨報復。

然而，羅賓斯和這次攻擊行動牽連至深。身為《經濟學刊》主編，他不僅分派海耶克這項任務，並且同意發表、協助修潤書稿。事實上，羅賓斯無疑是海耶克撰寫抨擊評論的幫兇，因為當時海耶克的英文寫作能力尚待加強，但〈反思J・M・凱因斯先生貨幣的純粹理論〉（Reflections on the Pure Theory of Money of Mr. J. M. Keynes）通篇不見任何英文寫作錯誤。倫敦政經學院的四場演講整理後以《價格與生產》（*Prices and Production*）出版，海耶克公開感謝羅賓斯為他訂正英文，他的說法是「將手稿整理成可出版形式的大量付出」。[40]即便如此，羅賓斯並沒有改掉海耶克在書評中採用的攻擊性語調和遣詞用字。

一九三一年夏末秋至，海耶克最關心、乃至唯一掛念的，正是凱因斯會不會紆尊降貴回應他的批評。凱因斯大可無視海耶克暴躁的評論，畢竟他有更重要的事情要處理。對凱因斯而言，回應海耶克的炮火不過是眾多任務之一，他的心思得同時放在國內和國際、公共和私人幾個領域。忙著拯救世界不被經濟吞沒的凱因斯，大可心胸狹隘地說自己沒必要和海耶克這種無名小卒浪費時間，畢竟這個人對經濟學的保守取徑顯然難以動搖。

凱因斯或許曾短暫對英國總算宣布放棄金本位制的消息幸災樂禍，但也不至於額手稱慶。十多年來，他解釋、勸誘、四處宣傳並敦促相繼上任的政府為拯救失業增加公共支出，費盡唇舌卻沒換來多少成果。他自嘲遊說掌權者失敗，就像「不被聽信的先知卡珊卓（Cassandra），永遠沒能及時影響事件發展的方向」。[41] 如今，他在少數弟子的輔助下開始磨鑄超越《貨幣論》範疇的思想。他正在撰寫將舉世聞名的《通論》。讀到《經濟學刊》登出海耶克尖酸刻薄的書評時，他大可聳聳肩把期刊丟進垃圾桶，不當一回事。未想他卻選擇轉身，正面迎戰。

---

40 Hayek, “Preface to the Second Edition” (1935) in *Prices and Production* (August M. Kelly, New York, 1967), p. xiv, http://mises.org/books/pricesproduction.pdf.

41 Keynes, *Essays in Persuasion* (W. W. Norton, 1963), p. 1.

第七章　還擊

凱因斯和海耶克纏鬥得難分難解：一九三一

無論對手的分析多麼荒謬，凱因斯遭遇批評的本能反應是正面迎擊。從辯論中成長是劍橋大學的至高信仰。凱因斯本人加入辯論行列之後，論戰於是變得精采萬分。凱因斯是天賦異稟的辯論家，他總是誇大對手們和自己之間的差異。就連思緒過人的英國哲學家羅素[1]也被凱因斯光芒耀眼的才智震懾。「凱因斯擁有我所見過最敏銳透徹的才智，」他寫道。「和他辯論時，我覺得好像在拿生命冒險，而且往往在辯論後感覺自己像個傻子。有時我不禁想，頭腦這麼機靈的人不可能同時兼具學識深度，但我不認為我的感覺站得住腳。」[2]藝術史家肯尼斯・克拉克（Kenneth

1 羅素（Bertrand Russell, 1872-1970），英國哲學家、數學家和歷史學家。

2 Bertrand Russell, *Autobiography* (Allen & Unwin, London, 1967), p. 61.

Clark）[3]的看法也一致，他說：「他不曾停止散發光芒。」[4]哈羅德亦表贊同：「我們這時代沒有人比凱因斯更聰明，也沒有人比他更不內斂。」[5]

海耶克竟敢在凱因斯的地盤動土，顯示他極度自信，或許還摻雜些許出於無知的無畏。凱因斯決定以毒攻毒。結果凱因斯理智失控，以近乎本能的回應還擊，因為他認為是對手無法跳脫奧地利學派思想的框架，跟不上需要奔馳想像力才足以理解的觀點。海耶克對凱因斯《貨幣論》的嚴厲批評，引發凱因斯一陣咆哮怒吼，他不滿對手不能體諒這本書集結了近七年的各種想法，且在他眼中竟是未完成的作品。由於海耶克的主要學術目標是反抗凱因斯，他肯定已經察覺，凱因斯早已遠遠超越當初持《貨幣論》觀點的自己了。

凱因斯在《貨幣論》前言也曾坦承自己並不滿意這個成果。「書中很大一部分，其實代表了我放下過去觀點、找到如今的我的過程，」他寫道。「我蛻變後脫下的殼仍散布在書中……我感覺自己被迫穿越令人迷失方向的叢林。」[6]

對鼎鼎大名的公眾人物而言，這是了不起的自白，也讓人見識到凱因斯和他的追隨者與一般大眾之間的弔詭關係。凱因斯謙虛承認不足，同時又對自己的知識旅程極有自信，不擔心作品完成度不值得出版。此外，他不願放棄耗費在《貨幣論》上的心血。如果他聽從亞瑟・奎勒—考區爵士（Sir Arthur Quiller-Couch）給作家的勸告，[7]亦即一名作者要能保持冷血，「謀殺自己的寵兒」，結果肯定不會那麼糟。[8]可惜實際情況是，凱因斯對一絲不苟、死纏爛打且為人不寬厚的敵人自投羅網，任憑對方利用自己博取名聲。

海耶克不因凱因斯自承作品有不足之處而退讓，這點導致雙方陣營——一邊是凱因斯和他在劍橋的追隨者，一邊是海耶克和倫敦政經學院的奧地利學派信徒——後續辯論迅速淪落為嗆辣、野蠻的針對性攻擊，直到兩人過世後仍持續不休。一九三一年秋天，凱因斯處境尷尬，被迫捍衛他已不再相信的種種想法，不過發表於《經濟學刊》十一月號的回應顯示，他對海耶克論點要旨有一定的興趣。這或許是他願意投入大量精力自我防衛並駁斥海耶克攻擊的原因。

凱因斯閱讀海耶克總計二十六頁的書評，這還只是上半部。他拿起鉛筆，愈讀愈生氣，並不時在頁緣潦草寫下三十四項反駁。最後，他不僅對海耶克面對《貨幣論》的態度不滿，也對他回應一般學術辯論的方式惱火不已。「一個作者有權利期待讀者懷抱『善意』閱讀自己的作品，然而海耶克沒這麼做，」他寫道。「在懷抱善意之前，他不會了解我的意思，也不會知道我究竟

3 克拉克（Kenneth Clark, 1903-83），藝術史學家，英國倫敦國家美術館（National Gallery）館長。

4 Kenneth Clark, *The Other Half: A Self Portrait* (Harper & Row, New York, 1977), p. 27.

5 Harrod, *Life of John Maynard Keynes*, p. 644.

6 *Collected Writings*, vol. 5: *A Treatise on Money, i: The Pure Theory of Money* (1930) (Macmillan for the Royal Economic Society, London, 1971). p. xviii.

7 奎勒—考區爵士（Sir. Arthur Quiller-Couch, 1863-1944），英國作家。

8 Arthur Quiller-Couch, *On the Art of Writing* (O. P. Putnam's Sons, New York, 1916), p. 281.

是對是錯？顯然，有一股力量驅使他對我挑三揀四，但我並不清楚那力量是什麼。」[9]凱因斯在〈答海耶克博士〉（Reply to Dr. Hayek）裡承認，海耶克對時下經濟學辯論的貢獻引起他的好奇。他首先粗魯地評價海耶克在《價格與生產》提出的論點。「從我個人的角度來看，這大概是我讀過最含糊的作品之一，從四十五頁之後，幾乎未見合理健全的提議，」他寫道，「即便如此，它仍稱得上有趣，能夠刺激讀者思考。」在下個句子中，他承認這本書有一些優點。他說，「這個獨特的例子說明一個無情的邏輯學家如何從錯誤中一步步走向瘋人院。」「不過海耶克博士看見了未來，雖然他醒來後胡亂地將故事裡發生的一切張冠李戴，但他的想像並非全無啟發性，而且肯定讓讀者好奇他腦袋裡的想法從何而來。」[10]

其實，凱因斯在《貨幣論》提出的想法和《價格與生產》中海耶克傳達的概念並非南轅北轍。其中一個重要的相似之處（但為時不長）是，他們盡皆假設封閉經濟體的總產出是固定的，而且當每個人都就業時，均衡狀態自然會出現。主要的差異則是在解釋儲蓄和投資不均等的原因及結果方面，海耶克不同於凱因斯，他回歸奧地利學派資本理論，認為在這種時候一經濟體內部的信貸水準之於真實需求是扭曲的。

只要頭腦比凱因斯和海耶克稍微冷靜一點的人，都不難發現兩人的論點有許多相似處，只是兩人之間的差異同樣引人注意。在《經濟學刊》的爭鋒相對及後續私人通訊中，凱因斯和海耶克卻把力氣耗費在釐清彼此用語的含義，試圖看懂對方想要表達的意思。即便對擁有數十年後見之明的專業經濟學者而言，他們之間的分歧往往艱澀到難以參透的程度。[11]凱因斯甚至一度請羅賓斯出面調停。海耶克和凱因斯覺得他們如同暗夜裡交錯的兩艘船，既措手不及也沒有能力看清彼此的觀點。

從《經濟學刊》文章開頭能明顯看出，凱因斯對於和海耶克之間連使用術語都無法達成共識感到懊惱。「海耶克博士請我澄清拙作《貨幣論》中模棱兩可的術語，以及其他問題。他坦言，他覺得自己難以解釋我們之間的歧異。他確信我的許多結論是錯的（卻未清楚指出是哪些結論），但他發現『證明確切的分歧點以及陳述他的反對意見極度困難』。他覺得我的分析忽略了基本要素，然他卻也宣稱『查明論點中的瑕疵一點也不容易』。因此，他真正的貢獻，不過是對我使用的確切文字挑挑揀揀，睜大眼睛尋找某些語言上的矛盾或隱含的模糊性。」[12]凱因斯樂意闡明書中術語的意思，只是將澄清內容放在文章末了的附錄，貶低這些歧異的重要性。儘管海耶

---

9 *Collected Writings*, vol. 13: *General Theory and After, Part 1*, p. 243.

10 同前，p. 252。

11 By far the clearest and most cogent attempt to reconcile the two lines of thought can be found in Bruce Caldwell's exemplary introduction to *Contra Keynes and Cambridge*, p. 25, vol. 9 of *Collected Works* (Hayek)也請參見Heinz-Dieter Kurz, "The Hayek-Keynes-Sraffa Controversy Reconsidered," in Kurz, *Critical Essays on Piero Sraffa's Legacy in Economics* (Cambridge University Press, Cambridge, U.K., 2000), pp. 257-304.

12 *Collected Writings*, vol. 13: *General Theory and After, Part 1*, p. 244.

克嘗試將辯論再次聚焦在專業術語的部分，探討盎格魯薩克遜馬歇爾經濟學和奧地利學派資本經濟學的差異，凱因斯可不準備撤銷他對海耶克看不清宏觀全貌的指控。

凱因斯不相信海耶克拒絕正視他想法中的創新成分是出於愚鈍。他寫道：「海耶克博士嚴重誤解我的結論的特質。他認為我的核心論點不是如我所說的那樣。」他指控海耶克不僅曲解他的看法，甚至刻意按照自己的意思解釋他的言論。「也難怪他覺得我的結論前後不一致。」他說。他指控海耶克拿術語的辯論做擋箭牌，事實上是「在找麻煩」，而且為了這個目的，刻意「小題大作」。

凱因斯認為，《貨幣論》某些論點遭誤解是自己的責任，因為的確有其他人未看懂他真正的意思。他坦承寫作《貨幣論》這些年來，對幾個關鍵元素的想法已有所改變，但或許定稿中仍殘留自己過去的推斷。「舊思路的痕跡不容易全面清除，我一段時間之前寫下的特定文句，在無意識的情況下，被灌進一只和我過去的觀點相對不矛盾卻和我現今的認識意外矛盾的模具。」[13]只是凱因斯的讓步到此為止。他表明，死守奧地利學派思維便足以阻擋海耶克這些迂腐守舊的學者在思想上向前躍進，有礙理解《貨幣論》創新複雜的種種想法。「過度沉浸在舊式觀點的人，就是沒辦法相信我在邀請他們試穿一件新褲子，反而堅持把新褲子當成他們穿了好多年、只是繡上新圖樣的同一條舊褲子。」[14]

凱因斯不相信「一名稱職的經濟學家」會誤解、誤述他的觀點，他暗示海耶克沒有能力跳脫在維也納習得的那套概念。「對他奉行學說的任何拒絕，在他看來都是不可置信的，即便我用千言萬語反駁那套學說，也不會造成顯著影響。當他注意到我的結論和他所學互相矛盾之際，他似乎還沒發現我從一開始就對它有意見了。」[15]

凱因斯逐項列出他和海耶克的歧異。海耶克宣稱當儲蓄不等於投資，是源於銀行提供不恰當或「不自然」信貸水準，而這會慢慢地導致商品價格的變動。然而，凱因斯在意的是那些「自然」利率和「市場」利率不相符的情況。因此海耶克和他盤踞「不同的山頭」。凱因斯向海耶克遞出橄欖枝。他主張以博姆—巴維克和維克塞爾的成果為基礎，進一步深入研究資本和利率的理論方是解決之道。他同意英國經濟學家忽略博姆—巴維克和維克塞爾太久了，並直言他自己也正投入這方面的研究，成果將發表在他目前正在撰寫的著作中。凱因斯在提出對各術語的定義之後，說了一句一團「濃……霧仍然擋在他和我的腦袋之間」，還擊便戛然而止。

凱因斯回應的語調尖銳，整個學術圈看了煞是訝異。眾所周知，凱因斯受不了傻瓜，總是以驚人氣勢斥退批評者。據熟識他的人表示，「那些他接觸過的人，他們的自卑情結絕大部分來自

13 同前，p. 247。
14 同前。
15 同前，p. 248。

他這個人，遠勝過他的任何同輩。」[16] 即便毒舌如凱因斯，凱因斯和海耶克一來一往的攻防，超乎尋常的不理性、惡毒。不顧基本禮貌致使兩人中年紀較長的凱因斯落人口實，遭控不該公開奚落一名才剛搬來這個國家、成就不如他的學者。

對凱因斯舉止的意見主要局限在資深教員的休息室。不過，當接任馬歇爾劍橋政治經濟學教授位子的亞瑟．庇谷（Arthur Pigou）[17] 哀嘆，凱因斯的還擊意味著文明舉止的衰退，許多學術圈成員紛紛表達對論戰精神的不以為然。「我們內心深處難道同意這種齟齬繼續發展下去的行為方式嗎？」他在一九三五年某次倫敦政經學院演講中問道。「一兩年前，在一本重要著作出版之後，有人詳細謹慎地評論了書中部分特定段落。作者的回應不是駁倒批評，反而以言語暴力攻擊另外一本書，也就是評論者本人幾年前所寫的作品。這是蓄意投出觸身球！是決鬥！[18] 一種無庸置疑的錯誤。」[19] 他將凱因斯和海耶克的口舌之爭看作兒戲，像是「注定要兩敗俱傷的」爭吵。[20]

當凱因斯—海耶克的對決基調冒犯許多人的同時，羅賓斯卻享受著並渴望爭議持續沸騰，其中一個重要原因是《經濟學刊》和倫敦政經學院獲得的關注。他要求海耶克在同一期刊物即時回應凱因斯的還擊。目睹凱因斯上鉤，羅賓斯和海耶克無不心懷感激，他們樂於看見這位巨人準備參與細節討論，期待凱因斯主義的各種想法和奧地利學派展開角力。辯論進入這個階段之後，沒有任何事情能夠打斷他們了。雙方都吸收以稀缺性、土地與所得成本等產品成本為推論基礎的「古典派」思想，也吸收把商品功能價值和「邊際效益」納入考量的「新古典派」思想。當時的凱因斯已在探索如何操縱需求、供給和價格，海耶克信仰的奧地利學派則使他相信干預自由市場將導致無法預見的後果。

海耶克擱置《貨幣論》書評下篇的進度，急忙回應凱因斯的答覆。「不幸的是，」海耶克衝著凱因斯的反駁說，「在我看來，凱因斯先生的答案並未解決我先前指出的眾多困難，或實質改善進一步討論的基礎。」[21]如果說海耶克最初的攻擊冒犯了凱因斯，凱因斯答覆中隱含的怒氣也使海耶克感到震驚。凱因斯對《價格與生產》的鄙夷令他尤其受傷。「我必須說，」海耶克寫道，「我早已有心理準備，而且其實很渴望接受凱因斯先生的任何明確批評，只是無憑無據一竿子推翻我的觀點，目的何在？我不敢相信凱因斯先生竟然不避諱給人一種轉移焦點的印象，為了不要讀者注意別人對他的分析提出的挑戰而辱罵對手，我只期待書評全文出刊後，他能夠試著更

---

16 出自Robert Skidelsky, "Ideas and The World," *Economist*, November 23, 2000.

17 亞瑟．西索．庇谷（Arthur Cecil〔A. C.〕Pigou, 1877-1959）。

18 The 1932-33 Ashes cricket test between Australia and England was marred by accusations that the English team indulged in "body-line bowling," aiming the ball at the batsman rather than the wicket. This was the ultimate English public school insult from Pigou, that what Keynes had inflicted on Hayek was simply "not cricket."

19 Arthur Pigou, *Economics in Practice* (Macmillan, London, 1935), pp. 23-24.

20 同前，p. 24.

21 *Collected Works*, vol. 9: *Contra Keynes and Cambridge*, p. 159.

具體地駁倒我的反對立場，並且有憑有據地證實他的反駁。」[22]

海耶克再次羅列出他眼中雙方對壘核心的術語歧異。「他沒有闡釋投資概念。它的確切內涵是什麼，和之前相比我更看不懂了……對利潤的概念也是一樣。事實上，除非他能闡明投資概念，否則我不相信他對利潤一詞的使用有十足掌握。」[23]海耶克表現得像個受傷的好學學生，深感自己只是請求開示卻換來責罵。「我本來以為當一名作者把基礎概念呈現得模稜兩可，而且部分概念的定義甚至明顯互相矛盾，一定會急於澄清這些概念傳達給讀者的訊息。難道這不是我們最起碼的權利，要求作者在這個階段務必為每種概念提出明確、毫不含糊的定義？」[24]

海耶克提到，在缺乏明確定義的情況下，他被迫猜測凱因斯的原意。他又拾起書評上篇那種憤慨的受傷語調。「我不得不〔假設這就是凱因斯的意思〕，因為我沒辦法，現在依舊沒辦法，從他的《貨幣論》或後續解析中得到關於這個現象其他站得住腳的解釋，也因為我拒絕相信凱因斯先生會認為書中對利潤和投資關係的分析便足以解釋他的前後矛盾從何而來。不過此刻，我恐怕必須這麼相信了。」[25]

指出凱因斯論點的瑕疵之後，海耶克再度指責凱因斯忽略歐陸的資本理論等於顯示他在經濟學上的無知。至於凱因斯主張資本理論應該被重新檢視，他回覆，「即便我們沒有完全令人滿意的理論，至少有部分理論遠比〔凱因斯〕選擇借用的更好，我說的正是博姆—巴維克和維克塞爾提出的理論。他忽視這個理論並非出於不認同，單純是因為他從不曾費心去理解其內涵，他覺得我運用該理論推演某些必然結論的努力不知所云，充分證明他無心向學。」[26]

雖然凱因斯希望盡速終結這場爭執，可是一看到海耶克在《經濟學刊》上彷彿數落他似的反駁他的還擊，當下秉持在辯論中起身質詢的精神，提筆寫了封簡短的私人便箋給這名評論者，由此引發往後一系列非常難以理解的信件交流。凱因斯把這批信函分享給幾名馬戲團成員，其中包括斯拉法。凱因斯依著正統劍橋辯論風格提出詢問，表面上看似簡單，不過是單純的學術提問，試圖更透徹地釐清對手提出的異義，但他其實企圖陷害海耶克，想誘使海耶克做出魯莽有缺陷的回應。凱因斯依英國公學的傳統直呼海耶克為「海耶克」並寫道，「如果你能為我稍加闡釋儲蓄的定義……如果你能給我一個測量儲蓄的公式，我會覺得比較清楚一些。以及，你使用的術語『自願儲蓄』和『強迫儲蓄』之間的差異是什麼？」[27]他留下正式署名，「J．M．凱因斯」。

海耶克不到一個星期就回信了，信件開頭稱「親愛的凱因斯」，附上「儲蓄」複雜的代數定義，而且他相信該定義不違背凱因斯認為部分「儲蓄」和重整破舊廠房有關的主張。海耶克覺

22 同前。
23 同前，p. 160。
24 同前。
25 同前。
26 同前，pp. 162-163。
27 *Collected Writings*, vol. 13: *General Theory and After, Part 1*, p. 257.

得這回他總算鉤住凱因斯了，同時焦慮著不能讓凱因斯溜走。海耶克亦步亦趨地縮小他認為兩人之間明顯的術語歧異。「我完全同意你所說的，使用儲蓄一詞時，最好不要和我所謂的『強迫儲蓄』有關聯，而是單純指涉儲蓄過剩下的投資，」他寫道。「就均衡而言，我理解的儲蓄和投資彼此相符是必須的，但我實在看不出在你的定義下，兩者為什麼應該相等。」[28]

海耶克答覆送達的當天，凱因斯立即回信。「非常謝謝你的回信，我總算看得比較清楚了。不過，仍有兩處措辭我想請你進一步解釋。」[29]他對海耶克使用的「速率」（velocity）感到困惑，「因為就我所知，當代經濟學家使用這個詞時，至少具備九種不同的意思，其中有些彼此之間僅有細微差異，」隨後他詢問海耶克使用「現有資本」（existing capital）的意思。[30]

三天後，海耶克盡責地回覆，解釋使用「速率」的時候他是指「總實際流通額」（total effective circulation），不過「我通常不使用這個概念」。他請凱因斯查照庇谷的《福利經濟學》（*Economics of Welfare*），「它和我的觀點大致相同。」[31]又過了四天，凱因斯再度把球打回去。「抱歉給你添麻煩，」凱因斯寫道，「但我真正想要弄懂的，是你對『實際流通額』重要性的看法。」[32]

就連聖誕節也不影響這兩人隔空鬥法。聖誕節早晨，海耶克寫信給凱因斯，「抱歉我誤會了你的問題。」「『總實際流通額』就『是任意時間段落內，有效的貨幣支付總額（現金、銀行存款或任何形式）』。[33]當天下午——在那個年代，皇家郵政每天送信兩次，聖誕節當天也不例外——凱因斯回覆道，「跟我想的一樣，」不過他旋即又說，「但那就是我不懂的地方。」海耶克當時可能覺得，雖然凱因斯對術語有所保留，不過他正逐漸逼近對手，擊倒對方觀點的機會愈來愈大：在連續三次署名「J·M·凱因斯」之後，這回凱因斯以較不正式的「J·M·K」簽名在聖誕郵件上。

海耶克在聖誕節期間到倫敦之外住了幾天，雙方通訊經短暫中斷後再度恢復。海耶克再次流露出掩蓋不住的惱怒。「如果我知道你難以接受（用資本替換儲蓄），我會早點想辦法解釋得更清楚。」[34]他抗議道。可惜海耶克發現要說清楚並不容易。為了回答凱因斯看似簡單的詢問，他寫出一句長達兩百個單字且包含從屬子句和省略語的句子，讓人一時之間難以消化。此時海耶克也意識到，簡單表達他的想法遠比想像中難，於是在括號裡補充道，「請原諒我這糟糕的『德式』句子。」為了回應替換老舊廠房的問題，他再次向凱因斯說明當初令馬歇爾學會困惑不解的概念，亦即奧地利學派的「迂迴」生產階段。

28 同前，pp. 257-258。
29 同前，p. 258。
30 同前。
31 同前，p. 259。
32 同前。
33 同前，pp. 259-260。
34 同前，p. 260。

不到一個星期，凱因斯回信。倘若海耶克以為凱因斯愈來愈看得懂他的答覆，那是他搞錯了。「你說明的問題並不是對我造成困擾的問題，」他寫道。「關於補償（替換老舊廠房造成）折舊需要的所得比例，我都看得懂。」他持續逼迫海耶克提出儲蓄的定義，引導他依循世界的實際狀況認識世界，而不是把世界當作一個單純的概念性結構。「在一個進步的社會，或者一個新發明會淘汰現有工廠（對照折舊貶值）、抑或現金周轉（轉手的貨幣數量）和國家收入（產生的總財富）沒有穩定關係的社會（一九三一年兩者的關係在英國或美國，和一九二九年的情況大相逕庭），情況會如何？」[35]

一九三二年一月二十三日，經過將近兩個星期的斷訊，期間患「輕微流感」的海耶克提筆寫下長長回覆。他回應凱因斯的反對時仍緊扣著生產階段。他堅守奧地利學派經濟學的觀念國度，拒絕臆測現實生活的各種條件，並承認「判斷怎樣的貨幣變化將推動商業組織的改變，的確是貨幣理論最困難的任務之一」。他試著回應凱因斯提出資本募集以取代過時廠房的要旨，承諾會回頭處理問題。「我正在〈反思〉的下篇處理該問題的這個面向。我剛讀完〈反思〉的校樣。」[36]

一連串書信往返使凱因斯感到疲倦。和斯拉法分享海耶克最新回覆時，他寫道，「下一步會是什麼？我覺得你大概呵欠連連——我也是。可是我又覺得可能會出現有趣的事。」[37] 凱因斯在三個星期後回覆海耶克一月二十三日的來信。他舉起白旗，倒不是要投降，而是想要停戰。誠如對斯拉法所言，他沒力氣繼續深掘一個不是自己當前心繫的領域，他此刻最想做的是將發展中的理論付諸文字，而且他的耐心已經磨光了。「你的回信非常有助於引領我認識你的思緒，」他寫道。「如今你已把我有權利透過書信探知的一切都說明。除非你將論點延伸到更實際的案例上，否則我們繼續進行先前那類簡化討論的意義不大。這麼做顯然需要一本書的篇幅，僅憑書信無法達成。」他向海耶克解釋，他目前正在研究如何對他們身處的慢性經濟症狀對症下藥，本來想透過交流理出一條清晰的思路，希望能對研究發揮助益，可惜交流的進展有限，因此他不能再投入更多時間與精力了。

「回到我們通信的最初，我仍停留在原地，」凱因斯寫道，「也就是說，我不懂你的自願儲蓄和強迫儲蓄在實際運用到我們所處世界時，究竟指的是什麼；不過現在我理解它們在某些特殊案例中的意思，這當然使我對你的想法有某種程度的籠統概念。非常感謝你的詳細答覆。」[38]

凱因斯渴望為自己和海耶克的分歧盡快劃下句點，還有好多其他事情等著他去做，撰寫後來變成《通論》的書便是其一。他相信說服海耶克接受自己思考中的錯誤機會渺茫。就像他所形容的，「在經濟學中，你不能把對手犯的錯定罪；你只能說服他相信自己犯了錯。哪怕你是對的，

35 同前，pp. 262-263。

36 同前，pp. 263-264。

37 同前，p. 265。

38 同前。

只要說服力不足、闡述不夠詳盡，或者對方因為腦袋裝滿執拗觀念無法接住你試圖丟給他的任何思想線索，說再多也是徒然。」[39]然而，凱因斯樂見這場決鬥以其他管道持續下去。凱因斯和海耶克或許暫時把劍插回劍鞘中，但有關他們分歧的辯論在兩派追隨者之間持續蔓延。

一九三三到三五年在倫敦政經學院就讀的班・辛吉斯（Ben Higgins）仍記得當時雙方陣營對抗的強度。「在倫敦的我們認為在劍橋發生的怪事荒謬愚蠢，而且是很危險的荒謬愚蠢。」他回憶道。「更重要的是，我們看見〔凱因斯〕如此優雅機智、迷人，加上他的聰明才智，很可能成功說服一些人相信他是對的。那真是令人惶恐的可能性。倒不是說倫敦和劍橋之間發生了什麼激烈辯論，因為雙方幾乎完全沒接觸。我們受海耶克影響很深。他是我們心目中的神。」[40]

加拿大出生的劍橋經濟學家羅伯特・布萊斯（Robert Bryce）以宗教般的熱忱信奉凱因斯觀點，當他祕密潛入海耶克在倫敦政經學院的研討課，他的感受就像辛吉斯所言，只不過他站在倫敦防禦工事的另一方。「一九三五年春天，我以傳教士的姿態每個星期造訪倫敦政經學院一、兩天，」他說。「我去參加馮・海耶克的研討課……這是離劍橋最近的異教徒集中地，我受到鼓勵而去上課，告訴他們〔凱因斯的想法〕……海耶克非常客氣地給我多次參與課程的機會，讓他的學生們聽聽不同的聲音。我必須說，那是很刺激的經驗，我遇到很多願意認真看看那篇論文的人。」[41]

海耶克指導的倫敦政經學院研究生艾巴・列納（Abba Lerner）到劍橋上了一學期的課，他找上卡恩和其他馬戲團成員，「建議雙方陣營的年輕世代應該碰個面，在他們之間把辯論做個了結」。[42]劍橋人馬同意了，雙方決定將辯論紀錄發表於新期刊《經濟學研究評論》（*Review of Economic Studies*）。兩陣營在艾塞克斯郡（Essex）新港（Newport）的一家酒館，面對面會談了幾次。會面地點別具意義。新港是知識分子三不管地帶，位於劍橋和倫敦之間的半途上。一九三三年八月第一次會面的劍橋代表有卡恩、喬安和奧斯丁・羅賓森以及米德；倫敦政經學院隊上則有列納、索爾・阿德樂（Sol Adler）、勞夫・阿拉奇（Ralph Arakie）和亞倫・艾曼紐（Aaron Emanuel）。[43]卡恩的話最足以說明雙方討論的基調，「如果海耶克相信把新鈔花在就業和消費上將惡化我們目前嚴重的經濟衰退，海耶克就是個瘋子。」[44]

聯合討論會舉辦於每個月的某一個星期天，地點不是選在劍橋，就是在牛津或倫敦，年輕

39 同前，p. 470。

40 Don Patinkin and J. Clark Leith, eds., *Keynes, Cambridge and the General Theory* (University of Toronto Press, Toronto, 1978), p. 74.

41 同前，p. 40。

42 Joan Robinson, *Contributions to Modern Economics* (Blackwell, Oxford, 1978), p. xv.

43 *Collected Writings*, vol. 14: *General Theory and After, Part 2, Defence and Development* (Macmillan for the Royal Economics Society, London, 1973), p. 148.

44 卡恩一九三二年的言論出自Paul Samuelson, "A Few Remembrances of Friedrich von Hayek (1899-1992)," *Journal of Economic Behavior and Organization*, vol. 69, no. 1, January 2009, pp. 1-4.

經濟學家如倫敦大學學院（University College London）的休．蓋茨克（Hugh Gaitskell）[45]也來參加。劍橋陣營仗著極具攻擊性的立場取得上風。在倫敦政經學院跟隨海耶克進行研究的路德維希．拉赫曼（Ludwig Lachmann）坦言，他自覺像戰爭中即將落敗一方的年輕軍官。有時候海耶克、凱因斯、羅賓斯和丹尼斯．羅伯特森（Dennis Robertson）也來參加，令年輕成員既興奮又震驚。一九三一年在倫敦大學學院擔任經濟學助理教授的保羅．羅森斯坦—羅丹（Paul Rosenstein-Rodan）記得某次會談上，羅伯特森對貨幣的作用發表談話，指在場的海耶克和凱因斯沒有把時間的流逝納入考量。兩人難得面對共同敵人，海耶克以「滔滔不絕的抨擊」做為回應，然後凱因斯「起身說自己完全同意〔海耶克〕」。[46]

除了馬戲團的雜耍，凱因斯還有另一個對付海耶克更猛烈的管道。敵營和同事們斥責凱因斯為捍衛《貨幣論》打壓海耶克的《價格與生產》，在回應這個批評時，他決定對此加以補救。由於沒有重返犯罪現場的打算，他決定找個代理人詳細評論《價格與生產》，發表在下一期《經濟學雜誌》。斯拉法雀屏中選。在凱因斯的門徒當中，他是喬安之外最爭強好鬥善言詞的一個。此舉或許是海耶克來到英國後所遭受最無情的一次攻擊。

---

45 蓋茨克（Hugh Gaitskell, 1906-63），工黨領袖。

46 引述自 Elizabeth Durbin, *New Jerusalems: The Labour Party and the Economics of Democratic Socialism* (Routledge & Kegan Paul, London, 1985), p. 108.

第八章　偷天換日

凱因斯指派斯拉法繼續辯論：一九三二

一九三二年二月，《經濟學刊》刊登〈反思J．M．凱因斯先生貨幣的純粹理論〉的第二部分之後，海耶克和羅賓斯引頸盼望著凱因斯的回應。海耶克這次依然是以一副氣憤不解的語氣抒發論點。「此處談論的觀點涉及一段極為不尋常的陳述，若非白紙黑字印在書上，讀者不會相信寫出這個句子的人是凱因斯先生。」諸如此類的句子是他佯裝不可置信的典型態度。第二部分評論的基調和第一部分激得凱因斯暴跳如雷的苛刻語氣差異不大。

海耶克依舊責怪凱因斯對使用經濟學術語掌握度不佳，但他的論點正中他和凱因斯出現分歧的癥結點。海耶克正面迎擊凱因斯不斷公開宣傳的中心主旨：只要取得干預市場的知識正當性，政府即可採取各種手段對付景氣循環觸底的高失業率。

「一如諸多信奉景氣循環純粹貨幣理論的人，」海耶克寫道，「〔凱因斯〕似乎認為，要不是現行貨幣組織礙事，商業榮景可以透過無限通膨繼續維持……因此，當使用寬鬆貨幣政策重振投資的可能性被拒絕，他秉持一貫立場，在著名的廣播演說中鼓吹消費者花錢直接刺激經濟……因為在他的理論中，寬鬆貨幣政策和增加消費者購買的效果是相同的。」

海耶克所指的，便是凱因斯敦促「愛國的主婦們」「明天一早就上街逛逛美妙的清倉拍賣」的廣播演說。[1]廣播內容是他一再強調的，「在世界主要工業國家，如英國、德國和美國等，我估計約有一千兩百萬產業勞力閒置……失業勞工和閒置廠房每天可生產價值數百萬英磅的商品。」[2]在〈反思〉下篇中，海耶克決定姑且聽信凱因斯的言論，嘗試量化凱因斯「不計一切」拯救失業的代價。海耶克斷言，這個代價正是失控的通貨膨脹，曾經親眼目睹惡性通膨摧毀維也納的文明秩序，他認為付出這個代價實在太大了。

海耶克重點摘要凱因斯對景氣循環的解釋。「根據〔凱因斯的〕理論，既然景氣繁榮是消費財的需求超越現有供給的成本，因此唯有需求持續超越供給，榮景方能持續。一旦需求停止增加，或者供給在不正常利潤的刺激下追上需求，繁榮的腳步會停止。接著，消費財價格將跌回成本價，繁榮也宣告結束。儘管繁榮過後不必然會陷入蕭條，但實際上通貨緊縮〔價格下跌〕趨勢通常會出現，逆轉景氣。」[3]海耶克認為，這個對繁榮的解釋是老調重彈。「〔凱因斯的解釋〕在本質上不僅相對簡單，且和現行說法的差異比作者以為的小很多。」[4]

海耶克解釋凱因斯調降利率以增加投資，進而帶動生產的想法，在他看來是短視近利且有時效性的。「他把我稱之為生產結構變化的原因（像平均生產時間的增長或縮短）視為一長期持續現象，因此在短期現象的分析中，譬如景氣循環，則可以省略不談。」海耶克寫道。「很抱歉，這個主張僅證明凱因斯先生還沒醒悟，就業人口人均資本的**任何**變化，等同於迂迴生產過程平均長度的變化，因此他所展示的一切週期內資本量變化再再證明了我的觀點。」

不僅如此，「倘使投資增加不是為增加投資而主動降低消費水準所造成的結果，它怎麼可能永久持續，而且只要銀行體系停止提供額外的輕鬆投資管道，凱因斯先生所謂消費財需求的增加本身就會畫下句點？」[5]他總結道，「納入這些考量，不難理解一九二九年崩盤後立即實施的寬鬆貨幣政策何以沒有發揮效果。」[6]

凱因斯反覆宣稱，在私人投資貧乏的情況下，儲蓄和投資步伐不一致，政府出資的公共建設可以維持需求強度，同時讓失業的人恢復就業，海耶克特別談論這個觀念可能造成的後果。他很肯定自己推翻的是凱因斯的核心論點之一，特別將這個段落全標記為斜體，藉此強調其重要性。「為增加投資使之與投入維持舊資本的『儲蓄』相符所做的任何嘗試，都和其他增加投資超越淨

1 BBC radio, January 14 1931, in *Collected Writings*, vol. 9: *Essays in Persuasion*, p. 138.
2 同前，p. 138.
3 *Collected Works*, vol. 9: *Contra Keynes and Cambridge*, p. 193.
4 同前。
5 同前，p. 195。
6 同前，p. 197。

儲蓄的嘗試效果相同；通膨、強迫儲蓄、誤導生產，最終陷入危機。」[7]

這對凱因斯觀點可謂一記重擊。只可惜海耶克慢了一步；凱因斯的思考重心早已揚長而去。忙亂回應海耶克第一部分的書評之後，凱因斯決定不再回應海耶克後續的批評。如今，他正全心投入在截至目前為尚未能提出的、知識上無懈可擊的解釋，他想說明在經濟衰退期間募集公共投資以取代缺席的私人投資，為什麼能夠使沒有工作的人重新就業，而不會觸發海耶克認為無可避免的危機。皇皇巨著《就業利息和貨幣通論》便是他這段期間思考的成果。

等不到凱因斯的回應使海耶克大受打擊。把書評分成上、下篇的決定導致羅賓斯和海耶克未能攫取凱因斯完整的注意力。雖然凱因斯對第一部分的語氣大發雷霆，並指控海耶克蓄意誤解他的論點，然如今他已無意回頭打筆仗。將凱因斯主義扼殺在萌芽階段的大好機會就這麼流失了。若海耶克先發表〈反思〉下篇，對付凱因斯干預主義思想的要義，或者一次發表整篇書評，也許能留住凱因斯四處遊蕩的注意力，阻止他繼續前進。或許海耶克和羅賓斯起初沒料到凱因斯對書評上篇的回應會這麼迅速，如今海耶克在下篇提出更具體、更具說服力的論點，卻已等不到凱因斯的回應。

放棄親自出馬的凱因斯派出年輕馬戲團成員斯拉法當他的獵犬，緊盯海耶克。指派斯拉法接下這個任務的決定充滿了敵意。在凱因斯眾門徒當中，深色短髮、高額頭，留著一小撮黑鬍子的斯拉法是個難纏的人物，曾寫過一戰期間義大利通膨的調查分析，是對付海耶克的最好人選。他個性好鬥，拆解論點時雄辯滔滔，發表批評時得理不饒人。連劍橋—倫敦政經戰役中的女戰士喬安都把外表看似害羞又禮貌的斯拉法視為她唯一懼怕的人物。

哲學家維根斯坦是斯拉法的摯友，極其佩服這個義大利人的論證技巧。某次和斯拉法交手過後，他說，他覺得自己像棵光禿禿的樹，樹枝全被拔光，徒留樹幹。[8]「擺脫了舊枝幹，樹會用力地長出新芽。」[9]他寫道。另一個崇拜斯拉法慣用模式的人說，他總是「正面攻擊從理論架構中精心挑選的戰略要害。不浪費任何時間端出其他次要的、枝微末節的合理批評」。[10]對付拘泥細節、腦袋僵硬如機器的海耶克，這是理想的辯論技巧。根據一名奧地利學派追隨者透露，隨後斯拉法展開了「一場異常激烈的猛攻」。[11]

斯拉法欠恩師凱因斯一筆很大的人情債。他生於杜林（Turin），父親是法律教授，一九二一至二二年間於倫敦政經學院就讀。求學期間，瑪莉・貝倫森（Mary Berenson）[12]介紹他認識了

7 同前，p. 182。
8 John Cunningham Wood, ed., *Piero Sraffa: Critical Assessments* (Psychology Press, Hove, U.K., 1995), p. 34.
9 Ludwig Wittgenstein, *Philosophical Investigations* (Wiley-Blackwell, London, 2001), preface.
10 Wood, *Piero Sraffa*, p. 34.
11 Ludwig M. Lachmann, *Expectations and the Meaning of Institutions: Essays in Economics*, ed. Don Lavoie (Psychology Press, Hove, U.K., 1994), p. 148.
12 Jean-Pierre Potier, *Piero Sraffa, Unorthodox Economist(1898-1983): A Biographical Essay* (Psychology Press, Hove, U.K.,

凱因斯。瑪莉是美國藝術評論家兼翡冷翠藝品商伯納德・貝倫森（Bernard Berenson）[13]的太太。斯拉法回到義大利後，成為佩魯賈（Perugia）的政治經濟學教授，他發現自己被盯上了。他是義大利共產黨領袖安東尼奧・葛蘭西（Antonio Gramsci）和社會黨領袖菲立波・杜拉提（Filippo Turati）的朋友，在墨索里尼（一九二二年崛起掌政）的法西斯政黨眼中，這就足夠讓斯拉法成為國家的敵人。左派人士紛紛遭革除公職，取而代之的是法西斯黨人，法西斯幫眾的暴力行為也變得愈來愈普遍。

斯拉法是個有獨到見解的經濟學家，凱因斯受此名聲吸引，委託他對「重建歐洲」專題貢獻一篇文章。斯拉法於是撰文尖銳批判義大利國內最大的三間銀行，對義大利銀行實際運作毫不留情，因而引起墨索里尼本人的注意。當時，適逢墨索里尼在處理一次銀行危機，試圖以國家資金拯救搖搖欲墜的羅馬銀行（Banco di Roma）。斯拉法的文章出現的正是時候，重創義大利政府，凱因斯樂見其成。但墨索里尼可不這麼認為。他公開譴責斯拉法的文章是「惡意中傷義大利」，[14]是被外國收買的間諜才有的不愛國舉動。墨索里尼在發給斯拉法父親安傑羅（Angelo）的電報中出言威脅，要求斯拉法撤銷文章並公開道歉。斯拉法則告訴父親，自己的文章通篇有憑有據，絕不妥協。

當銀行準備對人在義大利的斯拉法提出誹謗訴訟，凱因斯加緊腳步，以劍橋經濟學助理教授的職位提供斯拉法安全庇護。銀行的反彈逼使斯拉法辭去在米蘭的公職，當他動身前往英國之際，卻因為義大利當局告誡英國內政部將其列為危險革命分子而在多佛（Dover）海關遭拘留。斯拉法被遣送至法國北部的加萊（Calais），[15]待危機稍微解除，便接下凱因斯為他安排的職務。

雖然斯拉法加入了馬戲團，他的年紀——剛滿三十歲，比起其他成員年紀稍長——和他挑出古典理論家作品中錯誤的行徑促使他的地位顯得鶴立雞群。凱因斯交付給他的前幾項任務之一，便是將《貨幣改革論》翻譯成義大利文，接著在一九三二年三月要求斯拉法在《經濟學期刊》發表對海耶克《價格與生產》的書評。斯拉法絕對是他能找到最令人望而生畏的捍衛者。

《價格與生產》艱澀的程度，不下於它所依據的倫敦政經學院講座。誠如倫敦政經學院助理教授約翰・希克斯（John Hicks，本來支持奧地利學派，後來因為將凱因斯的概念化作一簡易數學模型而聲名大噪[16]）所言，「《價格與生產》雖是英文著作，卻不是英國經濟學。在適切評估之

1991), p. 9.

13 貝倫森（Bernard Berenson, 1865-1959）。

14 斯拉法在一九二二年聖誕節的信中把墨索里尼電報的事情告訴凱因斯，in the Keynes Papers, the Marshall Library, Cambridge，出自Nicholas Kaldor, "Piero Sraffa (1898-1983)," *Proceedings of the British Academy*, vol. 71, 1985, p. 618.

15 Terenzio Cozzi and Roberto Marchionatti, eds., *Piero Sraffa's Political Economy: A Centenary Estimate* (Psychology Press, Hove, U.K., 2001), pp. 31-32.

16 標示利率和實際產出之間關係的圖表，稱之為IS-LM模型（投資儲蓄／流動性偏好貨幣供給）。

前，它還需要進一步的翻譯。」[17] 斯拉法用來反駁海耶克的幾個論點也不容易理解。就連熟知奧地利學派思想的芝加哥學派經濟學家法蘭克．奈特（Frank Knight）[18] 也認為，整個辯論過於晦澀艱深。他致信奧斯卡．摩根斯坦（Oskar Morgenstern），「我真希望〔海耶克〕或哪個人能用文法單純的句子告訴我，斯拉法和海耶克之間的辯論到底在爭什麼。我在美國連一個稍有頭緒的人都找不到。」[19]

不過，斯拉法的攻擊語調帶有針對性、諷刺挖苦且不留情面，這點倒是無庸置疑。斯拉法在評論一開頭，先是把海耶克在倫敦政經學院的演講形容為「對一般聽眾和教員忍耐度的考驗……一方面，這幾場講座……堅守談論貨幣的現代作家迅速建立的傳統就是不可理解性。」斯拉法讚揚海耶克專注於經濟系統中貨幣影響商品價格的方式，而非籠統地研究價格，「在每個面向上，最後得到的結論淨是〔海耶克的思想〕為人們對這個主題普遍的困惑徒增困擾。」[20]

海耶克的《價格與生產》試圖證明，如果貨幣以和儲蓄總金額不相稱的利率借出，這筆投資會創造無法自我維繫的生產。一旦再造資金枯竭，工廠主會發現他們沒有吸引到客戶，部分生產線亦將驟然停擺。換句話說，當借錢的代價失去平衡，它會破壞商品生產的有序階段，直到經濟體度過一段危機，再次找到新的均衡。海耶克主張，貸款有一理想利率，此利率能夠在每個階段維持生產且不造成浪費，同時以消費者能夠負擔的價格提供商品。「自然利率」能有效賦予貨幣「中立」角色，因為它不會對生產體系的「自然」運作造成任何負擔。

斯拉法執行任務的取徑明確。他受委託評估《價格與生產》，將外界注意力聚焦到海耶克的種種錯誤。他不用花心思捍衛凱因斯的理論。斯拉法首先攻擊海耶克竟然以為貨幣有中立的可能性，「也就是說，一種能讓生產和商品相對價格（包括利率在內）『不受干擾』的貨幣，猶如世界上不存在貨幣那樣。」斯拉法指控海耶克犯下基礎錯誤並提醒他，「每本貨幣教科書開宗明義」一概否定中立貨幣的概念，「也就是說，貨幣不只是交換的媒介，同時具有價值儲藏的功能。」斯拉法形容海耶克的理論是「一座矛盾的迷宮，讀者繞得暈頭轉向，等到終於進入貨幣的討論時，他們可能因為出於絕望，什麼都會相信。」至於海耶克善用三角形圖表解釋的精細生產階段理論，斯拉法則斥之為「用來敲碎堅果的了不起的蒸氣動力錘——然後卻沒敲開。既然這篇書評的主要關懷是那顆沒裂開的堅果，我們也無需花時間批評汽錘了。」

海耶克的核心論旨，亦即假設很多生產者的貸款高過存款數量，通貨膨脹和經濟崩壞必然發生，這點「毫無疑問」，斯拉法拿海耶克自己的話挖苦他。「稍微沉澱一下便會發現，類似情

17 John Richard Hicks, *Critical Essays in Monetary Theory* (Clarendon Press, Oxford, U.K., 1967), p. 204.

18 奈特（Frank Hyneman Knight, 1885-1972），芝加哥經濟學派的共同創辦人，他偏好自由放任稍微勝過國家干預，主要是因為前者效率不彰的程度比後者低。

19 Letter from Knight to Morgenstern，引述自Michael Lawlor and Bobbie Horn, "Notes on the Hayek-Sraffa Exchange," *Review of Political Economy*, vol. 4, 1992, p. 318, footnote.

20 Piero Sraffa, "Dr Hayek on Money and Capital," *Economic Journal*, vol. 2, March 1932, pp. 42-53.

況『毫無疑問』不會發生。某階級奪取另一個階級的部分收入一段時間，隨後把戰利品存起來。當搶奪告一段落，受害者顯然不可能使用如今超越他可觸及範圍的資本。」海耶克主張，當銀行不再提供門檻寬鬆的信貸，製造商會發現他們擁有的機器很多餘，斯拉法則認為，工廠主必須保留廠房，待市場復甦時才能用於生產。一切皆會由客戶買單。海耶克預測，一旦銀行以低利率放貸，將對工廠主造成災難。斯拉法反駁，當製造商取得沒有儲蓄做後盾的額外資本，他們會在供應源枯竭之前賺取足夠利潤，留下償還額外資本利息的現金。與此同時，生產者會獲得以較低價格生產更多商品的不同管道。故此，降低利息促進生產，長期來看不僅不會造成物價膨脹，反而會降低價格。

「海耶克博士的討論與貨幣和通膨徹底不相關，」總結出這不可動搖的評價後，斯拉法指出，海耶克「偏離了他的中立貨幣問題」並不經意地踏進「凱因斯先生理論的地盤中央」。就斯拉法看來，海耶克不是凱因斯的反對者，而是無心插柳的仰慕者及支持者。「評論至此也該結束，」斯拉法宣稱，接著又嘲弄地補充一句，「由於篇幅有限，筆者無法充分評論海耶克博士出乎意料的新立場。」[21]

海耶克立即動筆回覆斯拉法的觀點，發表於下一期《經濟學期刊》。秉持一貫的諷刺風格，他佯裝同情斯拉法「花這麼多時間做一件顯然賺不到錢的工作，在他看來，此舉只是讓人們對這個主題普遍的困惑徒增困擾。」他反駁斯拉法的批評，堅持「透過『強迫儲蓄』累積的資本，

〔將〕在導致『強迫儲蓄』的因素消失後被耗盡，至少部分耗盡」，不接受對方否定他自認對經濟學領域所做的創新貢獻。海耶克同意斯拉法，同時認為「我的理論成敗繫於此觀點的真實性」。

海耶克再次說明，欠缺儲蓄基礎的新資本注入一經濟體將造成什麼樣的後果，過程中他強調，由於額外貨幣進入系統會促成工資膨脹，受雇者拿到的薪水必定愈來愈高。他認為在工資而非資本上的支出遞增將逐步減緩生產財成長，然後達到新的均衡狀態，其中利率會「和強迫儲蓄發生之前相等，〔生產者〕資本消蝕至接近先前狀態」。生產者擁有閒置設備，不代表他們的廠房價值沒有折損，因為折損已經發生。全新機器的價值比不上有生產力的工廠，而且生產者必須支付貸款的利息。

海耶克要斯拉法為他「對這個分析出奇膚淺的反駁」提出證據，接著話鋒一轉問道，「他是不是相信刺激消費〔能讓閒置廠房復活〕的那一派」，和凱因斯一樣？以致斯拉法奚落海耶克，說他碰巧在許多問題上和凱因斯立場一致，不過海耶克可不買帳。「我大膽猜測，凱因斯先生會完全贊同我駁斥斯拉法先生的主張，」他寫道。「事實上，斯拉法先生會提出這樣的主張，就我而言，不過說明了一個出人意表的新事實——他對凱因斯先生理論的理解甚至不比對我的理論透

21 同前。

徹。」凱因斯對這句話下了一個惡作劇般的腳注：「如果海耶克先生同意，我想說，根據我的理解，斯拉法先生精確地掌握了我的理論。」[22]

斯拉法隨即在海耶克發表回應的同一期《經濟學期刊》提出〈答辯〉。首先，他依慣例向對手拋出誘餌，試圖激怒對方。「海耶克博士的招牌辯論方法本身，極具說服力地應證了我的評論，我本來無意多所評論，」他寫道。海耶克口中會造成災禍的「強迫儲蓄」，斯拉法偏好稱之為「掠奪」（spoilation），在這個狀況中「因通膨而獲利的那些人選擇把贓物存起來」而「受強迫儲蓄影響的人在這個問題上沒有發言權」。斯拉法認為「強迫儲蓄」——或許形容為「不恰當借貸」更貼切——不僅不會像海耶克預測的以災難收尾，還會有美好成果。一旦通膨隨「新的生產過程開始供應價格有競爭力的產品」而結束，「……企業家便能完全用銷售所得應付當下生產的支出並維持逐漸增加的資本，而不再需要任何額外的通膨貨幣。」斯拉法和海耶克看法相同，認為這只會發生在工資沒有為因應新成本而上漲的情況下。「我認為這不會發生，」斯拉法聲明道，理由誠如海耶克在上一篇文章某注釋曾提過的：「因為這筆錢可能被任何生產額外階段的現金持有吸收。」「一點也沒錯，」斯拉法高聲疾呼。「若海耶克先生撰寫此書的痛苦不下於他的評論者閱讀此書，他應該記得，根據他的假設，這種現金持有不光會吸收固定的額外數量，而是所有通膨期間發行的額外貨幣；因此收入完全不會提高，也不致出現耗盡資本的時機。」

海耶克在文中挑戰斯拉法，要他揭示真正的信仰，因為他至今未表明自己的知識基礎。結果斯拉法嘲弄地回應。「〔斯拉法揭露海耶克邏輯缺陷〕之後，海耶克博士會准許我不要嚴肅看待他關於我『真正信仰』的提問。沒有人會相信循著這般虛幻假設推論得到的任何結果在現實中成立。但我承認，有一個抽象的可能性，亦即錯誤推理下的結論有可能意外地顯得煞有介事。」斯拉法想用這句話一舉擊倒對手。

斯拉法還差一步就能徹底收拾對手。關於均衡狀態下使貨幣有效中立的自然利率（海耶克稱之為「貨幣利率」）論點，海耶克被斯拉法逼著承認自然利率不是單一的整體，而是由一連串適用於不同商品的自然利率所組成。經過進一步思考之後，斯拉法已準備發動猛撲。奧地利學派經濟學家維克塞爾是自然利率和貨幣利率概念的創始者，他過去早已聲明，單一自然利率並不存在，每一個商品皆有不同的自然利率。舉例來說，蘋果和羊毛各有不同的自然利率。斯拉法的解決之道是概念性地權衡每一個自然利率，計算出和均衡狀態下經濟總體貨幣利率相同的複合自然利率。「這種規避的方式，海耶克博士可不會接受，」斯拉法沾沾自喜地說，「因為他早已斷然拒絕使用平均值。」[23]海耶克和斯拉法的攻防，於是生硬地結束在這刺耳的句子。

凱因斯—海耶克大辯論中的花邊決鬥，既沒營養又愚蠢，讓人摸不著頭緒，而且充滿情緒性

22 F. A. Hayek, "Money and Capital: A Reply," *Economic Journal*, vol. 2, June 1932, pp. 237-249.

23 Piero Sraffa, "A Rejoinder," *Economic Journal*, vol. 42, June 1932, pp. 249-251.

攻擊。充其量不過是兩名重量級思想家的後勤支援角力。海耶克認為經濟是難以捉摸的主題，唯有透過探討市場中個人與個人的互動來理解，而且永遠不可能被完全掌握。然而，凱因斯正在創造思想突破的路途上，《通論》的出版便是成果。他相信理解一個經濟體最好的方式是掌握全貌，從上而下檢視經濟中供需和利息等元素的總和。海耶克堅守的是後來被稱為「個體經濟學」的思想，觀察諸如成本和價格等構成經濟體的不同元素，凱因斯則試圖大膽邁向思考經濟運作的嶄新道路：將經濟視為一個整體的「總體經濟學」。無怪乎《通論》出版前的凱因斯—海耶克論戰如此沒有共識，因為他們以純然個體經濟學的手段，探索海耶克個體經濟學取徑和凱因斯新創的總體經濟學概念的深刻差異。

他們的思考沒有交集。奈特感嘆道，「我期待看到一些我沒看見的進展。建立起術語和概念，以期經濟學家能夠彼此交談，且在爭論時，議論的是議題，不要為彼此主張的意義爭論不休。」[24]

當時沒有人看出海耶克和斯拉法的辯論將對經濟史造成任何影響。有人認為，它不過是雙方的情緒發洩，「兩個激進的年輕人近乎兒戲的拳腳相向。」[25]然而，海耶克在和斯拉法打筆仗時的研究生助理路德維希．M．拉赫曼（Ludwig M. Lachmann）回憶道，「看得比較遠的人，自覺正在見證經濟學兩種互不相容觀點的衝撞。至於沒有這層眼界的人則是對參戰雙方的目的困惑不已。沒有人樂見他們之間的爭論……一九三〇年代，一般的盎格魯薩克遜經濟學家不會發現，這是兩大經濟學思想門派大戰開打的第一聲槍響。」[26]

24 Letter from Knight to Oskar von Morganstern, May 4, 1933, Oskar von Morganstern papers, Duke University, Durham, N.C.

25 John Cunningham Wood and Robert D. Wood, eds., *Friedrich A. Hayek* (Taylor & Francis, London, 2004), p. 200.

26 Lachmann, *Expectations and the Meaning of Institutions*, p. 148.

第九章　邁向《通論》

救失業的不花錢藥方：一九三二至一九三三

接下來幾年，凱因斯的策略出現明顯改變。他是受民眾愛戴的傑出辯論家，然而無論他如何措辭、極力說服督促政府推動公共工程以解救失業問題，遊說始終一籌莫展。出版《貨幣論》後，凱因斯對政府高層已失去實際影響力。麥克唐納的聯合政府不過是保守派當政。保守派認為凱因斯反商，是白廳（Whitehall，按：英國政府代名詞）裡不受歡迎的人物。落敗的工黨變得更為偏左，黨員無意搭理凱因斯為資本主義開的處方箋，他們確信這個體系注定走向毀滅。凱因斯心之所向的自由黨則是疲憊不堪，聲勢走下坡，面臨出局。

國家權力走廊上如今幾乎沒有凱因斯的容身之地。他偶爾和麥克唐納在帕摩爾（Pall Mall，按：倫敦西敏的街道）上的政府酒館雅典那俱樂部（Athenaeum Club）共進午餐，然這只是他過去影響掌權者的殘餘影子。他保有經濟資訊委員會（Committee on Economic Information）的職位，這是隸屬於首相經濟諮詢委員會之下的單位。不過，他卻未獲邀加入一九三二年二月成立的另一個具政策影響力的頂尖經濟學者委員會，而他的正統派對手羅賓斯卻被授予席次。

凱因斯於是決定新作的目標讀者不要設定為一般大眾，也不針對政治人物、財政部公僕、銀行金融大師，而是鎖定其他經濟學者。透過直接管道推動變革未果，如今他展開一場有計畫的理論長征，企圖讓其他經濟學者自願為他宣傳。為實現目標，他認為《通論》的論點必須嚴謹，清楚界定論述範圍，並確保邏輯性扎實，名副其實地彰顯書名欲傳達的自負。[1]他開始篩選想法，接受馬戲團成員的批評指教，並向幾名親近的同事請教，他相信他們犀利的思維能幫助《通論》全面性地說服願意接納新觀點的開明人士。這部作品耗費了五年多才完成。

凱因斯和海耶克的爭鬥令他氣惱，更是毫無收穫，他因此認為，和古典經濟學家深入辯論簡直浪費時間。他正嘗試超越正統市場經濟學的限制，並認為海耶克自困在舊思維當中，不懂欣賞他目前正在編織的一些大膽新概念。他在海耶克一九三二年以英文出版的〈資本消耗〉（Capital Consumption）論文影本上塗改，「當今最失控的胡扯大雜燴。」[2]他們偶爾會互觸對方的地雷，也對彼此的歧異簡短發表言論，但凱因斯不再力勸海耶克看清自己思想中的錯誤。「海耶克週末前來，」凱因斯於一九三三年初自國王學院寫信給莉迪亞。「昨天晚上我和他並肩坐在大廳，今天和他在皮耶羅的住處共進午餐。我們私下處得很融洽。只是他的理論真是廢話——我今天覺得，即便連他自己都逐漸不相信自己了。」[3]凱因斯是熱血的改革派，熱中幫助世界邁向更善良的未來；海耶克則是對新事物充滿懷疑，儘管他一生宣稱自己絕非保守派。海耶克很清楚和凱因斯辯論時，他總是不斷重複奧地利學派思維與生俱來的消極邏輯，後來也坦承，「我經常覺得我所做的事，更像是指出別人在選擇的道路上繼續前進將遇上的種種阻礙，而不是提供新觀念，開闢一條能帶來進階發展的道路。」[4]

在這段重要的腦力激盪時期，凱因斯定期和牛津大學經濟學家哈羅德保持聯絡。哈羅德曾在一九二二年秋季班跟隨凱因斯研讀經濟學，也是凱因斯官方傳記（出版於凱因斯過世後六年）的作者，「一九五〇年代，凱因斯思想能夠迅速傳播，絕對是哈羅德的有意計畫。」[5]哈羅德不時會收到凱因斯寄來的《通論》校樣，請他批評指教。哈羅德對每一份草稿的意見「俱是充滿熱忱地構思，帶著熱切仰慕的語調，而且覺得這會成為他（凱因斯）的偉大成就，同時也以堅持不懈的熱情在某些觀點上改變他」。[6]

---

1 一直到一九三三年十二月，凱因斯給《通論》的臨時標題仍是「生產的貨幣理論」（The Monetary Theory of Production），可能是因為擔心和海耶克同一年出版的《貨幣理論和商業週期》太相似，容易搞混，所以決定改名。

2 Skidelsky, *John Maynard Keynes*, vol. 2: *Economist as Savior*, p. 459.

3 Letter from Keynes to Lydia, March 5, 1933，出處同前。

4 Foreword, in Gerald O'Driscoll, *Economics as a Coordination Problem* (Andrews & McMeel, Kansas City, 1977), p. ix.

5 Mark Blaug, *Great Eccnomists since Keynes: An Introduction to the Lives and Works of One Hundred Modern Economists* (Edward Elgar, Cheltenham, U.K., 1998), p. 94.

6 Harrod, Life of John Maynard Keynes , p. 452.

隨著《通論》的樣貌緩緩浮現，情況也變得明朗，凱因斯覺得，若要克服財政部一直以來對古典經濟學不加思索的信奉，他必須再次展現他始終如一的爭議風格，全面駁斥海耶克及其同路人的想法。當馬戲團成員在打倒正統的戰役中進到壕溝就定位後，他們迫不及待地煽動凱因斯開槍，哈羅德則是極少數主張節制的聲音。「我把心力放在削弱他對『古典學派』的攻擊力道，」哈羅德回憶表示。「我和他立場相同，我也認為失業的傳統理論存在嚴重的空白，而問題的癥結在於不正確的利息理論；但我不同意他指控利息的傳統理論毫無道理。我認為，這個指控太莽撞，會惹來一身灰塵，並導致不相關的爭辯四起。」[7]凱因斯不怕灰頭土臉，拒絕刪除《通論》最終校對中對海耶克毫不掩飾的人身攻擊。倘若舊思維有礙他理解經濟學的嶄新取徑獲得更多人認可，進而給世界增添不必要的苦難，凱因斯認為海耶克的觀點有必要被點名處理、被生吞活剝，然後毫無疑問地徹底終結。

即便如此，一九三〇年代初期，對凱因斯的想法最具影響力的仍是馬戲團。沒有人的功勞比得上卡恩，因為他幫凱因斯完成了不可能的任務，證明增加投資能提振需求，而且不會導致災難性的價格飆漲。馬戲團在一九三〇至三一學年度頻繁接觸，直到一九三一年五月劍橋大考之前結束正式會議，幾個月後，凱因斯構思起《通論》。但卡恩、喬安、羅賓森、斯拉法、米德和其他幾個人，仍繼續揶揄、剖析凱因斯想法的每個意外轉向，對他個人的內在辯論具重要貢獻。凱因斯在《通論》前言說，「撰寫這本書猶如在不熟悉的道路上摸索，為避免犯下過多錯誤，筆者非常仰賴批評和對話。長時間閉門思考會讓人暫時相信諸多極為荒謬的事。」[8]

有人質疑馬戲團對《通論》的貢獻，[9]但馬戲團成員本身相信，他們透過卡恩傳達給凱因斯的尖酸批評，對凱因斯的思想和最後定稿有實質影響。「我代表團體發言，凱因斯很樂意和我一週又一週地持續討論遇到的問題及其衍生意義，不認識他的人會覺得不敢置信。」[10]卡恩回憶道。羅賓森和卡恩有相同感受。他對凱因斯認為有必要剷除海耶克之流正統經濟學者思想的原因提出感性背書，「我認為凱因斯在這段期間展現了了不起的個人特質，超越其他任何時期。」他說。「凱因斯從不猶豫。他以一種摧毀宿敵的熱忱和我們一起尋求真理。」[11]他面對海耶克和羅賓斯的作品時，的確抱持這種態度。

馬戲團絕對有所貢獻。他們說服凱因斯看清《貨幣論》中「寡婦之罈」（widow's cruse）比喻的使用不當。這是典型的凱因斯式生動比喻。他提出，當企業家把部分利潤用於購買商品，等於將價格提高到類似程度，因而恢復利潤至先前水準，由此他們的財富才能維持不變，很像聖經

7 同前，p. 453。

8 Kahn, *Making of Keynes' General Theory*, p. 178.

9 Don Patinkin and J. Clark Leith, eds., *Keynes, Cambridge and 'The General Theory,' Proceedings of a Conference at the University of Western Ontario* (Macmillan, London, 1977).

10 Kahn, *Making of Keynes' General Theory*, p. 106.

11 Austin Robinson, "John Maynard Keynes, 1883-1946," *Economic Journal*, March 1947, p. 40.

故事「寡婦之罈」（〈列王記〉17:8-16）的油罐，無論寡婦用了多少，油罐始終是滿的。基於同樣標準，他們也逼使他放棄寡婦之罈的對應概念。凱因斯援引希臘神話達納俄斯女兒們在地下世界被懲罰裝滿一只破洞罐子的故事，將概念取名為「達納埃之罐」（the Danaid jar）。凱因斯的達納埃之罐理論主張，當企業家以節制消費、增加儲蓄的方式試著減少損失，報酬遞減法將使他們永遠不可能回到過去的財富水準。[12]卡恩和喬安都向凱因斯指出他想法中的錯誤，也就是在描述（使結論成立的必要前提）封閉經濟時，他把消費財的產出設定為固定且有限的。卡恩破解其中謬誤：「如果企業家以增加消費財產出來回應不正常利潤，消費財價格水準將逐漸下跌，不正常利潤隨之減少，直到企業家賺的錢不超過正常報酬，或遭遇某些關卡——產能充分利用或勞動力充分就業。」[13]

凱因斯寫了一封辯護信給喬安，指出在《貨幣論》部分章節中，「我已詳細討論產出變化的效應；我只在初步理論論證一個特定的點上採用恆定產出的假設。」[14]然而馬戲團成員對兩處謬誤推理的駁斥，促使凱因斯意識到《通論》的關鍵要素為總體產出不固定，並可藉由增加投資直到經濟體內每個人皆充分就業以提高產出。[15]這是引導凱因斯全面推翻海耶克等古典經濟學家主張的第一條思緒線，古典派認為，一個不受打擾的經濟體長遠來看，必定達到充分就業的均衡狀態。凱因斯在《通論》裡論稱，中短期來看，經濟體可能在失業數字可觀的情況下實現均衡，諸多證據指出古典經濟學預測的充分就業均衡難以實現。凱因斯相信，一九二〇與三〇年代英美兩國的長期失業問題，證明了充分就業均衡乃一謬誤。

《通論》寫作期間，卡恩顯然不只扮演凱因斯最喜愛、最虔誠的徒弟；他甚至獲得猶如凱因斯未出世兒子的地位。他是唯一獲邀和凱因斯長時間深談的人，協助他闡明、改善各種思緒。卡恩很早就被凱因斯帶進他孤獨的象牙塔，當一名有耐心又清醒的創意伙伴。卡恩解釋，自身的作用就像監控凱因斯千頭萬緒的共振板（sounding board）[16]。「一九三〇那年，我經常和凱因斯及莉迪亞在提爾頓〔凱因斯位於薩賽克斯的農舍〕共度假期，」[17]卡恩說。「我讓他未感寂寞，且由於我在那裡，才可以和他直接溝通，不用等待郵件往返」[18]卡恩也修潤凱因斯的原稿。「我將校稿文字書寫（而非口述）在校樣的頁緣。」他寫道。「這類筆記有時是對原稿的微幅修改，或提

---

12 *Collected Writings*, vol. 5: *Treatise on Money*, p. 125.

13 Kahn, *Making of Keynes' General Theory*, p. 107.

14 *Collected Writings*, vol. 13: *General Theory and After, Part I*, p. 270.

15 事實上，凱因斯早已著手研究決定產出數量的因素多時。在回應財政部經濟學家拉夫・浩崔（Ralph Hawtrey）對《貨幣論》評論的回信中，他寫道，「我無意處理決定產出數量多寡的全部原因。因為那是一條通往短期供應的漫長不歸路，和貨幣理論〔本書書名〕相去甚遠……如果再給我一次機會寫這本書，我應該會試著更深入研究後者的難題。」同前，pp. 145-146.

16 譯注：指好的聆聽者，對於聽聞的內容表達認同，或者在聽到有問題的內容時提供意見。

17 Kahn, *Making of Keynes' General Theory*, p. 175.

18 同前，p. 178。

醒凱因斯和我討論這個標記的段落，還有訂正印刷錯誤。」[19]

卡恩亦中肯解釋為什麼公共投資（即便是借來的錢）可以很快回收成本，同時大幅緩解失業問題，為凱因斯思想注入最重要的全新要素：卡恩本來稱之為「比率」（the ratio），之後凱因斯重新命名為世人皆知的「乘數」。凱因斯在一九二九年和韓德森共同撰寫的自由黨大選文宣〈勞合．喬治辦得到嗎？〉中，直覺主張公共投資在幫助無業者找到工作的同時，不久便足以支付自己創造的開銷。自由黨人承諾連續三年投資每年一億英鎊的公共工程，創造就業機會，被財政部鄙視為浪費錢的政策。

凱因斯辯稱，創造新工作機會的成本不高，卻又可提振商業信心，因為企業家將獲益於新就業人口帶來的新需求，而政府直接創造的工作將連帶創造提供商品和服務給新就業人口的私部門工作機會。「目前失業的許多勞動人口一旦開始領薪水，不再需要失業補助，這個事實意味著有效購買力的提升，為商業活動造成整體刺激。」凱因斯和韓德森如是說。「此外，商業活動規模的擴大將創造更多商業活動；因為繁榮的力量，猶如促使百業蕭條的力量，具有累積效應。」[20]凱因斯論道，這些俱是一般常識，同時承認「精確測量這個特質的效力是不可能的」。[21]在一九三一年六月所發表的文章〈家庭投資之於失業的關係〉（The Relation of Home Investment to Unemployment）裡，卡恩透過統計數字證明凱因斯對乘數效應的推測是對的。

卡恩曾回溯他解開乘數之謎的來龍去脈。「一九三〇年八月，我在奧地利的泰羅（Austrian

Tyrol）開始寫作所謂的『乘數』文章。〈勞合・喬治辦得到嗎？〉啟發了我，部分原因在於，這是思想發展的里程碑，但也因為其中提到的特定算數和邏輯問題。」[22]卡恩愈深入探索政府雇用勞工將創造多少間接就業人口的評估，對凱因斯和韓德森猜測結果的準確性就愈感到不可置信。卡恩暫時擱置嘗試量化大筆公共資金注入市場、商業信心提振之後，連帶導致的擴充投資將激發多少衍生的額外就業數字，因為「短期未來的信心狀態……是很難評估的對象，更遑論仍欠缺許多數據」。[23]他確信商業信心改善會帶來附加就業，不過他將究竟增加多少新工作機會的棘手計算留待之後回答。

卡恩的注意力集中在凱因斯和韓德森的核心主張：每投入一百萬英鎊鋪設新道路，就能創造五千個新工作機會，直接和間接機會約各占一半。凱因斯和韓德森估計，「屆時將回收近半數的資本成本」，其中四分之一是因為不用支付失業救濟金省下的。卡恩同時結算出政府不必支付失業保險而省下的錢，加上在貧窮救濟方面所省下的金額，總計可達成本一半。他也同意這兩人估

19 同前，p. 177。
20 *Collected Writings*, vol. 9: *Essays in Persuasion*, p. 106.
21 同前。
22 Kahn, *Making of Keynes' General Theory*, p. 93.
23 同前。

計新就業人口創造的國家稅收，等同於進一步回收八分之一的成本。卡恩對於凱因斯和韓德森的粗估竟和他標準較高的數學分析結果非常相似感到訝異。他寫道，「凱因斯和韓德森憑感覺的猜測如此精確，簡直不可思議，不過到目前為止，他們並未估算『乘數』——總額外就業（主要的和次要的）之於主要就業的比率。」[24]卡恩推斷每個國家的乘數可能不盡相同，端看公共投資的效益有多少流向海外，這情況會發生在英國等主要貿易國。他粗估英國的數字介於零點五六至零點九四之間「而且我認為，採信四分之三這個數字是『過於保守的錯誤』」。[25]

卡恩回憶道：「我的初衷，打從一開始，就是為了證明各種抵銷（offsets），如稅收增加、各式各樣上繳國庫的儲蓄……入超提高」——因為新的就業人口會購買進口商品，但對出口沒有貢獻——「私人儲蓄增加（主要來自獲利），以及儲蓄率因物價上漲的變化，最終打平投資成本。」[26]卡恩已料想到古典學派對政府出資公共工程的兩大反對意見，其一是這般措施將加速通膨，此外，羅伯特森[27]認為，這麼做只是徒增流通的貨幣數量。卡恩認為預期的生活費用漲價是無稽之談，視之為「昏庸愚蠢的極致」，因為「就算價格上漲真的發生，那也是產量增加的自然伴隨現象，其程度取決於供應曲線的斜率。」[28]換句話說，無論手段為何，每當需求增加，往往造成價格上漲。人為提振需求導致的通膨就只是通膨，沒什麼不同。因此，他認為反對刺激產量或供給，只因背後推動的是公共資金或貸款而非就業人口的私人儲備，根本是轉移焦點的說法。至於反對政府選擇印鈔而不向放款人募資，卡恩表明「公共工程的額外開銷沒道理只能由額外創造的貨幣支付，或者只能向大眾借貸（不過一旦突然推動一項重大計畫，銀行體系短期的幫助對刺激活絡經濟之目的是有用的）。」[29]

凱因斯邁向《通論》的思想進展僅少數親近人士知情，不過他的反對者如倫敦政經學院的海耶克和羅賓斯，也都聽聞凱因斯在撰述畢生傑作上有重大進展。一九三二年夏天，迷霧散開。凱因斯透過一堂名為「貨幣的純粹理論」（The Pure Theory of Money）的晨間系列講座，向劍橋學生們闡述他在後《貨幣論》階段的思想，出席講座的包括許多教員、其他學科的大學生和幾名感興趣的獲邀訪客。經過提爾頓漫長的夏日沉思，凱因斯在秋季班繼續他的系列演講，並對子弟兵們發表重大聲明：下一堂講座將命名為「生產的貨幣理論」（The Monetary Theory of Production）。「凱因斯一九三二年十月所說的話，」來自多倫多大學的博士後訪問學人羅力・塔

---

24 同前，p. 94。

25 同前，p. 95。

26 同前，p. 98。

27 Letter from Dennis Robertson to Keynes, in *Collected Writings* , vol. 29: *The General Theory and After: A Supplement* (Macmillan for the Royal Economic Society, London, 1979), p. 17.

28 Kahn, *Making of Keynes' General Theory*, p. 100.

29 同前，p. 104。

席斯（Lorie Tarshis）四場系列講座全程參與，他說，「……實際吹響了凱因斯革命的號角」。[30]

凱因斯在接二連三的講座上宣讀親手修潤的一次次校樣，呈現他最新思想的更迭。參加講座的人清楚意識到，他們正在見證一件不同凡響的事。塔席斯說，「幾個星期過去，只有石頭人才不會發現〔講座上〕的興奮情緒持續高漲。」[31]一名美國大學生麥克·史崔特（Michael Straight）記得，「我們好像在聽達爾文或牛頓上課。凱因斯說話時，臺下聽眾全數屏氣凝神。」[32]系列講座進行到尾聲時，凱因斯已對自己磨練多時的各種想法感到滿意，準備將作品的最後一校修訂稿託付出版商麥克米倫，這本書將成為許多人眼中二十世紀最具影響力的經濟學理論。

凱因斯醞釀《通論》期間幾乎未和學術圈外的人接觸，他反而朝大眾國度靠近了一大步。當世界經濟學會議（World Economic Conference）將在一九三三年六月於倫敦舉辦的消息對外公布之際，凱因斯一心想在這場國際高峰會上貢獻所學。他冀望確保政策制訂者看見他最新的思想轉向。他向《泰晤士報》（*The Times*）主編喬佛里·道森（Geoffrey Dawson）提議做一系列社論文章，討論如何透過國際合作解決世界經濟困境。世人搶先在這些文章裡一窺即將改變世界的革命性理論。

文章經《泰晤士報》刊載後，集結成一本名為《通往繁榮之路》（*The Means to Prosperity*）的小冊子，這份文件和《通論》的關係就像基地營之於峰頂。如今五十歲的凱因斯，終於暫時放棄他招牌的簡易自創語和生動諷刺，反而提出清晰且不譁眾取寵的論述，吸引正要聚集到倫敦的一千經濟學家和財政官員。他向他們下戰帖，若不同意以納稅人的最低成本創造數百萬新工作機會，請指出他的處方箋哪裡出錯。他從未如此中肯、專業、令人信服地傳達觀點，冊子中包含後來被視為「凱因斯主義」（Keynesianism）的所有元素。相較於旨在影響學界經濟學者的《通論》，《通往繁榮之路》是為經濟學知識基礎薄弱的讀者所撰寫，譬如世界各國的財政首長。對海耶克的支持者而言，《通往繁榮之路》清楚警示了即將進逼的凱因斯主義對他們的挑戰規模。他們從小冊中預見了《通論》的內容，著手準備用來還擊的反對論點。

在《通往繁榮之路》中，凱因斯對使用傳統藥方能改善世界經濟的主張直言不諱。「社會上仍有人相信唯一的出路是吃苦耐勞、省吃儉用、改良經營方式、謹慎處理銀行業務以及最重要的——避免人為策略花招，」[33]他寫道。在卡恩論文的護航下，凱因斯首次公開將乘數整合到他希望政府編列預算提高經濟體內總體需求的提議裡。他同時正面迎擊海耶克主義者認為政府支出只會觸發通膨的論斷。

---

30 L. Tarshis, "The Keynesian Revolution: What It Meant in the 1930s," unpublished typescript，引述自 Skidelsky, *John Maynard Keynes*, vol. 2: *Economist as Savior*, p. 460.

31 同前。

32 引述自 Turner, *Joan Robinson and the Americans*, p. 55.

33 J. M. Keynes, *The Means to Prosperity* (Macmillan, London, 1933), p. 6.

「倘使新開支是額外追加，而不是以其他開支替換，則就業率提升不會止步於此，」他寫道。「這些額外給付的工資和其他收入將創造額外購買，連帶導致進一步就業。如果國家資源已經充分利用，額外購買則會實際反映為價格上漲和進口增加。但在目前大環境下，僅一小部分的額外消費符合上述描述，因為當下處於閒置狀態的國內資源以幾乎毫無變化的價格滿足了絕大多數額外消費。」[34]

凱因斯為第一次接觸乘數效應的人詳細解釋其運作方式。「為新資本創造之購買成長提供商品與服務的新就業人口，同時也變得更有消費能力，進而增進其他人的就業機會。」他認為，英國的乘數數字是二，但他不想過於樂觀，以免論點顯得虛幻，因此他設定政府創造新工作機會所花的每英鎊在整體經濟中值一點五英鎊。「若將一系列間接影響納入計算，花在物質、交通和直接就業的兩百英鎊額外貸款開支，不會只提供一個人整年的工作，而是一人半。」[35]他寫道。他強調就業不是乘數唯一的效益。「〔財政大臣〕撥出的半數款項，實際上會透過省下的救濟金和更高的稅賦收入回填國庫。」[36]經濟學家和各國財政首長應該檢視國家總收入的規模，而非確保收入和國家預算外流維持平衡，成為《通論》論述的關鍵基礎。國家總收入的規模即凱因斯口中的國家「總體需求」（**aggregate demand**）。

當政府舉債刺激經濟的計畫被預算赤字焦慮抹煞，凱因斯在一段類似二〇〇八年金融危機過後再次出現的論點中宣稱，「相信在促進就業方案和平衡預算方案之間存在兩難，是徹頭徹尾的錯誤——也就是說，我們基於害怕破壞預算平衡，總認為在促進就業上應該小心謹慎地進行。事實完全相反。除非提高國家收入，否則平衡預算根本是空談。而提高國家收入基本上和增進就業是同一件事」。[37]此處呈現的是《通論》另一個重要基礎：國家收入等於就業人口的收入總額。凱因斯估計，每年將一百萬人送進職場需要一億英鎊，其中五千萬英鎊或許可來自減稅。這是凱因斯第一次提出減稅可刺激經濟的論點，這個政策先是成了凱因斯主義者和各國凱因斯信徒財政部長的招牌標記，可惜卻成為他們的保守派對手的護身符。他特別強調，這種減稅若要在就業市場達到預期效果，「不能是等量刪減政府開支（像是對學校老師減薪）達成平衡效果的賦稅減免方案；因為這代表國家消費力的重新分配，而不是淨增長。」[38]誠如哈羅德所言，「從這裡，我們隱約看到目前為止最激進的一個想法，財相應該以借貸資助公共工程，而且要在不縮減當前預算的前提下減免賦稅，藉以刺激額外購買力的成長。這幾乎是火力全開的『赤字財政』。」[39]

除此之外，凱因斯更廣泛訴求在大規模通貨緊縮妨礙商業活動的狀態下，眾人應齊心協力促

34 同前，p. 10。
35 同前，p. 12。
36 同前，p. 15。
37 同前，p. 14。
38 同前，p. 16。
39 Harrod, *Life of John Maynard Keynes*, p. 441.

進世界需求，刻意提高物價，吸引企業家和私人產業投入市場。「在全世界，增加貸款支出是提高世界物價唯一的有效手段。」他斷言道。「事實上，市場當初陷入衰退的主要原因，正是美國依賴貸款維繫的國內外支出的崩盤。」[40]

凱因斯接著踏入另一個思想領域，未來將引領戰勝的同盟國恢復遭二戰重創的世界經濟。他過去經常展現對黃金做為財富衡量手段的不屑一顧。不過他如今所提出的，是各國財政部長應該同步印鈔，彷彿貨幣的基礎是黃金。對凱因斯而言，「概念性黃金」和真實的金塊一樣有用。個別國家早已放棄根據國庫黃金存底發行鈔票，何不將同樣的財政邏輯套用到世界信貸系統中，每個國家皆獲得「黃金票據」提供的實際囤積黃金的一切好處，而不用真正擁有黃金庫。凱因斯苦勸，在全球市場因經濟失靈動彈不得的情況下，此乃恢復市場信心的手段。如果能夠重振信心，就不會淪為一個刺激信心的伎倆。哈羅德解釋說，「倘使任何一個國家在國內礦坑發現等量黃金，並且受到發現金礦存量的鼓舞勇敢前進，沒有人會覺得這不過是個伎倆。為什麼黃金票據不能扮演類似的角色？」[41]

凱因斯接著提出另一個想法，往後在同盟國確保二戰後世界不再重蹈《凡爾賽條約》覆轍時，發揮了極大效用：建立全球性金融機構——這個想法落實成為世界銀行（World Bank）。他提議，根據「過去某個正常日的黃金存量，例如一九二八年尾聲」，將總額五十億的「黃金票據」分配給每個國家。[42]長久以來反對以黃金價格決定各國匯率的凱因斯為確保貨幣穩定，（或許有點不情願地）認同概念性金本位應該繼續主宰他所提出的新世界金融體制。「鈔票就是黃金票據，」他寫道，「參與國同意將它們視為黃金的等值物。這代表每個參與國的國家貨幣將和黃金保有某種明確的關係。」[43]

凱因斯最後的幾項觀察帶著極為不祥的色彩。在《和平的經濟後果》裡，他已經預測加諸於戰敗國身上的賠款，將滋生使左右兩派極端政治運動大放異彩的各種理想條件。雖然他沒有在《通往繁榮之路》提及此書出版前兩個月才發生在德國的大事件——亦即希特勒率領納粹黨崛起，並於一九三三年一月出任總理——但他暗示了另一種情況的可能性，再次展現他對世界局勢走向的先見之明。

他寫道：「比較憤世嫉俗的人讀到這裡會推斷，除了戰爭，沒有其他辦法能結束這場大蕭條，因為戰爭是迄今以來，政府認為唯一值得推動大規模國家貸款支出的對象。在所有承平時期的問題上，他們膽小恐懼、過度謹慎、心不在焉，缺乏毅力或決心，總是把貸款視為負債，而不是一種管道，能夠將社會上即將被浪費的剩餘資源轉化成有用的資本資產。我希望，我們的政府

40 Keynes, *Means to Prosperity*, p. 19.
41 Harrod, *Life of John Maynard Keynes*, p. 443.
42 Keynes, *Means to Prosperity*, p. 27.
43 同前，p. 31。

能夠帶領這個國家在承平時期的事物上也展現活力。」[44]

44 同前，p. 22。

第十章　海耶克啞口無言

《通論》引起響應：一九三二至一九三六

整個一九三〇年代初期，海耶克目睹德國社會的發展，心裡油然升起一種強烈的預感。不久後，納粹崛起將使奧地利在一九三八年德奧合併中被第三帝國吸收。希特勒修築道路、生產戰爭物資的公共工程計畫由納粹恐怖統治撐腰，彷彿凱因斯提議的殘酷戲仿（parody）。希特勒操弄德國經濟方向的行為將促使海耶克超越經濟學領域，思考自由市場保障自由社會的重要性。就好像瘋狂通膨的親身經歷鞏固了他對奧地利學派資本理論的信仰，他也因為同情納粹暴政下人民（包括他的至親）的困境，從而在哲學上更宏觀的意識到，拒絕自由市場可能導致極權主義。不過隨著一九三〇年代正慢慢開展，海耶克仍把心思放在說服狹隘的英國人窺見歐陸經濟學想法的優點。

他和凱因斯的交流已陷入僵局，凱因斯還禮貌地暗示自己已感到厭倦。「我對於是否重啟《經濟學刊》的爭議感到遲疑，」凱因斯在一九三二年三月寫信給他。「我正試著重整並改進我的核心立場，比起繼續爭執，這麼做或許是更具建設性的時間利用。」[1] 凱因斯的新方向從劍橋的公開講座和《泰晤士報》的文章中可明白看出。然而，海耶克的主要關懷是讓更多英國經濟學家認識他截至目前為止出版的研究。他和凱因斯的爭論已經說明，除了羅賓斯外，少有英國經濟學者關心非英文出版的理論。

凱因斯在《貨幣論》裡坦承，「德文的話，我看得懂的只有我原本就知道的理論——因此，語言的屏障使我無法認識新觀念」。[2] 海耶克因而委任尼古拉斯．卡爾多（Nicholas Kaldor）和H．M．克魯姆（H. M. Croome）翻譯他在一九二九年發表的作品《貨幣理論和商業週期》（*Monetary Theory and the Trade Cycle*），並由哈考特與布雷斯出版社（Harcourt, Brace）於一九三三年出版。而為他爭取到教授聘書的四場倫敦政經學院演講，其內容經路特利奇出版社（Routledge）修訂後名為《價格與生產》，於一九三一年付梓；一九三五年首次改版，他耗費諸多心力修訂許多想法。他還集結一系列論文，以《利潤、利息和投資》（*Profit, Interest and Investment*）的書名在一九三九年出版。為了回應凱因斯認為現有資本理論需要改進的想法，海耶克著手為路特利奇出版社撰稿，寫下他自己對這個主題的各種想法，即《資本的純粹理論》（*The Pure Theory of Capital*），並希望能成為與凱因斯《通論》地位相當的著作。

值此同時，海耶克將全家人安頓在漢普斯提得花園郊區（Hampstead Garden Suburb）的舒適紅磚屋，家中成員包括太太海倫、出生於兩人婚後第三年，即一九二九年出生的女兒克麗絲提納・瑪麗雅・費里西塔絲（Christine Maria Felicitas），和一九三四年出生的兒子勞倫斯・喬瑟夫・海恩里西（Laurence Joseph Heinrich）。漢普斯提得花園郊區是愛德華時代住宅和公共設施建設的計畫型理想「花園城市」，在當時已成為北倫敦左派知識分子的堡壘。他的學術圈鄰居當中，包括羅賓斯，兩人已是非常親近的朋友。海耶克效仿馬克思，經常拜訪大英圖書館的圓形閱覽室。他加入帕摩爾街上的革新俱樂部（Reform Club），該俱樂部的成立是為了紀念《一八三二年改革法案》（1832 Reform Act）將投票權擴及新拓展的工業革命城市人口。革新俱樂部是倫敦最重要的非保守派紳士俱樂部，會館炫目耀眼，由西敏宮（Palace of Westminster）的建築師查爾斯・巴里（Charles Barry）以羅馬的法爾內塞宮（Farnese Palace）為本設計，內部由許多英國史上最激進人士的畫像裝飾而成。海耶克在這些紀念畫像的圍繞中尋求歸屬感，不只是那些在保守派反抗下通過改革法案的前輩，如葛雷勳爵（Lord Grey），而弒君者奧立佛・克倫威爾（Oliver Cromwell）也讓他備感親切。

海耶克在倫敦政經學院的職責之一是教授研究所課程。P・M・湯姆斯（P. M. Toms）於一九三四至三五年期間曾選修海耶克的研討課，他生動記錄海耶克在英國學生眼中不協調的形

---

1 *Collected Works*, vol. 9: *Contra Keynes and Cambridge*, p. 173.

2 J. M. Keynes, *A Treatise on Money* (Macmillan, London, 1930), p. 199, footnote.

象。他「在我看來至少五十歲，好一陣子過後，我才知道〔他年約三十五〕。可能和他穿著老派有關，他總是一身厚重的粗呢外套，搭配一件背心和高領夾克。我為他取了個『陂動先生』（Mr Fluctooations）的綽號，因為他太常使用波動（Fluctuations）這個字，卻總是發音成陂動。」[3]牛津經濟系畢業後來到倫敦政經學院擔任助理教授的希克斯也曾選修這門課。「最開始，我們似乎有個共同觀點，甚至可說是共同信念。這個信念就是對自由市場的信仰，或稱『價格機制』——認為一個充滿競爭的體系，只要不受一切外力『干預』（無論是政府的干預，或者資本或勞力壟斷組合的干預）很容易就會達到『均衡』狀態。海耶克加入我們的時候，他為這個教義引進了一個重要的條件：價格機制若要順暢運作，貨幣必須保持『中立』。」[4]

海耶克享受教學，可惜英文削弱了他的資訊傳達能力。「我們無不興奮聽到海耶克來了，」一九三二年就讀倫敦政經學院大學部的提奧多・德拉明（Theodore Draimin）回憶道。「我們前往他到這裡的第一堂課。他以英文授課。幾分鐘後發現，在場沒有一個人聽懂他說的話。有些人建議他說德文。他採納建議，而聽不懂德文的我們只好退課。」[5]很多人都有這樣的經驗。「昨天讀了一本新書，」阿拉奇在給朋友的信中寫道。「是我們學校的老海耶克、也叫馮・海耶克的著作。今年，他用可怕的英文上了二十堂課（願上帝保佑），他還推薦我們讀一本荷文書！此外還有三十本厚重的磚頭書。但他是個非常聰明的傢伙。」[6]倫敦政經學院大學生奧布里・瓊斯（Aubrey Jones）[7]記得海耶克「總是帶著一抹慈愛的笑容，和他的本性極不協調。只是他的英文口音濃厚，想法顯得糾纏混亂。為了跟上他，學生得坐到最前排」。[8]這令人不禁猜想，倘若海耶克的英文和他能言善道的對手凱因斯一樣流利，兩人的辯論又會是如何。

英語對海耶克是個挑戰，然他對用英文寫作從容整理思緒感覺稍微得心應手，尤其是有羅賓斯、卡爾多和克魯姆及其他人幫忙的時候。一九三二年，他藉自己研究貨幣理論和景氣循環的維也納大學畢業論文以英文重新出版的機會，提出對一九二九年股市崩盤和經濟大蕭條的詮釋。[9]他認為這本書「不僅是為貨幣取徑提供辯解，同時駁斥了某些廣泛流通的、過度簡化的貨幣解釋」。凱因斯寫書是出於渴望解決現實困境的原因，海耶克的著作則是純粹理論。不過海耶克在

---

3 P. M. Toms correspondence with Alan Ebenstein，引述自 Alan Ebenstein, *Friedrich Hayek: A Biography* (St. Martin's Press, London, 2001), p. 75.

4 John Richard Hicks, *Money, Interest, and Wages, vol. 2 of Collective Essays on Economic Theory* (Harvard University Press, Cambridge, Mass., 1982), p. 3.

5 Theodore Draimin correspondence with Alan Ebenstein, August 2 1995，出自 Ebenstein, *Friedrich Hayek*, p. 75.

6 Ralph Arakie letter in the LSE archive, 出處同前，p. 74。

7 瓊斯（Aubrey Jones, 1911-2003），英國保守黨部長，一九六五年成為工黨政府下物價與所得委員會（Prices and Incomes Board）的主席，負責調節薪資和物價。

8 Joan Abse, ed., *My LSE* (Robson Books, London, 1977), p. 35.

9 F. A. Hayek, "Monetary Theory and the Trade Cycle," Ludwig von Mises Institute, September 27, 2008, http://mises.org/daily/3121.

英文版《貨幣理論和商業週期》的前言談論了近期發生的一些災難性事件。

海耶克首次以英文清晰闡述景氣低迷的原因，內容像在指責凱因斯一般。凱因斯相信聯準會提高利息造成的通貨緊縮加劇了金融亂象。海耶克承認凱因斯的批評有取可之處，卻認為他用來重振美國經濟的解藥是錯的。「當然，在目前的狀況下，通貨緊縮過程幾乎毫無疑問會持續下去，而且無限延續的通貨緊縮將造成難以估計的傷害。」海耶克寫道。「但無論如何，這未定表示通貨緊縮是當前難題的源頭，或者透過強迫增加貨幣流通量彌補通貨緊縮趨勢……就能克服這些難題。」他選擇的解決辦法源於一項錯誤前提。「我們沒有理由假設危機是源自貨幣主管機關蓄意的通貨緊縮手段，[10]也不該假設通縮本身絕非二手現象，亦即景氣繁榮時產業調整不良所引發的一個過程，」他寫道。「倘若通貨緊縮不是原因，而是產業利空的結果，盼望逆轉緊縮能重獲持久榮景便是徒勞。」[11]

他推論，景氣循環在人為粗糙的修補下已失去平衡，若要經濟復原，「生產階段」必須恢復。他提到，凱因斯的藥方已經應用在美國，情況卻是雪上加霜。「各國央行，尤其是美國，非但沒有採用通貨緊縮政策，反而以比過去更即時、更廣泛地的信貸擴張政策對抗蕭條——結果景氣蕭條持續的時間更長，變成歷史上最嚴重的一次，」海耶克寫道。

海耶克繼續強調政府介入只會惡化問題的論點。「以強迫信貸擴張對抗蕭條，猶如試圖以毒攻毒。」總之，他不認為恢復經濟健全可以抄捷徑，而且很確定政府干預只會延長危機。「最近六到八年來，全世界的貨幣政策一逕由穩健派主導。他們的影響已經造成太多傷害，是時候推翻他們了。穩健政策的反對者（像是他本人）仍……處於劣勢，因為他們沒有提出同樣簡單明瞭的規則；或許沒有任何規則能滿足熱切盼望以權威行動治癒一切毒害的人。可是……我們必須沉痛而清醒地認知一件事……對於我們刻意操作、試圖影響的那些力量，我們所知甚少；一旦知道得更多，難保我們還會想要嘗試影響它們。」[12]

一九三二年底，凱因斯和庇古在內的其他人，在《泰晤士報》發表關於應該消費而不該儲蓄的一封信。他們在寫給編輯的信（讀起來像是由凱因斯擬稿）中論稱，當商業信心低落、開支驟減，個人儲蓄並不會自動轉化成具生產力的投資。「相較於將勞動力運用在不同的、更重要的層面上，」凱因斯和同僚們認為，「（儲蓄）只會導致勞動力閒置。」他們總結道，「目前情況下的公共利益並不指向私人經濟；節制原本想用來消費的金額是不愛國的。」在一段無疑出自凱因斯的字句中，這位經濟學家建議，「倘使一個小鎮的居民想要蓋游泳池，或圖書館，或博物館，他們不會因為擱置這項建設而促進更高的國家利益。他們會成為『錯誤的烈士』，而且他們的殉難會同時傷害其他人和他們自己。在他們被誤導的好意的推波助瀾下，失業的巨浪將撲得更

10 不過，後來傅利曼主張是事實就是如此。

11 F. A. Hayek, *Monetary Theory and the Trade Cycle* (Jonathan Cape, London, 1933), p. 19.

12 同前，p. 23。

高。」[13]

兩天後，《泰晤士報》刊登海耶克、羅賓斯和其他倫敦政經學院同僚的回應。他們同意「不管是以現金或閒置餘額（idle balances）的形式，囤積貨幣等同於通貨緊縮」，而且「沒有人認為通貨緊縮本身是好事」，可是他們不認同貨幣的支出和投資毫無差異。「如果大眾根據報上觀點推論，在當前時機點購入現有證券和將錢存進房屋貸款抵押協會違背公共利益，或者賣出證券和將錢從房貸中撤離有助經濟復甦，我們認為，那幾乎等同於大災難。」他們寫道。「在我們看來，當前世界的許多麻煩是源於公家機關不明智的借貸和支出。」他們認為，「（這樣的行為）是以未來的國家預算為抵押，而且容易拉高利率……景氣蕭條充分顯示大規模公共債務為重新調整帶來的各種摩擦和阻礙，遠勝現存私人債務造成的各種摩擦和阻礙。」他們給政府的意見是，「不要再回頭走大肆支出的老路，而要廢止對商業和資本自由移動的種種限制（包括對新問題的規範），因為這些限制使復甦連萌芽都有困難。」[14]

一九三三年，海耶克的焦點從經濟理論移開，因為他發現「群眾真心相信國家社會主義（National Socialism，按：德語為Nationalsozialismus，簡稱Nazism，即納粹主義）是資本主義對社會主義的回應……我遇見的典型人物是貝弗里奇勳爵。他真心相信國家社會主義者和資本主義者正在對抗社會主義。因此我就這個主題寫了一份備忘錄[15]給貝弗里奇。」[16]他辯稱社會主義和納粹主義並非截然不同的相對立場，他們排除自由市場的行徑幾乎如出一轍，限縮了自由社會本該有的自由。

為有效推廣思想，海耶克以行動確保解釋價格對自由社會重要性的德文及其他語言重要作品，全數翻譯成英文出版。他相信價格反映個體所做的無數經濟判斷。他解釋說，「我認為，如果〔價格機制〕是刻意人為設計的結果，而且受價格變化引導的人了解其決定具備遠超越直接目的的重要性，這個機制簡直可被稱為人類思想最偉大的勝利之一。」[17] 一九三五年，他將關鍵文本集結成冊，成為《集體主義式經濟計畫：社會主義可能性批判研究》（*Collectivist Economic Planning: Critical Studies on the Possibilities of Socialism*），以米塞斯對社會主義計畫缺點的嚴厲批評為主軸——這篇名為〈社會主義聯邦的經濟計算〉（Economic Calculation in the Socialist Commonwealth）的文章，一九二〇年於奧地利首次出版。海耶克的結論文章詬病「市場社會主

---

13 D. H. Macgregor, A. C. Pigou, J. M. Keynes, Walter Layton, Arthur Salter, and J. C. Stamp, Letter to the Editor, *the Times* (London), October 17, 1932.

14 T. E. Gregory, F. A. von Hayek, Arnold Plant, and Lionel Robbins, Letter to the Editor, *the Times* (London), October 18, 1932.

15 Hayek Archive, Hoover Institution, Stanford, Calif., box 105, folder 10，備忘錄註記的日期是「一九三三年春天」（Spring 1933）。

16 Hayek, *Hayek on Hayek*, p. 102. 在此，海耶克標記的備忘錄年分是一九三九，但在 *Collected Works*, vol. 2: *The Road to Serfdom: Text and Documents, The Definitive Edition* (University of Chicago, Chicago, 1989), p. 5, 卡威爾相信海耶克弄錯了，這封信最可能寫於一九三三年的五月或六月。

17 F. A. Hayek, *Individualism and Economic Order* (University of Chicago Press, Chicago, 1948), p. 87.

義者」，他們相信自身有能力結合個體自由達成的價格和根據社會主義計畫者規畫需求所制訂的價格。

海耶克對一九三〇年代奧地利和德國傳來的新聞日感憂心。親訪維也納的經驗，以及德國僅存自由媒體對納粹暴力的圖像報導，一再加深他必須打敗納粹主義的信仰。有一群希望避免一九一九年柏林斯巴達克斯政變重演的反共產商業領袖和希特勒達成非正式約定，雙方的結合相當於建立一個社團主義國家（corporatist state），一切商業決定端看納粹的臉色。

隨著奧地利和德國傳來的消息愈來愈悲觀，海耶克逐漸避談自己的奧地利之根。在倫敦的前幾年，海耶克一家人在公共場合說英文，回家則說德文。時序進入三〇年代，第二次世界性戰爭的可能性再次浮現，他決定無論在何處都說英文，同時放棄任何回到奧地利故土生活的想法。「某種程度上，我變成了英國人，因為那對我來說是一個自然的態度，」他回憶道。「就好像踏進溫暖的公共浴池，浴池空氣剛好等於你的體溫。」[18]

與此同時，凱因斯對《通論》信心大增，認為此書可以徹底改變資本主義和社會主義之間的傳統政治分歧。社會主義理論家，譬如馬克思主義者，認定資本主義的發展必然出現危機。費邊社會主義者蕭伯納（George Bernard Shaw）相信，他們的混合經濟社會主義能夠拯救問題叢生的社會不落入絕對社會主義或共產主義之手。凱因斯相信，藉著為治療大規模失業問題的經濟干預提供知識辯護，他能極有效地改善許多狀況，無限期延遲外界預言的資本主義崩壞。一九三五年元旦，凱因斯致信蕭伯納，以他典型的惡作劇風格宣布，拜他即將出版的新書所賜，費邊社構思的未來藍圖不會發生了。

「我相信我正在撰寫一本經濟學理論作品，這本書將大舉顛覆——我想不會是一舉顛覆，而是在接下來十年中一步步顛覆——世界看待經濟學問題的方式。」他寫給蕭伯納。「我不期待你或任何人在現階段就相信。對於我說的話，我不僅僅是抱持希望——我內心更是篤定。」[19]凱因斯把一九三五年剩下的時間都用來修訂、改進《通論》，修潤出版社一次次送來的校樣。

《就業利息和貨幣通論》於一九三六年二月四日出版。由於凱因斯的成功宣傳，眾人爭搶此書，尤其是渴望炫耀自己熟知藏在這厚達四百頁新書中的新觀念的年輕經濟學家。為了將銷量和影響力推向巔峰，凱因斯訂定了很便宜的建議售價，一本才區區五先令。《通論》不是好讀易懂的作品。為擊退海耶克對《貨幣論》的批評，凱因斯嘗試整合了他經常使用的獨特經濟學術語和傳統經濟學家的術語。他廣納朋友和合作者的批評指教，同時試圖預期古典經濟學家會提出的反對看法。不過，儘管他盡可能深入淺出地闡明想法，一般讀者並不理解他的推論。他說明，「除非透過高度抽象的論說，否則我無法成功說服經濟學家以批判眼光重新檢視他們的特定基本假

---

18 Hayek, *Hayek on Hayek*, p. 100.

19 *Collected Writings*, vol. 13: *General Theory and After, Part 1*, p. 492.

設。」[20]

麻省理工學院經濟學家保羅・薩繆森（Paul Samuelson）[21]成了凱因斯的頭號傳福者，他總結《通論》的成就：「這書寫得極差，毫無條理，」他寫道。「傲慢、暴躁、好辯，而且表達謝意時不夠大方。充滿虛幻發現和混淆……靈光乍現點綴單調乏味的代數。憋腳的定義突然間讓位給難忘的曲終韻律。讀完後，我們發現書中的分析既顯而易見，同時相當新穎。簡言之，這是天才之作。」[22]堪稱凱因斯大祭司的約翰・肯尼斯・加爾布雷斯（John Kenneth Galbraith）[23]也認同。「不同於所有凱因斯的其他作品，這本書極為費解，如果它淺顯易懂，如果經濟學者們沒有群起辯論他的意思和企圖，這本書就不會有如此影響力。經濟學家容易受到晦澀和相關謎題的吸引。」[24]

凱因斯從頭到尾皆處於火力全開的戰鬥模式，宣稱他的通論瞄準了傳統經濟學。他舉目所及的前人淨是目標，不只有他親近的劍橋同僚庇古，甚至連他寬宏大度的良師、劍橋經濟學派祖師爺馬歇爾也成為目標。然而，凱因斯最享受大力抨擊他的奧地利學派頭號死敵，包括米塞斯、羅賓斯和海耶克。第一次讀定稿時，再三敦促凱因斯不要有情緒性攻擊的哈羅德，被書中對海耶克和他同陣營者的猛烈抨擊程度所驚嚇。

「他極力強調本書和傳統經濟學理論的差異，同時尋找傳統經濟學理論的弱點，」哈羅德說道。「比較明智的作法應該是強調自己的貢獻，然後讓外界決定既有學說有多少需要刪掉重寫，不是嗎？有些人覺得他是藉由批評備受尊敬的名家大師，享受一種惡作劇的愉悅感——或許他是。事實上，他這麼做是有目的的。這是出於從過去持續至今的挫折感，是一種刻意反擊，這份挫折感則是來自外界對他研究中創新成分的長期忽視。他認為，唯有吵得沸沸揚揚，事情才會有所進展。」[25]

凱因斯享受指出奧地利學派的錯誤，竭盡所能地踐踏對手，他指名道姓地說海耶克和羅賓斯等人根本不了解堅守「古典學派」的狹隘和眼界不足，而且還不是在正文而是在注釋中對他們的頑固嗤之以鼻，一副他只是打打無名蒼蠅的樣子。他認為海耶克等正統經濟學家完全沒有現實感。「古典理論可能只是代表了我們理想中希望經濟運作的方式，」他寫道。「假設事實如此，

20 J. M. Keynes, *The General Theory of Employment, Interest and Money*, English edition (Macmillan, London, 1936), preface.
21 薩繆森（Paul Anthony Samuelson, 1915-2009），麻省理工學院經濟學教授，重要後凱因斯主義者。一九七〇年成為第一位獲得諾貝爾經濟學獎的美國人。薩繆森撰著有史上最暢銷的經濟學教科書*Economics: An Introductory Analysis* (McGraw-Hill, New York, 1948)，並且曾經擔任甘迺迪和詹森總統的顧問。
22 Paul A. Samuelson, *The Collected Scientific Papers of Paul A. Samuelson*, ed. Joseph E. Stiglitz, vol. 2 (MIT Press, Cambridge, Mass., 1966), p. 1521.
23 加爾布雷斯（John Kenneth Galbraith, 1908-2006），加拿大出生的哈佛經濟學家，是甘迺迪的重要顧問。
24 John Kenneth Galbraith, "General Keynes," *New York Review of Books*, November 22, 1983.
25 Harrod, *Life of John Maynard Keynes*, p. 451.

等於是用假設抹去我們的難題。」[26]

「古典理論假設中特殊案例的特質，不是我們真實生活裡經濟社會的特質，」他寫道，「如果我們試圖將它應用到真實經驗，將導致誤入歧途和災難。」[27]凱因斯認為，古典經濟學家心照不宣地責怪失業者是困境的來源。「一名古典經濟學家可能會同情拒絕接受減薪的工人，同時他會承認藉由〔減薪〕回應那些暫時的情況可能不是明智的選擇；但科學道德迫使他宣稱，拒絕減薪終究是麻煩的根源。」[28]凱因斯進一步論證，他相信加薪的需求可能是導致失業的因素之一，但絕非失業問題的主因，儘管古典經濟學家長久以來一律如此主張。

凱因斯否定最受歡迎的經濟學法則之一，即主張供給可以創造自己的需求的薩伊定律（Say's law）。[29]此概念「依然是整體古典理論的基礎，沒有這個基礎，古典理論就崩毀了……當代思想仍然深深浸淫在這個概念中，認為群眾無論如何都會找到花錢的方式」，[30]他認為這又導致另一個古典學派的錯誤觀念，也就是「個人的儲蓄行為一定會帶來並行的投資行為」。[31]否定薩伊定律是《通論》新思維的核心，推翻薩伊定律才能談論「流動性偏好」（liquidity preference）概念，這是凱因斯對儲蓄沒有自動轉化成投資的解釋。凱因斯認為古典學派經濟學家評估貨幣成本（或稱之為利率）組成的方法有所不足。雖然他一度持類似觀點，他卻形容這是「一套胡鬧的理論」。[32]對古典經濟學家而言，利率取決於儲蓄和投資之間的關係：太多人儲蓄，則利率降，以鼓勵他們投資生意，取得最大獲利；太少人儲蓄，則利率升，以吸引更多儲蓄者。

凱因斯探索儲蓄者的動機，且獲得相當不一樣的結論。他相信儲蓄者為了充分利用瞬息萬變的環境，往往偏好以「流動的」形式（如現金）保有積蓄，而不傾向將錢存放在銀行或拿去投資股票。流動性偏好的概念顛覆世人對儲蓄和投資的傳統認知，因為一旦儲蓄者相信等待會有更好的報酬，他就會以現金或珠寶黃金的形式保有身家財產。凱因斯看到了清楚的後果。流動性偏好促使利率訂得過高，因為若想讓儲蓄者交出手中財富，銀行得提供一份附加津貼。

凱因斯認為，流動性偏好否定了古典經濟學認為儲蓄（勝過消費）乃一美德的「常識」概念。「儘管大眾普遍認為，對有效需求而言，個人儲蓄和個人消費的行為一樣好，這個荒謬的想法」是個謬誤，他寫道。「這是最難從人們腦裡移除的謬誤。它來自相信擁有財富的人渴望的是資本資產本身，但實際上他真正渴望的是資本資產的預期收益。」[33]

26 J. M. Keynes, *The General Theory of Employment, Interest and Money* (Macmillan, 1936; facsimile reprinted by Harcourt, Orlando, Fla.), p. 34.
27 同前，p. 3。
28 同前，p. 16。
29 套用貫穿一九八九年電影《夢幻成真》劇情的哲言來說明就是，「只要你蓋好，他們就會來。」
30 Keynes, *General Theory* (Macmillan, 1936; facsimile reprinted by Harcourt, Orlando, Fla.), p. 19.
31 同前，p. 21。
32 同前，p. 179。
33 同前，p. 211。

凱因斯介紹了其他新概念，其中包括乘數。每花掉一英鎊，創造的價值不止一英鎊，因為這筆錢會在經濟系統內不斷被使用。非經濟學者認為，用貸款資助公共工程是揮霍、不負責任且浪費的行為，為了說服這些人，他放棄一般的嚴肅取徑，設想了一個足以發揮功效的荒謬工程項目，以證明就連明顯「揮霍浪費」的計畫都能治療長期失業問題，並且自己為工程本身買單。「如果財政部用鈔票塞滿舊瓶子，挖適當的深度埋進廢棄煤礦坑，然後用鎮上的垃圾把洞填平，留給遵循自由市場原則的私人企業去挖掘，讓鈔票重見天日，」他寫道，「如此就不再有失業，憑著這股反彈力道，社會的真實收入及其資本財富可能都會變得比它本身的價值更高。把錢用來蓋房子或做其他建設確實比較明智；但如果有政治上或實際的困難阻礙建設，上述作法比什麼都不做更好。」[34]為強調一般經濟學常識認知和經濟學在實際生活中運作的差別，他又提了一次不祥的結論「就像戰爭是政治家認為唯一合理的大規模貸款支出形式，開採金礦是在地上挖洞唯一的藉口，因為那是銀行家眼中健全的資金來源」。[35]

我們知道海耶克在後來的著作中談及國家干預經濟對自由的危害，凱因斯在此也提出關鍵議題，亦即政府為實現充分就業擴充其職能對個人自由造成的一些問題。「確保充分就業必須施行的中央控制當然涉及政府傳統職能之擴張，」他寫道。「而且，現代古典理論本身也提出自由的經濟力量可能需要被限縮或導引的許多情況。」[36]他後來承認「〔《通論》〕標榜的整體產出理論，比在特定自由競爭和大規模放任體制下固定產出之生產和分配理論，更容易滿足極權國家崛起所需的條件。」[37]然而凱因斯對人性抱持樂觀態度，不相信專制主義是他理論的必然結果，也不認為他的改革將催生令人毛骨悚然的暴政，也就是海耶克所謂的「奴役制度」。

凱因斯相信一個人人都有工作的繁榮社會，是保障思想和行動自主最穩當的方式，而思想和行動自主是他心目中真民主的保證。「私人主動性和職責還是有廣泛的行使領域，」他寫道。「在這個領域中，個人主義的傳統優勢依然完好無缺。」[38]而且他認為「個人主義一旦排除其缺陷和濫用，便成為個人自由最完美的保護措施，因為和其他任何體系相比，它大大地擴展了行使個人選擇的領域」。[39]凱因斯無意為悲慘的未來帶路，不樂見個人自由迷失在一片混亂的國家法規制度中。他的藥方是順水推舟的巧妙助力，希望創造繁榮且良性競爭的社會。他的傳記作者史紀德斯基形容，「他給人們希望，他認為治療失業無須動用集中營。」[40]

---

34 同前，p. 129。

35 同前，p. 130。

36 同前，p. 379。

37 J. M. Keynes, *General Theory*, German edition (Duncker & Humblot, Berlin, 1936), preface.

38 Keynes, *General Theory* (Macmillan, 1936), p. 379.

39 同前，p. 380。

40 Interview of Robert Skidelsky, July 18, 2000, for *Commanding Heights: The Battle for the World Economy*, PBS, http://www.pbs.org/wgbh/commandingheights/shared/minitext/int_robertskidelsky.html.

凱因斯主張古典理論仍然扮演重要角色、遞出橄欖枝的同時，已預見海耶克會提出對遠離自由市場後果的悲觀評估。「我們對世人普遍接受的經濟學古典理論的批評，不在於找出它分析中的邏輯缺陷，而是指出它心照不宣的假設鮮少、甚或從未發生，結果就是它無法解決真實世界的經濟問題，」他寫道。創造充分就業的手段，並不意味帶來一個社會主義的，或半社會主義的，或社會民主主義的國家。「倘若〔政府引領投資成功〕確立一個在實務上近乎充分就業的總體生產量，則古典理論又可再次獨立運作，」他寫道。「除了調整消費傾向和投資誘因之間關係所需的中央控制，現在比起過去更沒有理由對經濟生活行社會主義化。」[41] 凱因斯論稱，一旦達到充分就業，古典學派確信的許多事將再次復原。

《通論》是邀請海耶克及其志同道合者提出回應的含蓄邀請函。凱因斯多次在書中指名道姓地嘲弄海耶克。「當海耶克教授推論儲蓄和投資概念也受制於相應的模糊性，」他寫道，「如果他是指淨儲蓄和淨投資，那他就是對的。」[42] 他語帶輕蔑地稱海耶克對「強迫儲蓄」學說的解釋「有趣」（interesting）[43]——英國人使用有趣一詞總是言不由衷。不過整體而言，為了避免海耶克又像評論《貨幣論》時反覆陷入雞蛋裡挑骨頭的定義之爭，凱因斯在《通論》裡用一整章的篇幅定義經濟學概念，像是「儲蓄」、「強迫儲蓄」和「投資」，如此一來，若有人想挑戰他的中心主旨——增加總體需求才是充分就業的關鍵——就不會遇到語義上的重重阻礙。

凱因斯亦回應了海耶克的擔憂，亦即海耶克評論《貨幣論》後兩人在迂迴通信中最關心的閒置廠房替換問題。他挑明質疑海耶克在倫敦政經學院有關「生產階段」和「迂迴」生產方法演講中幾個因素的有效性。凱因斯顯然衝著海耶克寫道，「某些冗長或迂迴過程實際上是有效率的，這點千真萬確。但某些短暫的過程也同樣有效率。冗長過程的實際效用不是來自時效的長度。部分——或許應該是絕大部分——冗長過程實際上是非常沒有效率的，因為伴隨時間流逝而衍生的是破壞和浪費。在勞動力固定的前提下，體現在迂迴過程中且能夠創造有利條件的勞動量是有明確限度的。」[44]

凱因斯撰寫《通論》的主要目的是改變經濟學家思考經濟運作的方式，並透過經濟學家說服決策者採用足以提高總體需求的措施。然而，同樣重要的次要目的是挑釁海耶克和其他人對其想法提出反駁。唯有古典經濟學被證明是錯誤的，凱因斯的想法才能夠紮根發芽，因此自認已預料到所有反對觀點的凱因斯迫不及待想聽聽來自古典經濟學者的駁斥。海耶克曾立志肩負起對抗凱因斯源源不絕新觀點的艱鉅任務，如今唯有挺身回應才不致辜負期望。

為什麼藉由提高總體需求促進就業是不恰當的？凱因斯和卡恩主張的乘數運作在哪方面有問

---

41 Keynes, *General Theory* (Macmillan, 1936), p. 378.
42 同前，p. 60。
43 同前，p. 80。
44 同前，p. 214。

題？為什麼流動性偏好不會動搖利息訂定的古典解釋？倘若《通論》從上到下都充滿誤解、誤導假設、假邏輯，以及不適當的、欺騙的跳躍想像，此刻絕對是海耶克把凱因斯論點大卸八塊的時機，否則它們就會站穩腳步了。

答案始終沒有出現。海耶克保持靜默。在應該站出來和凱因斯一決勝負的時刻，海耶克愣住了。幾個星期過去，凱因斯預期的回擊砲火始終不見蹤影。海耶克的人生目標、羅賓斯將他從維也納召喚到倫敦政經學院的唯一理由、貝弗里奇見機任命他為倫敦政經學院教員的關鍵因素，似乎盡皆化為泡影。凱因斯的大作沒有遭遇任何批評。儘管英國和歐陸古典經濟學家引頸期盼，海耶克的回應卻如同呵欠般無聲無息。

第十一章　凱因斯席捲美國

小羅斯福總統和年輕的新政經濟學家：一九三六

一九三六年二月《通論》出版，凱因斯開了日後被稱作凱因斯革命的第一槍。他在書中開宗明義的第一句宣稱，「本書主要是寫給我的經濟學者同僚，」等於承認十年來說服政治人物和公僕聽從他以公共工程減少失業人口的遊說成效不彰。然而，在美國，胡佛政府以及小羅斯福政府已悄然展開零星的小規模公共建設計畫，以紓解大蕭條時期龐大的失業損失。

兩位總統的結論相似：我們必須做些什麼，選民期待政府有作為，與其被視為無所作為，試著做些什麼總是好的。「〔小羅斯福〕試圖提供大量工作機會，因為人民找不到工作，同時他極力透過稅收盡可能負擔創造就業的成本，」哈羅德解釋道。「一旦出現赤字，的確很遺憾；留待之後補救。」[1]凱因斯用《通論》的論點為這些舉措提供知識辯護。因此他的主要讀者是英、美

---

[1] Harrod, *Life of John Maynard Keynes*, p. 448.

大學追求理想主義的年輕一代經濟學者，這些人渴望能夠幫助大蕭條的受害者。

自一九二〇年代起，凱因斯在美國人眼中是名極力尋求現實解藥的經濟學家，從不埋首於深奧費解的理論堆中。誠如在英國，他躍上美國舞臺也是因為一戰後所寫的《和平的經濟後果》，此文的出版恰逢威爾遜總統極力勸說參議院通過《凡爾賽條約》。社會對《凡爾賽條約》議論紛紛，因為它使美國首次與一個世界性政府，也就是國際聯盟，綁在一起。國際聯盟是威爾遜總統提出的建議。儘管凱因斯贊同威爾遜在巴黎的和平目的，他無法不譴責美國總統作威作福的舉止，以及對戰敗國加諸嚴苛賠償的背書支持。凱因斯在《和平的經濟後果》中對威爾遜偽善的精采描述，獲得美國新聞媒體熱烈採用，他們乘機借用非難大師的尖銳語言詆毀在國內飽受指責的總統。

凱因斯先把威爾遜高高捧起，再重重摔下。「威爾遜總統離開華府時享有崇高聲譽，並且對全世界有相當程度的道德影響力，」他說。「歐洲各大首都市民對總統的儀態讚譽有加！帶著好奇、焦慮和希望，我們爭相目睹西方命運之子的神采，他將為孕育他所屬文明的古老先祖治癒傷口。」[2]然而，和平使者威爾遜的道德顯得僵固、官僚且冰冷，屈服於協約國的復仇吶喊。「眾人徹底幻滅，」凱因斯寫道，「過去信賴他的那些人幾乎不敢開口直言……總統怎麼了？是什麼樣的弱點或不幸，導致如此驚人且出乎意料的背叛？」[3]凱因斯道出許多美國人已然發現的事實，也就是總統「獨來獨往且冷漠」，同時「意志堅強又執拗」。最重要的是，他「不是英雄或先知；他也稱不上是哲學家；他不過想當個慷慨大度的人，卻擁有和其他人一樣的許多弱點。」[4]

凱因斯利用近距離觀察的印象擴大他對威爾遜縝密抨擊的效果。「他的臉龐和五官特徵都精雕細琢，和照片上一模一樣，頸部肌肉和面部儀態引人注目，」凱因斯寫道。不久，凱因斯竟發現「他不僅對外在的周遭事物漠不關心，他甚至對整個環境絲毫不敏感」。目睹威爾遜置身狡詐政治家如英相勞合．喬治和法國總理克萊蒙梭之間，就好像目睹這位總統「玩吹牛唬人遊戲」。「在踏進小房間的人之中，他是最完美的、命中注定的受害者，」凱因斯描寫道，他在巴黎和會的見聞加深美國大眾對「舊歐洲」背信忘義的本性，證實美國過去長時間和戰爭保持距離是正確的決定，未來也應當和剛誕生的國際聯盟保持安全距離。「這又瞎又聾的唐吉軻德」威爾遜，凱因斯寫道，「走進了一個大洞穴，洞穴裡，對手握著的刀鋒芒逼人。」[5]

凱因斯評斷，由於威爾遜未能阻止加諸於戰敗國的報復性賠償，形同破壞為「終止一切戰爭之戰爭」劃下正義結局的高尚訴求，很可能促使另一場災難性戰爭在不久的將來爆發，因此他絕對不是出手相助的白馬騎士。預言未久即應驗了。待《通論》出版之際，希特勒已成為德國總

---

2 Keynes, *Economic Consequences of the Peace*, p. 84.
3 同前，p. 85。
4 同前。
5 同前，p. 41。

理，他的法西斯戰友墨索里尼在義大利也意氣風發，這兩個極端主義者皆獲益於懲罰性凡爾賽協議創造的悲慘經濟條件。對許多美國人而言，凱因斯是神智清明的預言家，他清晰勾勒出真實世界即將踏進的噩夢。

凱因斯對威爾遜的看法使美國人注意到他，但隨即發現他的非正統經濟學思想同樣強硬。凱因斯一九三一年短暫訪美期間，在政治領袖和學術圈獲得熱烈歡迎，顯示他激進的經濟學解藥已跨越國界傳播到英國之外。透過將寫給倫敦各大媒體的文章同步在美國披露，刊登在《浮華世界》（*Vanity Fair*）[6]等這類令人意想不到的媒體，凱因斯以頗具娛樂性的語句激發熱烈辯論，儼然成為名人經濟學家。

一九二九年，股市崩盤以及隨之而來的大蕭條為凱因斯式觀點提供肥沃土壤。打從進駐白宮起，小羅斯福便鼓勵政府團隊嘗試用不同方法紓解大蕭條造成的苦難，計畫取名為「新政」（New Deal）。[7]投資潰堤，自股市崩盤後銳減百分之九十，導致一千三百萬美國人失業，也就是每四名成人就有一人失業。實際情況比數據顯示的更為糟糕，因為有限的測量方法嚴重低估了災難的波及程度。若不包含農場工人，失業率超過百分之三十七。在俄亥俄州托雷多（Toledo），近五分之四的人口沒有工作。[8]新政府被眼前的困境壓得喘不過氣。如小亞瑟．M．史列辛格（Arthur M. Schlesinger Jr.）[9]所言，「由於負擔愈來愈沉重，提供失業者庇護和溫飽的機構正逐漸停擺……避免暴力乃至革命（至少有些人如此認為）成了重點。」[10]

正是在這一片混亂局面中，凱因斯向新總統提出他的建議。他首先在一九三三年初寄給小羅斯福一份《通往繁榮之路》副本，文章包含一些想法的雛形，後來則透過《通論》提出更具體的說明；接著他在一九三三年十二月三十一日刊登於《紐約時報》的一封公開信中，直接對小羅斯福建言。提議凱因斯寫信的是哈佛大學行政法教授費利克斯．弗蘭克福特（Felix Frankfurter）[11]，他是小羅斯福「智庫」的領袖，也是小羅斯福最親近的政治友人。凱因斯和弗蘭克福特初次見面是在巴黎和會上，這名美國人當時正提倡猶太復國運動。一九三三至三四年秋冬，弗蘭克福特前往牛津大學的萬靈學院（All Souls College）擔任客座學者，他告訴凱因斯，敦促小羅斯福拿出更多公共資金紓緩失業是輕而易舉就能達成的任務。「你要知道……我所掌握的美國消息指出，參議院普遍支持大幅增加公共建設。」弗蘭克福特寫道。「我認為總統樂於採納。我寫信給你，因為我相信，倘若你動筆傳達獨立的論點和判斷，將大幅加速目前運作中的動

---

6 J. M. Keynes, "The Consequences of the Banks Collapse of Money," *Vanity Fair*, January 1932.

7 小羅斯福在接受一九三二年總統提名時創造的新詞，他承諾「給美國人民一個新政」。

8 Jonathan Alter, *The Defining Moment: FDR's Hundred Days and the Triumph of Hope* (Simon & Schuster, New York, 2006), p. 2.

9 史列辛格（Arthur M. Schlesinger Jr., 1917-2007），自由派美國史學家，是甘迺迪家族的官方史家。他的《甘迺迪在白宮的一千天》（*A Thousand Days*, 1968）(1968) 理想化了甘迺迪的短暫治理。

10 Arthur M. Schlesinger Jr., *The Coming of the New Deal* (Mariner Books, New York, 2003), p. 3.

11 弗蘭克福特（Felix Frankfurter, 1882-1965），美國最高法院法官。

力。」[12]為確保凱因斯的貢獻不致因為過於唐突而顯得莽撞，弗蘭克福特先把新書打樣寄給了總統。[13]

凱因斯先是對小羅斯福美言了幾句。「透過理性實驗，您已成為各國試圖修補眼前困境者的受託人，」他寫道。「倘若您失敗了，將大不利於理性變革在全世界的拓展，正統和革命勢必展開生死鬥。但若您實驗有成，世界各地將不約而同嘗試新的、更大膽的措施。」鞠躬致敬完畢後，凱因斯稱小羅斯福總統的《全國產業復興法》（National Industrial Recovery Act）是好壞參半的重大改革。該法案於一九三三年六月通過，在眾多允許事項中包括私人壟斷、價格操作，同時成立公共工程管理局（Public Works Administration）執行公共工程計畫。《全國產業復興法》「本質上是一種改革，而且可能有礙復興，」凱因斯寫道，「內容傳達過於草率，偽裝成某種復興的措施。」

他讚揚總統以政策刻意提高價格，幫助填滿農民及其他生產者的口袋，但他同時警告，「一旦提高價格，犧牲的是產量，並無可取之處」。凱因斯說「提高總體購買力刺激產出才是正確提高價格的方法；而不是本末倒置」。他重申以貸款資助公共工程是好的政策。「我極力強調，國家購買力提升應該源自透過貸款的政府支出，而不是對現有收入課稅，」他寫道。「景氣蓬勃時，支撐躍躍欲試的狂熱商業投機者的無限制信貸可能帶來通貨膨脹。反觀景氣低潮時，政府貸款支出是唯一能快速提高產量與價格的可靠手段。」在一句日後證明極為不祥的評論中，他表示，「這就是戰爭總是帶來活躍產業活動的原因。過去，在正統財政專家心目中，戰爭是以政府支出創造就業的唯一合理藉口。」

在呼籲政府多推動公共工程的同時，凱因斯亦對總統的困境大表同情。英國人已經發現，要找到公共資金可有效投資且立即創造效益的工程項目並不容易。小羅斯福屬意的水力發電大壩、新高速公路與國家公園具是耗時的工程，投入的資金要待數月甚或數年才能見效。「截至目前為止的支出微乎其微，這點我毫不意外，」凱因斯寫道。「我們的經驗顯示，短期內創造有用的貸款支出非常困難。若要避免浪費、空轉和貪腐，有許多需要耐心克服的障礙。」然而他力勸總統堅持下去，繼續以大規模公共支出刺激需求，帶領國家再造經濟榮景。他駁斥增加貨幣供應以提高需求的主張，稱之為「就像為增重而買大一號的皮帶。以美國的現況而言，您的皮帶已經比腰圍寬多了」。

凱因斯也同情小羅斯福將美元和金本位制鬆綁，導致美元逐漸貶值，於是他美言總統幾句，讓自己不至於顯得太過嚴厲。「就整體以及施政態度而言，我認為您是世界上最具同情心的統治者，」他寫道。凱因斯以直接且務實的建議總結。他提倡「便宜、大量的信貸，尤其是長期利率

---

12 Skidelsky, *John Maynard Keynes*, vol. 2: *Economist as Savior*, p. 492.

13 Letter from Frankfurter to Roosevelt, December 6, 1933, in Max Freedman, ed., *Roosevelt and Frankfurter: Their Correspondence, 1928-1945* (Atlantic-Little, Brown, Boston, 1976), p. 177.

的調降」。然後再次要求增加公共支出，而且愈快愈好。「能迅速大規模發酵的〔公共工程項目〕應該優先建設……如果在接下來半年內全力推動，美國即將擁抱繁榮。」[14]

小羅斯福並未直接回應凱因斯在經濟學辯論的貢獻，但他寫信給弗蘭克福特，「請告訴教授[15]〔凱因斯〕，關於公共工程，我們將在下個財政年度花將近這個財年兩倍的金額，可惜政府貸款有實際限制——尤其是當許多主要城市的銀行採取被動抵抗。」[16]在弗蘭克福特的建議下，總統在隔年同意會見凱因斯。「他真心在乎您的施政，而且大概是新政在英國唯一的有力支持者，」弗蘭克福特寫信告知總統。「他不僅在經濟學領域發言有分量。身為一間重要保險公司的總裁，[17]他在城裡〔倫敦金融圈〕也有偌大的影響力……因此我認為讓他獲知政府施政和目標的第一手消息實有加倍重要性。在他停留紐約期間，很多人會想盡辦法對他下迷湯。」[18]小羅斯福很高興即將會見凱因斯，於是寫信給他的私人助理說，「我想要見他，然後和他單獨喝杯茶。」不過，小羅斯福想談的不僅僅是經濟。他補充道，「等你聯絡上凱因斯，請他帶太太一起來。」[19]

一九三四年五月，在沒有莉迪亞陪同下，凱因斯前往紐約接受哥倫比亞大學的榮譽學位，並透過弗蘭克福特的介紹信，和新政支持者、商業領袖及總統智庫成員等各方人馬見面。凱因斯迫不及待想從內部了解美國經濟的發展，但好爭辯的個性使他忍不住在銀行家與商業人士面前，出言駁斥他們保守無知的態度。只是辯論其實使他相當疲累。他告訴莉迪亞，他發現「整天和一群討厭鬼說明自己的想法，實在很難保持在個人最佳狀態」。[20]

五月二十八日星期一，凱因斯從華盛頓的五月花飯店（Mayflower Hotel）前往白宮，傍晚五點十五分，他大步踏進橢圓形辦公室（Oval Office，按：美國總統的正式辦公室）和坐在輪椅上的總統握手。兩人談話歷時約一個小時。誠如他曾經從手評斷威爾遜的性格，凱因斯相信小羅斯福的手亦透露出許多訊息。「很自然的，我的注意力集中在他的手上，」他回憶道。「堅定而且非常有力，不聰明，也不太圓滑，短而圓整的指甲和商人一樣。我畫不好，這雙手（在我眼中）並不突出，卻也不尋常。它們有種異樣的熟悉感。我曾經在哪看過？我至少花了十分鐘在記憶裡尋找，卻想不起來，也完全不知道自己張口閉口講了什麼白銀、平衡支出與公共工程的內容。最

---

14 Keynes's open letter in full, in Freedman, *Roosevelt and Frankfurter*, pp. 178-183.

15 此處教授（professor）僅是美國大專院校老師的意思。凱因斯從未成為英國大學制度中的「首席教授」（professor）。一九三〇年，他對一位電影人員說，「不要在字幕上打上professor。我不想要接受首席教授之名，但拿不到首席教授的薪水。」引述自Milo Keynes, ed., *Essays on John Maynard Keynes* (Cambridge University Press, Cambridge, U.K., 1975), p. 249, footnote.

16 Letter from Roosevelt to Frankfurter, December 22, 1933, in Freedman, *Roosevelt and Frankfurter*, pp. 183-184.

17 在福克和傑佛瑞・馬克司（Geoffrey Marks）的鼓勵下，凱因斯在一九一九年成為倫敦國民互助人壽保險公司（National Mutual Life Assurance Society）董事會的一員，並於兩年後擔任董事長，直到一九三八年。一九二三年，凱因斯還加入了地方保險公司（Provincial Insurance Company）的董事會，主導投資政策，並且一直在任直到去世為止。

18 Letter from Frankfurter to Roosevelt, May 7, 1934, in Freedman, *Roosevelt and Frankfurter*, p. 213.

19 Note from Roosevelt to Miss LeHand，出處同前，p. 215.

20 Skidelsky, *John Maynard Keynes*, vol. 2: *Economist as Savior*, p. 505.

終我想起來了。是〔前英國外交大臣〕愛德華・格雷爵士（Sir Edward Grey）。」[21]

凱因斯覺得比起在哈佛大學歷史系習得的差勁藝術知識，小羅斯福總統對經濟學的掌握反而更有深度。小羅斯福曾在選舉上宣布，他贊成「健全貨幣」，當有人請他加以說明意含時，他回應，「我無意對此發表長篇大論。」[22]在會談中，凱因斯從技術面解釋卡恩的乘數何以能夠確保公共工程貸款成為一種投資，而不是一項支出，而且公共工程很快就能透過新就業人口的賦稅收入自付成本。但凱因斯對小羅斯福說的話，絕大部分都只是漂過他的腦袋罷了。

離開白宮後，凱因斯拜訪了小羅斯福的勞工部長弗朗西絲・珀金斯（Frances Perkins）。「凱因斯再三表達對小羅斯福採取各種行動的敬佩，」她回憶說，「卻也謹慎地說，他本來『以為總統對經濟會更精通。』」[23]據珀金斯表示，凱因斯對小羅斯福「大談崇高的經濟學理論」，但對她解釋乘數時，凱因斯捨棄好高騖遠的理論，改以更日常的例子說明「政府花在紓困的每一美元，都會以支付供應款項的方式進到雜貨商的口袋，然後雜貨商再給批發商，批發商再給農民。在紓困或公共工程或其他任何方面支出一美元，等同創造價值四美元的國家收入」。[24]對不斷要求總統施政必須更大膽的珀金斯而言，凱因斯和總統的會面似乎沒有擊中要點。「我真希望他和小羅斯福談話時能說明得具體一點，而不是把他當作聽得懂艱澀經濟學知識的人，」[25]她寫道。不久後，小羅斯福對珀金斯說，凱因斯的大部分談話他還是沒搞懂，他說：「我見了妳的朋友凱因斯他叨叨絮絮說了一堆數字。他肯定是名數學家，不是政治經濟學家。」[26]儘管如此，凱因斯坦承他覺得和總統的會面「迷人且富有啟發性」，[27]而小羅斯福則對弗蘭克福特說，「我和凱因斯相談甚歡，我非常喜歡他。」[28]

小羅斯福或許沒能掌握凱因斯話中要旨，但是他張開雙手歡迎世上最活躍的自由放任和自由市場反對者參與新政這事性，都被蜂擁至華盛頓、一心想要拯救世界的年輕經濟學者大軍看在眼裡。小羅斯福的保守派反對軍團也看出總統接待凱因斯的重大涵義，他們認為，總統落入一名危險外國人的控制，而這個人對自由市場的看法，就定義上來看，是非常不美國的。

凱因斯和小羅斯福短暫會面的實際成果並不明確。儘管如此，政府擴大經濟干預很快被歸功於凱因斯給小羅斯福的建議。「我不確定你是否了解那封（登在《紐約時報》的）信造成多大的影響，」專欄作家李普曼致信凱因斯，「但我聽說財政部如今正低調卻又積極尋求購買長期國家

21 Harrod, *Life of John Maynard Keynes*, p. 20.
22 Herbert Stein, *On the Other Hand—Essays on Economics, Economists, and Politics* (AE I Press, Washington, D.C., 1995), p. 85.
23 Frances Perkins, *The Roosevelt I Knew* (Viking Press, New York, 1946), p. 226.
24 同前。
25 同前。
26 同前，p. 225。
27 Letter from Frankfurter to Roosevelt, in Freedman, *Roosevelt and Frankfurter*, p. 222.
28 Letter from Roosevelt to Frankfurter，出處同前。

債券，創造強壯的債券市場，降低長期利率，主要是因為那封信，」[29]不久前才轉而信奉凱因斯思想的李普曼，於一九三四年告訴一群哈佛學者「自由放任已死，現代國家得為現代經濟負起責任」。[30]

雖然凱因斯主義不是小羅斯福第一任任期內的官方政策，大筆稅款仍被用於幫助失業者重返職場。總統指派兩名最親近的助手從事同一個任務，展現他模稜兩可的管理風格。內政部長哈洛德．埃克斯（Harold Ickes）負責監督各種公共工程計畫，包括公共工程管理局和平民保育團（Civilian Conservation Corps），將大約二十五萬人投入「具社會生產性的工作」。同一時間，小羅斯福的密友哈里．霍普金斯（Harry Hopkins）主管土木工程管理局（Civil Work Administration，負責創造四百萬新工作機會的緊急紓困單位），他對埃克斯主管計畫的步調有很多意見。「我看看，」小羅斯福告訴霍普金斯。「四百萬人——也就是約四億美元。」[31]在執行這些措施的影響下，公部門預算赤字激增，在小羅斯福上任第一年達到六十億美元。管理及預算局（Office of Management and Budget）局長劉易士．道格拉斯（Lewis Douglas）眼見這數字驚慌不已，竟辭去職務，不願監督這筆顯然一場糊塗的會計帳。小羅斯福也竭力控制赤字，並在一九三四年四月指示霍普金斯放棄土木工程管理局最具野心的事業，斷然終止橋梁和公共建築的建設。

凱因斯對新政的成就態度保留，並渴望熱情仰慕者能夠確實掌握他的思想。停留美國期間，他對願意傾耳聆聽的人重申，唯有景氣循環來到谷底，政府出資援助紓緩失業才是適當的，當一個經濟體已經復原，繼續挹注資金進入系統中是不恰當的。「唯有在過渡到社會主義的狀況下，政府支出才被期待年年扮演主導角色，」[32]這麼他告訴國家復興總局（National Recovery Administration）的首席統計學者、新政先鋒維克特・馮・賽利斯基（Victor von Szeliski）。回到紐約後，凱因斯不厭其煩地指出當經濟達到充分就業、國家卻繼續資助需求可能帶來的種種後果。「當勞動力和社會資本設備皆獲得充分利用，進一步提高有效需求不會帶來任何效果，只會導致價格無限制地徒增。」[33]

凱恩斯在這次短暫美國行中清楚看見，華府老一輩的經濟學護衛正迅速被野心勃勃、致力於激進變革的年輕世代經濟學者取代。凱因斯對弗蘭克福特說，「世界的經濟學實驗室在這裡，不在莫斯科。這群投入實驗的年輕人表現出色，他們的能力、知識和智慧令我驚豔。世界各地到處是該被扔出窗外的古典經濟學者——但在這裡，他們幾乎全被扔掉了。」[34]最著名的年輕凱因

29 Letter from Lippmann to Keynes, April 17, 1934，引述自 Harrod, *Life of John Maynard Keynes*, p. 450.

30 Ronald Steel, *Walter Lippmann and the American Century* (Bodley Head, London, 1981), p 308.

31 Ted Morgan, *FDR: A Biography* (Simon & Schuster, New York, 1985), p. 409.

32 Skidelsky, John Maynard Keynes , vol. 2: The Economist as Saviour , p. 508.

33 J. M. Keynes, Speech to the American Political Economy Club，引述自 *Collected Writings* , vol. 13: *General Theory and After, Part 1*, p. 462.

34 William Rogers Louis, *Adventures with Britannia: Personalities, Politics, and Culture in Britain* (I. B. Tauris, London, 1997), p.

斯主義者加爾布雷斯總結了凱因斯對年輕美國經濟學者的啟發。「雖然年輕、無足輕重，但跟隨大師讓我們備感自己比摩根大通（Morgan's Chase）、國民城市銀行（National City）和紐約聯準會的大人物更高等，」[35]他如此宣稱。加爾布雷斯極度崇拜凱因斯，他甚至趁一九三七年度蜜月時，帶年輕妻子凱蒂（Kitty）從美國麻州劍橋到英國劍橋去見心目中的偉人。[36]加爾布雷斯的蜜月散發著一種類宗教朝聖的味道，反映了年輕人對凱因斯的神化。「我決心要去聖殿一趟，」[37]加爾布雷斯回憶道。

小羅斯福新政的規畫者並非全是年輕人。根據商場親身經驗得到和凱因斯同樣結論的人所在多有。沒人敢說來自猶他州的摩門教銀行大亨馬里納．埃克爾斯（Marriner Eccles）[38]是容易上當的人或天真的理想主義者。他是頑固精明的前共和黨人，旗下第一證券公司擁有二十六家銀行，還擁有美國規模最大的甜菜糖生產、連鎖乳製品企業、木材公司等其他產業。個人的商業認知使他相信，這個國家需要刺激市場需求。「全國整整三分之一人口失業，絕望、苦不堪言，既沒有原因也沒有理由，」他在一九三三年的參議院委員會上說道。他認為重回充分就業是辦得到的，只要「提供足夠購買力，讓人民有能力購買我們國家所能提供的消費財。」[39]

他進一步說明，「十九世紀經濟學不再符合我們的需求——這個高齡一百五十歲的經濟學已走進歷史。個人主義至上的正統資本主義系統以及它所推崇的自由競爭，不再符合我們的需求。」[40]埃克爾斯鼓吹由聯邦政府貸款推動公共工程建設。「貸款有時，償還有時，」他宣稱。

「政府必須照顧失業者，否則這個國家會出現革命。」[41]即便有些參議員對埃克爾斯的激進態度不表贊同，白宮並未忽視他言論中的重要性。一九三五年，小羅斯福指派埃克爾斯擔任聯準會第一主席，接下來十四年他將繼續擔任此職務。

埃克爾斯找來曾就讀倫敦政經學院與哈佛大學的勞區林・柯里（Lauchlin Currie）擔任助理，柯里也相信走出大蕭條的唯一辦法是刺激需求，必要時可透過貸款資助公共工程。埃克爾斯和柯里將一批理念相同的年輕經濟學者安插到聯邦準備系統及其他政府機關之中，尤其是在一九三五年差點沒通過《銀行法》之後——該法案要求對銀行執行更嚴厲的限制。（此時，凱因斯的名氣已大到讓反對者戲稱法案為「咖哩凱因斯」〔Curried Keynes〕[42]。）加爾布雷斯的傳記作者理

191.

35 John Kenneth Galbraith, *A Life in Our Times* (Houghton Mifflin, Boston, 1981), p. 68.

36 加爾布雷斯事與願違。凱因斯向劍橋告假，休養心臟病接二連三發作的身體。

37 Galbraith, *Life in Our Times* (Houghton Mifflin, 1981), p. 70.

38 埃克爾斯（Marriner Stoddard Eccles, 1890-1977），聯準會主席（1934-48）。

39 U.S. Senate, *Evidence to the Senate Finance Committee Investigation of Economic Problems: Hearings, 72nd Congress, 2nd Session. February 13-28 1933* (Government Printing Office, Washington, D.C., 1933), p. 8.

40 同前，p. 9。

41 同前，p. 21。

42 譯注：柯里的姓氏末尾加上d有「做成咖哩口味」的意思，譬如Curried Chicken是咖哩雞。

查・帕克（Richard Parker）表示，「柯里發現，相較於反托拉斯和國家計畫陣營，政府團隊裡的凱因斯陣營勢力單薄。大舉招募、謹慎安排志同道合盟友進入關鍵的華府各辦公室，於是成為當務之急。」[43]受到共同信念的啟發，年輕凱因斯主義者在權力走廊尋找知音，後來在一九三四年成立的全美規畫協會（National Planning Association）上見到彼此。

此外，賓州大學經濟統計系教授、計量經濟學者和統計學者西蒙・顧志耐（Simon Kuznets），以及他在國家統計局與美國商務部的追隨者的努力下，也促進了凱因斯觀念在美國的生根。凱因斯在《通論》裡滿懷敬意地談論顧志耐記錄經濟運作的研究。顧志耐從未成為凱因斯主義者，但他蒐集國家收入和國內生產毛額統計數據的開創性研究，成為推動凱因斯論點的有力證據，亦即提高總體需求可刺激經濟成長。

顧志耐及其追隨者提供測量經濟活動的手段，證明凱因斯式藥方的效果確實在很大程度上誠如凱因斯所預測。加爾布雷斯表示，有了凱因斯的理論和顧志耐的測量工具為後盾，聯邦政府的年輕經濟學者軍團「不僅知道該做什麼，而且懂得拿捏程度。許多一輩子可能都不會被凱因斯抽象理論說服的人，在顧志耐和及其傑出同事提出的扎實數據面前也不得不選擇相信。」[44]

除了哈佛年輕經濟學者，還有一些人渴望投身凱因斯主義的旗下。麻州劍橋的老衛士們完全不受來自大西洋對岸另一處劍橋的擾人思潮動搖。之後獲頒諾貝爾經濟學獎的詹姆士・托賓（James Tobin）當時也是赤忱的年輕凱因斯主義者，他回憶道，「多數資深教員充滿敵意。他們當中有一群人不久前出版了一本書，猛烈批評小羅斯福的復興計畫。」[45]但年輕教員的態度非常不一樣。就像托賓，他們對小羅斯福新政的理想主義奉獻己力。「凱因斯奮起對抗結痂癒合的錯誤傷口，對年輕一代是具十足吸引力的聖戰，」托賓回憶道。「真相將使我們自由，並且實現充分就業。」[46]當《通論》即將在一九三五年冬季出版，市場瀰漫興奮、期待的情緒，哈佛大學部學生安排了特別管道，希望在書籍上市的第一時間送到大西洋對岸。當一箱箱貨運送達時，他們立刻撲向書本，所有人都想成為認識書中革命性觀念的第一人。托賓回憶當時情況，「哈佛成為凱因斯主義入侵新世界的灘頭堡。」[47]

薩繆森「幾乎一開始就……成為年輕凱因斯主義者公認的領袖」，加爾布雷斯這麼形容。[48]薩繆森記錄了凱因斯大作在一九三六年二月送達的狂熱興奮氛圍。「《通論》吸引了三十五歲以

---

43 Richard Parker, *John Kenneth Galbraith, His Life, His Politics, His Economics* (Farrar, Straus & Giroux, New York, 2005), p. 95.

44 Keynes, *Essays on John Maynard Keynes*, p. 135.

45 William Breit and Roger W. Spencer, eds., *Lives of the Laureates, Seven Nobel Economists* (MIT Press, Cambridge, Mass., 1986), p. 98.

46 同前。

47 同前。

48 Keynes, *Essays on John Maynard Keynes*, p. 136.

下的多數經濟學者，像令人始料未及的疾病病毒入侵、毀滅一個南海島民的孤立部落，」他說。「五十歲以上的經濟學者則是對此疾病免疫。」[49]加爾布雷斯也記得凱因斯著作顯現的世代分歧。「白天課堂上教的淨是舊經濟學，」他寫道。「到了晚上，而且是一九三六年之後的每個晚上，幾乎人人都在討論凱因斯。」[50]薩繆森表示《通論》的重要性超乎尋常，他以浪漫主義詩人約翰．濟慈（John Keats）十四行詩〈初讀查普曼譯荷馬有感〉（On First Looking into Chapman's Homer）中衝擊讀者的新意做比擬。加爾布雷斯開玩笑說，「有些人不會相信經濟學家也有細膩的情感。」[51]

來自加拿大的年輕哈佛經濟系研究生布萊斯[52]剛從英國劍橋來到美國，他因為過去從學於凱因斯本人，而且曾以基督教牧師見證食人族儀式的姿態參與海耶克在倫敦政經學院的研討課，在眾人眼中散發份外的魅力。布萊斯充分利用自己和大師的關係，以至讓熊彼得說出，「凱因斯是真主，布萊斯是他的先知。」[53]

凱因斯的魔力不僅迷惑了華府的年輕世代，部分哈佛經濟學教授同樣經歷意想不到的開悟。後來成為人們口中「美國凱因斯」的阿爾文．H．漢森（Alvin H. Hansen），一九三七年被哈佛大學從明尼蘇達大學挖角時，已是名五十歲的老一輩古典經濟學家。漢森曾經重砲批判凱因斯的《貨幣論》，起初他對《通論》傳達的觀念也相當存疑。後來他的立場轉變。不久，他搖身變成聲嘶力竭、意志堅定且極具說服力的凱因斯觀念宣揚者。他對認定赤字財政將導致國家毀滅的經濟學者發動攻擊。加爾布雷斯回憶說，「〔漢森〕既不刻意，或許也沒有意識到，但他成了聖戰十字軍的領袖。」[54]薩繆森和托賓是漢森青年軍團的頭號成員，他們去聽漢森在公共管理研究所開的系列講座時，目睹在場聽眾大爆滿，其中不乏來自華府的政策制訂者。「學生經常多到擠至大廳，」加爾布雷斯說。「你會覺得那是國家目前所發生最重要的事……官員把漢森的想法，或許甚至連他堅定的信念，都一起帶回華府。」[55]

漢森與希克斯（一九三〇年第一批受海耶克影響的倫敦政經學院成員）聯手以圖表描述凱因斯針對利率、流動性—貨幣供應、投資—儲蓄以及國家收入所提出的複雜關係，往後成為經濟學家耳熟能詳的**IS-LM**模型（投資儲蓄／流動性偏好貨幣供給）。藉由將凱因斯觀念核心變成簡化的代數，他們成功傳布新信仰。漢森出版於一九四一年的《財政政策和景氣循環》（*Fiscal Policy*

---

49 Paul A. Samuelson in Robert Lekachman, ed., *Keynes' General Theory: Reports of Three Decades* (St. Martin's Press, New York, 1964), pp. 315-316.

50 Keynes, *Essays on John Maynard Keynes*, p. 136.

51 同前。

52 布萊斯（Robert Broughton Bryce, 1910-97），加拿大財政部副部長（1963-68）。

53 Galbraith, *Life in Our Times* (Houghton Mifflin, 1981), p. 90.

54 Keynes, *Essays on John Maynard Keynes*, p. 136.

55 John Kenneth Galbraith, *The Essential Galbraith*, ed. Andrea D. Williams (Mariner Books, Boston, 2001), p. 242.

and Business Cycles）是第一本贊同凱因斯分析大蕭條原因的美國著作。他所謂的財政政策就是政府課徵的賦稅總額。一九五三年，漢森出版巨著《凱因斯指南》（*A Guide to Keynes*），成為凱因斯革命第一本教科書，啟發好幾世代的年輕經濟學者。

塞摩爾・E・哈里斯（Seymour E. Harris）是漢森親近的同事之一，也是另一位半途皈依凱因斯主義的學者，他以作者和編者身分出版的著作等身，傳布凱因斯主義信條的能力足堪媲美漢森。他上課的開場白總是，「我是哈佛大學經濟學教授塞摩爾・哈里斯，也是三十三本書的作者，」這些書全數和凱因斯有關。儘管漢森和哈里斯為凱因斯主義事業辛勤奮鬥，但他們的作品都未能打敗薩繆森一九四八年暢銷的凱因斯主義啟蒙讀本《經濟學：初步的分析》（*Economics: An Introductory Analysis*）。此書甫問世立即成為繼馬歇爾《經濟學原理》之後最具影響力的經濟學教科書。

故而在短短幾年內，凱因斯徹底攫獲許多年輕美國經濟學者的心。他對美國學術圈經濟學思想突然竄起的影響力，可以從學術期刊對他的引用次數看出來。一九三四年，他的理論僅啟發二十篇文章；一九三六至一九四〇年之間，數字飆升到兩百六十九篇。[56]

凱因斯革命以目眩神迷的速度瘋狂席捲美國各大經濟學系，進而登上華盛頓聯邦政府的高臺。他的觀念遇上天時，於是迅速橫掃美國。部分異議人士質疑受凱因斯思想感召之人的動機，覺得凱因斯主義者似乎把新觀念當作刻在石碑上的真理，因此當數千名凱因斯主義者中被人發現有部分是蘇聯間諜時（其中也包括柯里），他們深感欣慰。但凱因斯革命稱不上是一場陰謀，反倒像是一次集結許多自發性個人力量的風潮，他們接觸凱因斯的管道不盡相同。「持陰謀說和祕密謀反論的人要傷心了，因為這是一次沒有刻意組織的革命，」加爾布雷斯說，他是凱因斯思想的普及者，總計發表超過一千篇新聞和雜誌文章。「參與的人都覺得對這些想法有很深的個人責任；他們想要說服外界的渴望強烈、各不相同。但沒有一個人是在執行計畫，聽從命令、指示或自身信念以外的任何力量。這大概是凱因斯革命最有趣的特色。」[57]

小羅斯福或許不了解凱因斯主義，也沒有心領神會地將凱因斯主義應用到紓困方案中，但其政府團隊裡的年輕人肯定這麼做了。他們相信，雖然政府所提供的資金量遠比所需要的少，但就算以打折後的速度執行凱因斯主義，仍有所成果。失業率沒辦法快速得到解決，至少逐年降低。失業率在一九三三年達到高峰時是百分之二十五；隔年已降到百分之十七，一九三五年失業率再降至百分之十四點三，雖然仍不及格，卻足以振奮人心。直到一九三六年，國內生產已經恢復到一九二九年的水準。

儘管目睹各項數據往好的方向發展，掌握華府權力的古典經濟學者反而變本加厲。無論凱因

56 根據JSTOR，出自Parker, *John Kenneth Galbraith*, p. 94.

57 Keynes, *Essays on John Maynard Keynes*, p. 138.

斯革命多麼成功地將干預主義思想引進小羅斯福政府中，後續發展證明凱因斯革命也很可能破壞美國經濟的虛弱復甦。

第十二章 絕望地卡在第六章

海耶克撰寫自己的「《通論》」：一九三六至一九四一

海耶克為什麼不立即對他在凱因斯《通論》中看到的邏輯過失提出質問？要是他在甫一出版時便主動提出批評，或許可以在凱因斯革命萌芽階段就將之扼殺。海耶克終其一生都不願多談這次錯失的機會。將近四十多年後他坦承，「我直到今天仍難以忘懷自己在該挺身而出時膽怯了。」[1]

凱因斯費盡心思想要向海耶克討教。他寄新書樣本給海耶克，好讓他的剋星來得及在出版日前撰寫書評。凱因斯是公關大師，懂得引發爭議的價值。和海耶克的唇槍舌戰一定能刺激銷售量。

1 F. A. Hayek, "The Economics of the 1930s as Seen from London," Lecture at the University of Chicago, 1963, published in *Collected Works*, vol. 9: *Contra Keynes and Cambridge*, p. 60.

凱因斯的動力不只來自渴望銷售長紅。他已鎖定海耶克及其古典學派同僚許久，真心想和他們進行辯論。他的野心不僅止於駁倒對手，而是要取代他們。要達成這個目標，首先對方必須有意願展開論戰。他已經摩拳擦掌，蓄勢待發。他肯定對海耶克拒絕踏進擂臺感到失望。將古典經濟學家淹沒在《通論》引發的狂熱巨浪裡還不夠。這本書反覆挑戰海耶克及其同僚，希望他們出面捍衛立場。未想海耶克並未出面。他認為凱因斯把經濟學拉向危險的方向，卻始終不願挺身而戰。

羅賓斯或許是導致海耶克保持不尋常沉默的部分原因。羅賓斯很懂得掌握引發爭議的可能性，他極欲利用《通論》的出版熱潮為倫敦政經學院打開知名度，同時提高他個人在全國經濟學辯論中的地位。初讀《通論》，羅賓斯認為凱因斯對劍橋同事庇谷的尖銳攻擊是最具新聞價值的線索。相較於刊登海耶克的評論，讓庇谷在《經濟學刊》發表回應更能夠引發關注，還可以避免上次海耶克評論《貨幣論》後和凱因斯陷入吹毛求疵、情緒暴躁的僵局再次發生。

羅賓斯很清楚凱因斯和庇谷私下有些摩擦。有一次，他和凱因斯一起在劍橋散步，羅賓斯說他看到「不太有活力的庇谷結束自己訂下的每日散步行程，直挺挺地踏著大步回來」。愛挖苦人的凱因斯對羅賓斯耳語道，「這個男人運動太過劇烈，把身體都搞壞了。」[2]庇谷曾嚴厲斥責凱因斯回應海耶克對《貨幣論》的批評時，使用了不恰當的情緒性語言，形容那是「決鬥」！[3]因此，在一九三六年《經濟學刊》五月號中首先獲得機會扳倒凱因斯的人不是海耶克，而是庇谷。

庇谷充分利用這次邀稿的機會自我捍衛，他謹慎斟酌字句，帶著濃濃的私人情仇抱怨凱因斯書中對他正統觀點的不屑語氣。他磨刀霍霍，試圖和凱因斯機智的抨擊較量。庇谷嘲弄凱因斯的傲慢假定，他說「凱因斯先生認為自己對經濟學的貢獻就像……愛因斯坦對物理學的貢獻」，然後指出愛因斯坦「在宣布他的發現時，並沒有話中帶刺地暗示牛頓和他的追隨者是一幫沒能力的草包」。庇谷繼續以教官般的訓斥語言說，「最令人遺憾的是，凱因斯連對自己的老師馬歇爾都採取鄙視和高高在上的一貫姿態。」

自身的研究慘遭和其他古典經濟學者綁在一起的窘境促使自負的庇谷惱怒不已，最主要是凱因斯的批評相當通泛，不特別針對哪個部分，因此反而變得難以駁回。「當一個人在占地廣大的村莊執行狙擊任務，沒人有耐心追蹤自己每顆子彈的彈道路徑，」庇谷抱怨道。在評介《通論》的內容時，庇谷佯裝出一副絕望的樣子。「他的論點多數時候都非常模糊，讀者不能確定他真正想要傳達的意思，」他寫道。「這位善於娓娓道來的作者……因為措辭生動而成為《每日郵報》的重要供稿人……怎會讓學術同僚們……幾乎不能理解？」誠如海耶克，庇谷同樣責怪凱因斯由於「術語使用前後不一」顯得語無倫次。[4]接著庇谷開始鉅細靡遺地拆解凱因斯發明的許多原

---

2 Robbins, *Autobiography of an Economist*, p. 151.

3 Pigou, *Economics in Practice*, pp. 23-24.

4 Arthur Pigou, "Mr. J. M. Keynes' General Theory of Employment, Interest and Money," *Economica* (New Series), vol. 3, no. 10,

創性概念，如流動性偏好等。這篇文章寫得很精采。庇谷對於打擊凱因斯的自尊樂在其中。

可惜庇谷嚴厲的評論完全不足以阻擋《通論》所激起的、朝凱因斯主義思想蜂湧而至的勢力。羅賓斯旋即看清凱因斯在年輕經濟學者間引發的熱情風暴，其規模足以在《經濟學刊》展開長期辯論。但庇谷的反駁僅在經濟學者之間掀起微弱漣漪，之後羅賓斯沒多做解釋就讓辯論劃下句點，甚至未指派海耶克另行出擊。

但羅賓斯的《經濟學刊》不是海耶克推翻凱因斯最新觀點的唯一學術論壇。他為什麼不另覓管道抒發己見？收到《通論》的樣書時，海耶克寫信給凱因斯說他已瀏覽內容，而且發現了幾個他不同意的論點。他提到，他對兩個議題尤其感到「困惑」，亦即凱因斯對儲蓄和投資關係的解釋，以及流動性偏好的概念。海耶克告訴凱因斯，待他認真看完全文後，他想在凱因斯主編的《經濟學雜誌》發表回應。「如果我仍有同樣的疑慮，我想徵得你的同意在《經濟學雜誌》針對特定觀點提出看法，」[5]他寫道。這些「看法」不曾出現。

海耶克日後不斷被要求解釋未在《通論》出版後和凱因斯正面交鋒的原因。他從未提出令人信服的答覆。海耶克表示，「我沒有回擊的其中一個原因」是「我唯恐在我完成分析前，他可能又改變想法了」，[6]一如凱因斯在出版《貨幣論》後那樣，海耶克這番說詞實在難以服人。為什麼不一一舉出被外界視為凱因斯代表作中的諸多錯誤？三十多年後，海耶克以「那很明顯是另一篇時代的產物，受到他心目中短暫政策需求的制約」[7]這番言論駁斥《通論》，還是不被接受。

當海耶克聲稱使他避不挑戰的是凱因斯推論的性質本身，同樣無法充分解釋他的緘默。他承認自己有個感覺，「當時只依稀感覺到，」[8]凱因斯的新作因為是以總體經濟學的角度解釋經濟運作，而不是個體經濟學，導致難以質問。海耶克相信解釋經濟體的運作，唯有透過了解由無數個人選擇共同組成的整體經濟。他認為，既然他的反對論調假定理解經濟學的關鍵在於由下而上，要充分推翻凱因斯由上而下的經濟學觀點就太困難了。牛頭不對馬嘴或許壓抑了推翻《通論》各種假設的意願，但海耶克雞同鴨講的能力也不在話下。以此做為沒有正面出擊的理由似乎也不完全站得住腳。

有些人認為他沒有挺身對抗凱因斯不只有視而不見、逃避責任的嫌疑，那甚至是應該受到責備的行為，畢竟正確的干預即便不能完全阻擋、至少可以拖延古典經濟學家眼中源自該理論的一系列破壞性經濟政策，海耶克在多年後才嘗試回覆這項指控。「我應該說明為什麼我在仔細分析他的作品之後，沒有回敬他一槍——自那之後我對自己的失敗感到非常自責，」[9]他寫在一九八

May 1936, pp. 115-132.

5 *Collected Writings* , vol. 29: *General Theory and After: Supplement*, p. 208.

6 *Collected Works*, vol. 9: *Contra Keynes and Cambridge*, p. 241.

7 同前。

8 同前。

9 F. A. Hayek, "The Keynes Centenary: The Austrian Critique," *Economist*, June 11, 1983, pp. 45-48，重印收錄至 *Collected*

三年、用於紀念凱因斯百年誕辰的一篇文章中。「不僅是出於……當知名作家對一個年輕人說他的反對無關宏旨，因為凱因斯已不再相信自己的論調時，他所必然感到的沮喪。也不是因為我察覺到若要有效推翻凱因斯的結論，必須對付整個總體經濟學。而是他對我眼中關鍵問題的置之不理，使我相信最好的批評必須處理更多凱因斯沒有談論的部分，而不是回應他已經談論的部分，因此若想徹底擺脫凱因斯的論點，首先必須詳細闡述仍未充分發展的資本理論。」[10]

外界困惑了近五十年，海耶克終於主動提出合理解釋，用來說明他的沉默。然而海耶克在遲來的悔過裡沒有提到當《通論》席捲全世界時，他本以為自己即將出版一部屬於他的巨著，賦予奧地利學派資本理論新意，並且期望本書能全面推翻凱因斯主義。一九三六年，他這篇論文已動工許久。三年前，他曾向倫敦政經學院的洛克斐勒研究基金委員會申請雇用一名助理的補助金。[11]「接下來的十八個月（至多兩年），我希望能完成一部恐怕相當冗長的資本理論著作，」他寫道。「這本書目前已完成四分之一，接下來的部分極需傑出數學家的持續輔助，這個人不僅要懂得使用我開發的圖表工具，而且要幫助我撰寫不可或缺的分析性說明，但我計畫將這部分集中呈現於附錄。」[12]一九三四年及接下來一年，海耶克獲派一名適任的數學家，這人能說英語、德語和法語。

計畫一開始並不順利。一九三五年，海耶克曾擱置這本書好一陣子，但在一九三六年凱因斯寄《通論》樣書給他的整整兩個星期後，他對朋友戈特弗里德・哈伯勒（Gottfried Haberler）[13]提到，他為了寫自己的代表作，其他事情一律停擺，包括釐清凱因斯最新觀點的能力。「我試圖把全部注意力放在寫作新書上，務必放下其他一切，雖然不可能提前出版，我仍希望能在復活節假期間完成初稿。」至於《通論》，他則說，「我暫時不會多說什麼，因為我目前絕望地卡在第六章。」[14]

三月時，海耶克告訴哈伯勒，除了根據演講改寫的兩章，他幾乎已經完成手上的新書。哈伯勒此時已讀完《通論》，他把想要投稿《經濟學刊》的文章寄給海耶克，文中指出卡恩乘數理論的認知錯誤。海耶克將文章退件，說期刊目前遇到莫名所以的「一些困難」。在回覆短信中，海耶克寫道，「五月號將刊登庇谷評論凱因斯的文章，他的書評早一步寄來，內容非常尖銳，或者說應該會非常尖銳（我自己還沒看過）。你一定能理解在這種情況下，我們想要避免外界以

Works, vol. 9: *Contra Keynes and Cambridge*, p. 247.

10 *Collected Works*, vol. 9: *Contra Keynes and Cambridge*, p. 251.

11 洛克斐勒研究基金委員會已經撥款補助了一位研究助理E．S．塔克（E. S. Tucker），由凱因斯和羅賓斯共用。

12 Minutes of Rockefeller Research Fund Committee meetings of December 14, 1933, LSE Archives, London.

13 哈伯勒（Gottfried von Haberler, 1900-95），奧地利出生的經濟學家，師從米塞斯，支持自由貿易，一九三六年到哈佛大學，和熊彼得是研究上的親密夥伴。

14 Letter from Hayek to Haberler, February 15, 1936, Haberler, Hoover Institution, Stanford, Calif., box 67，引述自Susan Howson, "Why Didn't Hayek Review Keynes's *General Theory*? A Partial Answer," *History of Political Economy*, vol. 33, no. 2, 2001, pp. 369-374.

為這是針對凱因斯發動的計畫性攻擊。我自己基於這個原因，決定投稿短信……到《經濟學雜誌》，讓凱因斯不好拒絕……我認為你也該試試看。萬一他拒絕的話，再看看其他可能性。」[15]

羅賓斯和海耶克或許擔心被外界貼上對《通論》發動攻擊的標籤，但從海耶克的信件可清楚得知，滅凱因斯威風的計畫確實正在進行中，參與的人包括海耶克、羅賓斯、庇谷、希克斯等。「眼下是孤立凱因斯、把劍橋和倫敦〔經濟學者〕團結在一起的好時機，」海耶克對哈伯勒解釋道。「我們不會〔想要〕把《經濟學刊》放到火線上，危害這些可能性。庇谷的文章會引發不小騷動。」[16]

五月，海耶克告訴哈伯勒他對《通論》的評價。他說這本書「當然令他極度惱火」，其中一個重要原因是「在構思過程中，〔凱因斯〕讓許多重要概念受到質疑，如今這觀點在許多人之間流傳，若不一一揪出其荒謬之處，往後要再說服他們會很困難」。[17]這段話總結了與海耶克同期的人對《通論》的批判性評價。海耶克並未詳述他的「惱火」，也沒有挑戰凱因斯的「荒謬之處」，他把所有精力用於完成《資本的純粹理論》第一部。這是由上下兩冊集結而成的作品，他希望能夠用以和《通論》直接一決高下。

海耶克自信滿滿，自認不久便能完成傑作，並表示目前「絕望地卡在第六章」只是暫時性的挫折，但很快他發現自己被《資本的純粹理論》困住，一籌莫展。他撰寫這本書的目的在於擴充「生產階段」的概念。可是接下來四年，他一直嘗試把資本和貨幣在經濟中扮演的關鍵角色解釋得令自己滿意。寫愈多，達成目標的任務規模就變得愈大。他無力捕捉自己快速運轉的思緒，然後有條理的以文字傳達。[18]

很快的，《資本的純粹理論》變成一件吃力不討好的苦差事。一九三七年，他再次擱置寫作進度。一九三八年，狀況極差的他發現自己弄丟了部分書稿，不得不請維也納同鄉、經濟學者友人弗里茨．馬赫盧普（Fritz Machlup）[19]提供遺失那幾頁書稿的影本。馬赫盧普一直以來都在為他看工作稿，提供修改意見。海耶克的注意力分散到幾個經濟學更宏大的面向，大幅偏離資本理論核心領域，踏上研究個體經濟行為背後動力的獨到觀察之路。英國經濟學者（尤其是倫敦政經學院和劍橋大學的學者）引頸期盼海耶克出面挑戰《通論》之際，他的思緒已飄到其他地方。

海耶克思想新方向的第一個成果明顯見於「經濟學與知識」（Economic and Knowledge）演講。一九三六年十一月十日，他在倫敦經濟學俱樂部（London Economic Club）發表就職演講，

---

15 Letter from Hayek to Haberler, March 15, 1936, Haberler Papers, box 67.

16 同前。

17 同前，May 3, 1936, Haberler Papers, box 67.

18 關於海耶克宏大計畫更詳細的介紹，參見Lawrence H. White's introduction to *Collected Works*, vol. 12: *The Pure Theory of Capital* (University of Chicago Press, Chicago, 2007), pp. xvii-xxi.

19 馬赫盧普（Fritz Machlup, 1902-83），奧地利出生的經濟學家，米塞斯的學生，一九三三年為躲避納粹主義的暴政逃往美國。

對經濟均衡概念提出驚人的重新評估。更重要的是，海耶克找到討論價格重要性的新取徑，不僅拉大他和凱因斯之間的鴻溝，更樹立起原創型思想家的地位，不再只是奧地利學派的追隨者而已。

經濟體達到均衡狀態的概念在於經濟學理論是陳腔濫調，海耶克和凱因斯辯論中最有名的例子就是古典經濟學家假定隨時間推移，當儲蓄和投資完全相等，該經濟體將達到充分就業狀態。凱因斯不認為這樣的均衡存在，因為一九二〇和三〇年代英、美兩國的實際經濟狀況明顯和這個概念有分歧。無論在美國或英國，經濟都進入靜止狀態，不過不是充分就業、而是大規模失業的靜止狀態。古典經濟學家在景氣處於長期低迷之際疾呼經濟仍未達到均衡狀態，聽起來毫無說服力。

海耶克重新思索均衡的概念，想法逐漸有別於過去，認為一經濟體就算可能走向靜止，實際發生的機會也微乎其微。海耶克在「經濟學與知識」講座以蓋房子為例，幫助聽眾更輕鬆地了解他的論點。「製磚工、水管工和其他工人都會根據蓋房子所需的特定數量各自生產材料，因為蓋房子所需的材料有特定數量，」他對臺下聽眾說。「同樣的，我們可以把潛在買家想像成累積的儲蓄，在特定時間能夠購買特定數量的房子……我們可以說兩者之間是均衡的。」[20]

接著，海耶克迅速指出事情未必一定如此發展，「由於其他不屬於他們行動計畫的情況可能出現超出預期的發展。部分資源可能意外遭到破壞，天氣條件可能不允許建築施工，或者某個發明可能改變不同必要材料的比例。這部分我們稱之為（外部）數據的變化，會擾動已經存在的均衡狀態。如果不同的計畫從一開始便互不相容，某些人的計畫無論如何勢必被打亂，必須進行調整，則這段時間內的整體複合行動不會展現出當全部個體行動加總等於單一個體計畫時所具備的特性。」[21]

海耶克主張，倘若現實世界的均衡注定難以捉摸，理論經濟學者關於經濟或市場運作傾向朝均衡發展的推理假設注定不會實現。唯有當每個參與者的意向已知，才能夠預測均衡，但這在理論上、實務上都不可能。這或許是個微不足道的觀點，他自己也承認，可是透過否認可預測均衡的存在，並且否定構成市場決定（哪怕是最簡單的決定）的許多精確與不精確人類選擇的推論假設正當性，海耶克開闢了全新天地。過程當中，他把自己和米塞斯及其維也納同事的距離拉遠，同時疏遠了將均衡視為核心假說的其他奧地利學派諸神。

海耶克此時還未在邏輯上發展出使他名留青史的最後一躍，不過他已在「經濟學與知識」的演講中走到重要突破的門檻邊。有關大眾經濟行為的推理假設，仰賴一套理想條件，其中每個個體具備對當前及未來條件的完美知識，能夠在完美市場做決定。不過，海耶克提醒聽眾，完美市

---

20 Hayek, *Individualism and Economic Order*, p. 43.

21 同前。

場並不存在。在真實生活中，個體是根據對當前條件的不完全知識，加上對未來的最佳猜測，而做出各種經濟決定。每個個體對那些條件的發展會有不同（而且往往相互矛盾）的判斷。有些人的決定是對的，有些人錯了。但他們每個人的決定共同形成變動中的市場運行全貌。

他從這條思路推論出兩個重要結論，在演講時雖未說得很明白，但這兩個結論已為他思想的新方向鋪路：價格反映關於市場走向的集體智慧，而當諸如政府之類的外力干預價格機制，無異於試著透過固定指針控制車速，他形容沒有一個人，即便是一個「無所不知的獨裁者」，能夠洞悉經濟體內所有個體的思考、欲求和想望。如果極權統治者甚或明顯無害的非政治「策畫者」想要干預經濟，並以為他們最了解或懂得其他人的想法，他們必將辜負期望，以代表個體利益之名傷害那些人的幸福和自由。這是海耶克的靈光乍現時刻。他後來形容這個關鍵概念「是讓我以全新角度看見經濟學理論全貌的啟發性觀念」。[22]

海耶克引介知識分工的新概念，他相信這和經濟學的勞動分工概念同樣重要。勞動分工泛指不同工人各自從事一項專業，整體產品由不同專業的工人共同製作、不由某些個體獨自完成全部製作的產業發展階段。他認為無數經濟決定來自組成經濟體的大量個體，不可能充分理解或測量，但他們的意向會反映在不斷變動的價格中。一個物品的價格至少是由兩個個體共同決定。由於價格本質上是有機的，就像人的集體意志構成了他們的決定，任何改變或干預價格的嘗試最終都會無功而返，因為人類行為永遠會智取價格制訂所立基的假設。出於同樣道理，價格膨脹——

無論是政府刻意或無意引發的——是掌握經濟之人公然藐視最後將承擔後果之人意願的手段，形同剝奪他們的公民意志。

凱因斯《通論》引發的騷動使外界幾乎未加留心海耶克的演講。海耶克傳記作者阿倫．伊本斯坦（**Alan Ebenstein**）說，「凱因斯出版《通論》之後……海耶克已經被世人遺忘，覺得他只是一個技術型經濟學者……三〇年代尾聲，可說再沒人對他感興趣。」[23]不受重視固然可悲，然這還不是海耶克那段時間遇上最糟的事。就連倫敦政經學院研討課學生的態度都出現變化。這些人曾經信服海耶克的名聲和權威言論，相處一段時間後，熟悉感孕育出一種輕蔑態度，如今他生平大敵凱因斯的迅速崛起加速惡化這種輕蔑態度。凱因斯主義經濟學家紛紛出席海耶克在倫敦政經學院的研討課，取笑被他們視為化石、老古董的男人。一九三七年，身為看笑話一員的加爾布雷斯親眼見證海耶克權威的急速下墜。「學生互不相讓地競相發言（並指正海耶克），」[24]他回憶道。「爭取發言權的競爭激烈，持過時觀點、脾氣溫和的海耶克教授……幾乎沒有機會說話……在某個令人難忘的晚上，他走進課堂，到座位上朝大家一鞠躬，然後用優雅的口音說，『現在，各位先生，今天晚上要討論我在上一堂課中向各位提議討論的利率。』卡爾多逮到機會直言，

22 *Collected Works*, vol. 9: *Contra Keynes and Cambridge*, p. 62.

23 Ebenstein, *Friedrich Hayek* (University of Chicago Press, 2001), p. 79.

24 John Kenneth Galbraith, *A Life in Our Times* (Random House, New York, 1982), p. 78.

『海耶克教授，請恕我實在無法贊同。』」[25]

卡爾多出生於匈牙利，是海耶克撰寫《價格與生產》的文書助理，也是他和凱因斯絕大多數通信的英語顧問。卡爾多是海耶克重要追隨者中對他最不尊敬的一位。在卡爾多的記憶裡，海耶克逐漸變得「極其討厭我。起初我覺得他很厲害，但後來我發現他其實很愚蠢，我於是開他玩笑，讓他出糗，在研討課向他頂嘴。我記得，有一次我和海耶克發生爭吵。我說，『海耶克教授，這是中級經濟學。』海耶克氣得臉色愈來愈紅，事後海耶克來到茶室（接著說），『你們知道卡爾多說什麼嗎？你們知道這孩子說什麼嗎？他說，「海耶克教授，這是中級經濟學，你應該要知道。」』我說，『我抗議。我沒有說你應該要知道。』大家都笑了出來。」[26]

卡爾多還和貝弗里奇共同撰寫一九四四年出版、高舉凱因斯大旗的《自由社會的充分就業》（*Full Employment in a Free Society*），在海耶克徒弟之間引發一波轉而信奉凱因斯的風潮。卡爾多後來果然離開倫敦政經學院，轉任教於劍橋，宣講純正的凱因斯主義。另外兩位海耶克最傑出的學生希克斯和列納也有樣學樣，公開宣布放棄對海耶克效忠，宣示皈依凱因斯。當初在兩校共同研討課上，這兩人可是對抗劍橋馬戲團的倫敦政經學院看板人物。自從一九三四至三五在劍橋度過一整學年，並跟隨凱因斯本尊身邊吸收凱因斯主義之後，回到倫敦政經學院的列納傳播起凱因斯主義的福音。不久後，就連庇谷都重讀《通論》並撤銷反對意見，成為眾多歌詠凱因斯大作的傑出經濟學者之一。

成群親近同事和好友迅速叛逃到凱因斯陣營的累積效應，海耶克信心全失，無法專注完成《資本的純粹理論》。一九四〇年六月，當本書終於完成並於隔年付梓，其重量級登場僅發出一聲悶響，德式結構的句子和沉悶文筆使它顯得無關緊要又費解。薩繆森回憶說「海耶克的《資本的純粹理論》並未夭折。但它就像投進經濟學池子裡的小卵石，連表面的小漣漪都沒掀起」。[27] 兩相比較之下，充滿圖表的《價格與生產》簡直是輕鬆的海灘休閒讀物。海耶克思想信徒米爾頓．傅利曼（Milton Friedman）[28]形容，「我是海耶克的超級仰慕者，但我崇拜的不是他的經濟學。《價格與生產》有很多錯誤。他的資本理論著作不值一讀。」[29]

海耶克在《資本的純粹理論》開宗明義提到，他處理這個主題時懷抱沉重心情。他說自己「非常不願意」踏上這條路，並對厭倦抽象理論轉而處理真實世界經濟運作問題的人表達同情，凱因斯便是一例。這個主題光是規模就令他卻步、沮喪。「倘若我一開始就知道任務規模龐

---

25 同前。

26 Ebenstein, *Friedrich Hayek* (University of Chicago Press, 2001), p. 64.

27 Paul Samuelson, "A Few Remembrances of Friedrich von Hayek (1899-1992)," *Journal of Economic Behavior and Organization*, vol. 69, no. 1, January 2009, pp. 1-4.

28 傅利曼（Milton Friedman, 1912-2006），諾貝爾獎得主、貨幣主義之父，是芝加哥經濟學派的重要成員。

29 Ebenstein, *Friedrich Hayek* (University of Chicago Press, 2001), p. 81.

大，一定更不願意投入這項工作，」[30]他寫道。這本書的語言基調是勉強和絕望。「本書雖然有種種缺點，仍是花了許多時間才累積出來的成果，不過我不確定投入更多的努力是否會有更多回報。」[31]後來他坦承「我非常緩慢地意識到」[32]「事情變得過度複雜，幾乎不可能理解」。[33]

儘管內容難懂，殘存的海耶克支持者仍舊盼望他們的英雄能藉此書打擊日益壯大的凱因斯主義崇拜。他們要失望了。不過，這的確是海耶克最接近細數《通論》不是的一次嘗試，只不過表現得欲振乏力。「一般而言，我認為明確引用特定觀點打斷主要論述的作法是不明智的，」[34]他寫道。不過，他還是回應了凱因斯分析的某些面向，可惜經常在證明凱因斯呼籲以公共工程增加就業是錯誤決定的過程，繼續糾纏關於經濟學術語的晦澀論調。他寫道，關於凱因斯主張經濟衰退期間有效使用閒置資源可創造就業機會，他最不能同意的是「這絕對不是一個聲稱有普遍適用性的理論可立基的正常立場」。[35]

海耶克將《通論》的要旨斥之為一種詭辯，無視經濟學家對資源稀缺性的長久關懷。「凱因斯提出的，其實是人們盼望已久的富足經濟學，」他寫道。透過否認自由市場的運作，凱因斯將稀缺重新定義為一種「人為狀態」，出自大眾不以低於某獨斷制訂的價格販售其服務和商品之決心。凱因斯忽略市場價格，主張市場價格只在「達到『充分就業』和不同商品開始變得稀缺導致價格提升的難得間隔發揮作用」。[36]

海耶克駁回凱因斯的價格概念，認為它代表對價格誕生方式的深刻誤解。海耶克認為價格是了解生產過程關鍵的看法——的確是了解整體經濟運作的基礎——以及價格的基礎是商品稀缺性，並非凱因斯所謂儲蓄與投資不平衡和生產「實際成本」之間的關係，使他不多加解釋就將凱因斯的反駁論調丟到一旁。

在一條注腳中，海耶克譴責的不是《通論》不合宜的創新，而是出人意料地將此書斥為過時思想的產物。海耶克嘲弄地形容凱因斯對資源稀缺性概念的輕忽是「現代經濟學的重大進展」，並且驚歎凱因斯竟然承認「瓶頸」的存在，甚至用它解釋為什麼資源在景氣繁榮末期會變得稀缺。海耶克認為「瓶頸」是不當用詞；這個詞假設市場未能讓供需相符。因此「瓶頸」「對我而言是一個本質上屬於天真無知經濟學思想早期階段的概念，把這個概念引進經濟學理論實在不能被視為某種進展」。[37]

30 F. A. Hayek, *The Pure Theory of Capital* (University of Chicago Press, Chicago, 2009), p. vi.
31 同前，p. viii。
32 Hayek, *Hayek on Hayek*, p. 142.
33 同前，p. 141。
34 Hayek, *Pure Theory of Capital*, p. 5.
35 同前，p. 374。
36 同前。
37 同前，p. 406 footnote。

「之所以偏離〔著作的主線〕，實在是因為自從凱因斯先生出版《通論》之後，對這一主題造成莫大混淆，」[38]海耶克說完這番話，繼續回到有關資本和利率的枯燥調查。書中匆匆提及「流動性」，也就是凱因斯《通論》的核心概念之一，但海耶克只是要強調他的作品不適合對此挖掘得太深，而且「膚淺談論這個問題不會有太多收穫」。[39]當凱因斯再次出現在準心中，海耶克仍未能扣下扳機。

在《資本的純粹理論》結語部分，海耶克責怪凱因斯專注在經濟問題和解藥的短期效應，「這不僅是嚴肅且危險的知識錯誤，也背叛經濟學家的主要職責，對我們的文明造成重大威脅。」「過去……研究、強調長期效應是經濟學家的職責也是殊榮，因為沒有專業訓練的人往往看不到這些效應，至於比較立即的效應則留給一般人去擔憂，」他寫道。「令人擔憂的是，在我們對決定價格與生產的長期力量提出一套系統性解釋之後，如今卻要把這些成果抹去，取而代之的是生意人被賦予科學地位的短視近利哲學。」[40]

他挪用凱因斯的名言，以一個不祥的注解總結全書。「有人告訴我們，『長期來看，我們都會死』，所以政策應該完全跟著短期考量走？」他問道。「我擔心信奉『我死後哪管洪水滔天』（**après nous le déluge**）的人可能會提早自食惡果。」[41]

海耶克很清楚，調皮、傷感情的順帶批評，根本不足以減緩落入凱因斯主義陷阱的年輕經濟學者大規模受洗為凱因斯信徒的速度，更遑論阻止。但《資本的純粹理論》對凱因斯主義發出警告的論點，也為後來追隨海耶克加入反凱因斯主義陣營的人（如傅利曼）指引了一條路，同時提供一些忠告。

「我們沒有立場相信擁有現代複雜信貸結構的經濟系統，能夠在不受任何貨幣機制蓄意控制的前提下運作順暢，」海耶克寫道，「由於貨幣在本質上成為價格機制自我均衡功能的某種鬆散環節，勢必阻礙其運作。任何成功的貨幣政策必定竭盡所能降低其自我修正力量的鬆懈傾向，同時加速調整的步調，降低後續採取更激烈必要措施的頻率。」[42]不過，在提醒將計量貨幣理論視為萬靈丹的人（譬如傅利曼等人）時，海耶克主張這種管理經濟的手段有明確極限。「我們當然有資格說，相較於世人普遍相信的……我們透過控制貨幣隨意形塑事件發展的程度極其有限，而且貨幣政策的範圍也比一般認為的更受限制，」他寫道。「儘管部分作者似乎如此認為，但我們不能藉由玩弄貨幣工具對經濟系統為所欲為。」[43]

海耶克希望再完成一本《貨幣的純粹理論》以做為《資本的純粹理論》的補充，可惜這項寫

38 同前，p. 408。
39 同前，p. 452。
40 同前，p. 441。
41 同前，p. 410。
42 同前，p. 440。
43 同前。

作計畫的第二部分從未實現。諷刺的是，他未能完成自己大作上下兩部的事實，和信貸導致景氣低潮期間資本財生產階段崩潰的種種後果相互並行。信貸導致的景氣低潮是他當初寫作的靈感。他被自己埋的炸藥炸飛了。

凱因斯在《通論》總結對商品的需求等同於對勞力的需求，進而力勸提高總體需求，創造充分就業。海耶克非常不贊同凱因斯的分析，認為其分析欠缺經驗主義式證據的支持。或許還有其他判讀這些數據的方式。海耶克後來說，「總體需求和完全就業之間的相互關係……可能只是近似值，但因為這是我們唯一有計量數據的數值，於是它就被視為唯一成立的因果關聯。」[44]《資本的純粹理論》最後一句暗示凱因斯被錯誤的假設矇騙了。「我比過去更加相信，充分理解『商品需求不等於勞力需求』的學說——以及這個學說的局限——是「一個經濟學者的最佳考驗」。」[45]

海耶克斷然提出他對經濟學理論的定見，朝凱因斯射出最後一發純粹經濟學的子彈。海耶克之後轉向他最初在「經濟學與知識」演講提出的政治哲學主題，於是開闢了和凱因斯及其信徒對抗的第二戰線、同時也是更具說服力的戰線。

---

[44] Friedrich August von Hayek, “The Pretence of Knowledge,” prize lecture to the Nobel Awards committee, December 11, 1974, nobelprize.org/nobel_prizes/economics/laureates/1974/hayek-lecture.html (accessed February 2011).

[45] Hayek, *Pure Theory of Capital*, p. 471.

第十三章 通往無處之路

海耶克連結起凱因斯的解藥和暴政：一九三七至一九四六

《通論》出版後，凱因斯革命在美國的地位看似鞏固，只是小羅斯福政府在應用凱因斯主義思想方面表現得一知半解。小羅斯福雖在白宮接待凱因斯，但他對此新學說主張資助公共工程的規模感到不安。一九三七年春季，當生產、利潤和工資回復到一九二九年的水準，顯示經濟正在慢慢復甦，總統下令調整施政方向。當時失業率從前年的百分之十六點九降至百分之十四點三，包括聯準會主席埃克爾斯在內的部分小羅斯福顧問相信，[1]新政的就業安置計畫已發揮效力。

一九三七年六月，小羅斯福以削減開支、緊縮信貸及提高稅收，重新擁抱正統施政。[2]

1 Patrick J. Maney, *The Roosevelt Presence: The Life and Legacy of FDR* (University of California Press, Berkeley, 1992), pp. 102-103.

2 聯邦赤字從一九三六年的四十六億減少到一九三七年的二十七億。Franklin Delano Roosevelt, *FDR's Fireside Chats*, ed. Russell D. Buhite and David W. Levy (University of Oklahoma Press, Norman, 1992), p. 111.

聯邦政府創造就業機會的各個機構漸漸放慢腳步。不久後，美國再次衰退。「小羅斯福衰退」（Roosevelt Recession）持續整個一九三八年，工業生產銳減三分之一，價格下跌百分之三點五，失業率又攀升至百分之十九。[3]小羅斯福為避免輿論攻擊，便朝大企業開刀。一九三八年一月，隨大選逼近，總統再度改弦更張，將三十七億五千萬美元的支出法案送到國會，四月又送了一份十二億五千萬美元的支出法案，用以成立全新創造就業單位。

在四月十四日的「爐邊談話」，小羅斯福採用凱因斯式邏輯。「我們的問題主要出在消費需求不振，」他說。「我們自己就可以讓經濟好轉。」他宣布撥款三億美元掃除貧民窟，一億美元建築高速公路，以及數百萬美元進行「公共改善」。小羅斯福宣稱，讓失業者重回職場能確保德國和義大利猖獗橫行的極端主義分子不致出現在美國，藉此為自己的政策回頭辯護。「我國民主制度的健全取決於政府提供就業機會給賦閒人口的決心，」他如此聲稱。[4]

二月，凱因斯致信小羅斯福。他將小羅斯福衰退稱為「一個『樂觀主義的失誤』」，他仍鼓勵總統，建議他專注於住宅建設，因為那是「截至目前為止最有效的復甦救助」。然後他敦促小羅斯福節制對企業人士的批評言論，這些人「困惑、不解，著實感到惶恐。倘使您讓他們的情緒變得陰沉、執拗、恐懼……國家重擔便無法轉移到市場上。」[5]

德國發生的一連串事件迫使小羅斯福將支出擴增至凱因斯要求的龐大規模。希特勒在一九三三年一月上臺，緊接著展開大規模重整軍備計畫，直接違抗《凡爾賽條約》的約束。在不到一年的時間內，一戰後為大量失業人口所苦的德國已享受起充分就業的甜美果實。[6]焦慮的各歐洲民主國家隨之重整軍備，為美國戰爭工業帶來大量訂單。在英國，內維爾．張伯倫（**Neville Chamberlain**）的政府亦悄悄進行重新武裝。英國失業率開始下降，只是依然維持歷史高點直到一九三九年九月三日對德國宣戰。[7]宣戰這一天，華爾街股市重回一九二九年崩盤之前的水準。[8]對軸心國勢力感到恐懼的不只有歐洲。儘管小羅斯福在一九四〇年總統競選期間公開承諾——「我曾經說過，但我還是要一說再說：你們的兒子不會被送去國外打仗」[9]——他依舊下令進行大規模的重整軍備計畫：一九四〇年，年度國防支出是二十二億美元；隔年國防支出達到驚人的一

---

3 Thomas Emerson Hall and J. David Ferguson, *The Great Depression: An International Disaster of Perverse Economic Policies* (University of Michigan, Ann Arbor, 1998), p. 151.

4 Franklin D. Roosevelt, "On the Current Recession," broadcast April 14, 1938, *Roosevelt's Fireside Chats*, New Deal Network, http://newdeal.feri.org/chat/chat12.htm.

5 Letter from Keynes to Roosevelt, February 1, 1938, in *Collected Writings*, vol. 21: *Activities 1931-39: World Crises and Policies in Britain and America* (1982) (Macmillan for Royal Economic Society, London, 1982).

6 Murray Newton Rothbard, *America's Great Depression* (Ludwig von Mises Institute, Auburn, Ala., 2000), p. xv.

7 同前。

8 同前。

9 F. D. Roosevelt, speech in Boston, October 1940, in Robert Dallek, *Franklin D. Roosevelt and American Foreign Policy, 1932-1945* (Oxford University Press, New York, 1979), p. 250.

百三十七億美元。

「軍備支出是否真能治癒失業問題，一場大型實驗正在展開，」凱因斯在一九三九年宣稱。「我們或許能從中學到一、兩個在承平時代才足以派上用場的技法。」[10]這麼多公共資金注入美國經濟的乘數效應導致國內生產總值暴增兩百五十億美元，其中百分之四十六的增加來自軍備和其他國防支出。[11]即便如此，直到一九四一年，也就是美國珍珠港遭日本攻擊那年，就業才回復到小羅斯福衰退之前的水準。「我們視戰爭為凱因斯主義理論、凱因斯主義學說以及凱因斯主義建議的正當辯護。」[12]加爾布雷斯回憶道。[13]

一九三八年三月，德國占領奧地利，海耶克也在此時成為英國公民，並於戰爭爆發前最後一次遊歷故土。過去的國籍身分讓他無法加入英國軍隊，一九三九年九月，他寫信給英國資訊部（Ministry of Information），表示他「獨特的經驗和相對特殊的立場，我能對德國境內的組織宣傳提供莫大幫助」。[14]海耶克的請纓報國未得到回應。

海耶克的遭遇不算太壞。斯拉法只因為是義大利人便被拘留在曼島（Isle of Man），對一個遭墨索里尼威脅而逃離義大利的人而言，委實命運多舛。直到凱因斯向內政大臣求情，斯拉法才被釋放。海耶克也很清楚自己有多幸運。「我仍然是前外僑，且是敵國外僑。我的狀況算非常幸運了，」他回憶道。「我沒有資格接獲任何戰爭動員，而我也未被騷擾。這已經是最理想的狀況了。」[15]

五十六歲的凱因斯年紀太大不適合服役，健康也不佳，而且不受內維爾．張伯倫政府青睞，以致未能進入財政部。他的傳記作者史紀德斯基解釋，「他的名聲太過響亮，不適合擔任一般公職，可是讓他進入白廳又顯得太過激進。」[16]然而，袖手旁觀不是他的風格。儘管沒人請益，他仍費心思索支付戰爭的解決辦法。他反對一戰使用的通貨膨脹路線，也不贊成實行配給。「廢除消費者選擇、支持全國性配給，是所謂布爾什維克主義的典型產物，」[17]一九四〇年四月他寫道。

---

10 J. M. Keynes, "Will Rearmament Cure Unemployment?" BBC broadcast, June 1939，重印收錄至 *Listener*, June, 1, 1939, pp. 1142-1143.

11 Hall and Ferguson, *Great Depression*, p. 155.

12 Interview of J. K. Galbraith, September 28, 2000, *Commanding Heights*, PBS, http://www.pbs.org/wgbh/commandingheights/shared/minitext/int_johnkennethgalbraith.html.

13 有人對戰爭開支和大蕭條結束之間的連結表示懷疑，其中最主要的成員是克莉絲提納．羅莫爾（Christina Romer），她是二〇〇九至一〇年歐巴馬總統經濟顧問委員會的主席。參見 Christina D. Romer, "Changes in Business Cycles: Evidence and Explanations," *Journal of Economic Perspectives*, vol. 13, no. 2, Spring 1999, pp. 23-24.

14 *Collected Works*, vol. 10: *Socialism and War: Essays, Documents, Review,* ed. Bruce Caldwell (Liberty Fund, Indianapolis, 1997), p. 36.

15 Hayek, *Hayek on Hayek*, p. 94.

16 Robert Skidelsky, *John Maynard Keynes*, vol. 3: *Fighting for Freedom 1937-1946* (Viking, New York, 2000), p. 47.

17 *Collected Writings*, vol. 9: *Essays in Persuasion*, p. 410.

內維爾・張伯倫的財相約翰・西蒙爵士（Sir John Simon）[18]不經意地表現得像個模範凱因斯主義者，以公共借貸而非增稅的方式提供重整軍備的資金。他增加六億英鎊的國防支出，稅收卻只有一億零七百萬英鎊。財政部認為，只要失業率維持在百分之九，通貨膨脹應該不至於發生。[19]然而，凱因斯相信巨額軍備花費加上軍隊徵募將充分利用全國上下的勞動力，帶動大規模的需求增加。如此一來，不僅政府投入戰爭所需的基本物資供給將枯竭，而且當大量資金競相追逐極少物資，通貨膨脹勢必接踵而來。政府必須在重稅、通膨、配給之間選擇，或者提出三者合一的組合方案。

凱因斯在一九四〇年十月二十日對馬歇爾學會的演講「戰爭潛力和戰爭財務」（War Potential and War Financial）裡公布他的計畫。與其課徵純所得稅，政府應針對所得開徵累進稅，並強迫儲蓄，亦即將「延期薪資」轉到計息帳戶，待戰爭獲勝後再兌現。凱因斯相信把累積資金留到戰後消費，能夠對抗戰爭支出告罄後出現的景氣低潮。海耶克形容凱因斯的方法「別出心裁」。海耶克也同意凱因斯對配給的反對立場，他相信消除價格會導致不公正。海耶克因為不喜歡以人為刺激消費對付戰後蕭條，主張延遲薪資應該被轉投資為股份持有。令人想不到的是，他進一步提出以「對舊財富課徵資本稅」付清戰爭債務，[20]存放在「一間大型控股公司，〔然後〕發行股票給凍結資金的持有者」。[21]

評論凱因斯的計畫時，海耶克形容凱因斯擁有「在世經濟學家中最具創造力的腦袋」，[22]並總結「凱因斯先生的提議……似乎是唯一的實際解決方案」。[23]儘管他說「用這種方式提高整體支出不一定是拯救蕭條的安全藥方，」但他依舊很歡迎凱因斯回歸隊伍。「一直以來，使他有別於更為『正統的』經濟學家的分歧消失了。」[24]「戰爭期間，我一直站在凱因斯這邊，對抗他的批評者，因為凱因斯非常反對通貨膨脹，」海耶克後來表示，「為了強化自己反對通貨膨脹的影響力」，故而未完成《貨幣的純粹理論》，可惜這不過是他為自己編織的片面之詞。[25]

一九四〇年，倫敦政經學院由於大轟炸而撤出倫敦，搬遷到劍橋大學的彼得學院（Peterhouse），凱因斯最嚴厲的批評者海耶克和庇谷於是在此一同執教。學校的搬遷使海耶克被英國生活徹底同化。「戰爭期間，在劍橋的生活對我而言相當舒適，」他回憶道。「我沒來由地深深受到國內社會氣氛和學術氛圍吸引，在戰爭的大環境下，我全心同情英國，加速全然歸屬感

18 西蒙爵士（John Allsebrook Simon, 1st Viscount Simon, 1873-1954），內政大臣、外交大臣、財政大臣以及大法官。他因為支持張伯倫對希特勒的姑息政策，因此沒有或邱吉爾延攬進入英國戰時內閣。

19 Skidelsky, *John Maynard Keynes*, vol. 3: *Fighting for Freedom*, p. 52.

20 Hayek, “Mr Keynes and War Costs,” *Spectator*, November 24, 1939, in *Collected Works*, vol. 10: *Socialism and War*, p. 164.

21 同前，p. 171.

22 同前，p. 164.

23 同前，p. 166.

24 同前，pp. 167-168.

25 Hayek, *Hayek on Hayek*, p. 91.

的培養過程。」[26]

海耶克原本計畫搬進彼得學院，但凱因斯展現一貫的善意，堅持死對頭搬進鄰近自己在國王學院裡的宿舍。兩人不時在國王學院碰面，各自上課教書。凱因斯和海耶克各持鏟子和掃帚巡邏國王學院哥德式教堂屋頂，在夜空四處搜尋德軍轟炸機的超現實場景由此上演。兩人暫且休兵。雙方誰也沒讓步，但共同的敵人當前，他們決定當個好相處的伙伴。「我們有好多共同興趣，譬如歷史方面以及經濟學以外的種種，」海耶克回憶道。「大體來說，我們見面不談論經濟學……於是包括莉迪亞在內的我們，私下成為很好的朋友。」[27]

一九四〇年八月，財政部聘請凱因斯出任一個無給職，使他能夠徜徉在各領域經濟政策之中。他獲派和美國談判戰爭借款。他負責設計戰後經濟秩序藍圖，取代過去挑起戰爭的國際惡性競爭，他發明以復甦的金本位制為基準、更為井然有序的匯率交換系統，後來演變成布列頓森林協定。他對另外兩個關鍵組織國際貨幣基金組織（International Monetary Fund）和世界銀行的構思亦發揮重要貢獻。

值此同時，海耶克開始撰寫他的悲觀主義代表作《通往奴役之路》（*The Road to Serfdom*）。[28]他的傳記作家伊本斯坦觀察道，「《通往奴役之路》徹底顛覆海耶克的生活。尚未出版前，他是不為人知的經濟學教授。出版一年後，他舉世聞名。」[29]對難得謙虛的海耶克而言，成果算不錯，因為他認為只有幾百個人會讀這本書。[30]

海耶克曾在一九三七年致信李普曼，「我希望我能讓這裡『先進』的朋友了解到，民主只可能存在於資本主義之下，而集體實驗必然走向法西斯主義。」[31]書名最初定為《計畫經濟社會的報應》（*The Nemesis of the Planned Society*），吸取了海耶克於一九三八和三九年兩篇論文探討的觀點，亦即提倡以計畫經濟取代自由市場的人，無論意圖再良善，都等於踏上一條可能通往暴政的道路。「一旦市場自由運作受阻礙到某個程度，」他宣稱，「計畫者將被迫擴大控制權，直到他們能夠全面掌控。」[32]《通往奴役之路》在一九四四年三月十日於英國出版，首刷兩千本。而路特利奇出版社在幾天之內又追加兩千五百本，此後亦竭盡所能的應付源源不絕的市場需求。在

---

26 同前，p. 98.

27 同前，p. 91.

28 海耶克標題的靈感來自托克維爾，「他談到通往奴隸身分之路。要不是它聽起來不順耳，我本來是想借用的。所以我把『奴隸制度』換成『奴役』，純粹是出於發音的考量。」*Collected Works*, vol. 2: p. 256, footnote.

29 Ebenstein, *Friedrich Hayek* (University of Chicago Press, 2001), p. 114.

30 Hayek Archive, Hoover Institution, 出處同前，p. 129.

31 Letter from Hayek to Lippmann, quoted in Gary Dean Best, "Introduction," in Walter Lippmann, *The Good Society* (Transaction Publishers, Piscataway, N.J., 2004), p. xxxi.

32 *Collected Works*, vol. 2: *Road to Serfdom* (University of Chicago Press, 1989), p. 137. 關於海耶克試圖把《通往奴役之路》納入更廣泛的《理性濫用之研究》的詳細說明，參見 *Collected Works*, vol. 13: *Studies on the Abuse and Decline of Reason*, ed. Bruce Caldwell (University of Chicago Press, Chicago, 2010).

美國，在遭到幾家主流出版社退稿之後，芝加哥大學出版社於一九四四年九月十八日出版此書。《通往奴役之路》的主要攻擊對象是海耶克心目中的邪惡雙胞胎——社會主義和法西斯主義。不過由於寫作當時，史達林統領的蘇聯和英美同盟，他認為有義務稍微軟化對共產主義的批評，於是他著重暗指納粹主義和法西斯主義的危險性。他斷言，一般認為極左派和極右派是相對立兩極的看法可謂誤解，因為兩者都以國家計畫取代市場力量的方式侵犯個體自由。他重申自己的觀點，一旦經濟計畫者無法參透他人意志，他們最終將扮演起專制君主的角色。

海耶克唯恐同盟國贏得二戰勝利後，會斷定戰時的經濟管理足以加速建立更繁榮、更公正的戰後社會。他警告說，這樣的政策不致是為極權主義鋪路，也可能導致歷史重演。「我們正逐步放棄經濟事務的自由，但若不是經濟事務的自由，我們過去所擁有的個人和政治自由根本不存在，」[33]他寫道。「我們正陷入重複德國的命運的危險。」[34]

《通往奴役之路》中很少有針對凱因斯而來的論點，通篇僅提到他的名字兩次，[35]不過，當他寫下本書「肯定會冒犯許多我希望能保持友好關係的人」時，[36]心中在意的，應該是凱因斯和在劍橋才共事不久的同事。在通篇淨是他的核心主張中，依稀可見對《通論》遲來卻微弱的回應。他招牌的刺耳語氣消失了。劍橋的時光、和凱因斯的相處，似乎軟化了他企圖證明老敵手錯誤的狂熱。

《通往奴役之路》絕非反駁《通論》的作品。海耶克肯定凱因斯推動宏大計畫的動機：遙遙無期的大規模失業可能帶來的危險，以及「對抗經濟活動整體波動和隨之而來的大規模失業復發潮」呈現出一個「極為重要的問題」，同時也是「我們的時代最嚴重且緊迫的問題之一」。[37]然而，他的解決方案拒絕政府干預。「即便〔長期失業〕的解決方案需要諸多完善的規畫，」他寫道，「但它不需要，或不至於非得具備由提倡者所主張的、為取代市場而進行的特定規畫。」[38]

海耶克腦中浮現一個凱因斯主義世界，由國家主導經濟活動。「這可能會為競爭環境帶來更多嚴厲限制，朝這個方向實驗時，我們必須謹慎注意步伐，避免所有經濟活動逐漸仰賴政府支出的主導和規模。」「我們必須謹慎注意步伐」算不上海耶克一直以來承諾對凱因斯《通論》提出的強力駁斥。

海耶克接下來兩句話著實含糊。「就我看來，〔用大規模公共工程解決失業問題〕既不是唯

33 同前，p. 67.

34 同前，p. 58.

35 海耶克引用凱因斯，"The Economics of War in Germany," *Economic Journal*, vol. 25, September 1915, p. 450，他提起自己讀到一位德國作者提倡在承平的工業化生活中，繼續行使軍事作風，感覺就像一場噩夢。*Collected Works*, vol. 2: *Road to Serfdom* (University of Chicago Press, 1989), p. 195, footnote.

36 F. A. Hayek, Preface to the original edition of *The Road to Serfdom*, in *Collected Works*, vol. 2: *Road to Serfdom* (University of Chicago Press, 1989), p. 37.

37 *Collected Works*, vol. 2: *Road to Serfdom* (University of Chicago Press, 1989), pp. 148-149.

38 同前。

一、也絕非對抗經濟安全所受嚴重威脅的前瞻對策，」他寫道。「無論如何，保護景氣不受波動之苦的必要措施，不會變成對我們自由造成威脅的計畫。」難道他的意思是，他對國家干預危害自由的警告，不包括凱因斯提議的「極大規模」公共工程計畫？他幾乎不可能將它們排除在外，然而他確實表達得不夠精確。又一次，海耶克瞄準了凱因斯，卻未連續射出子彈。

就算同意凱因斯主義計畫不一定危害自由，海耶克也明白凱因斯的提議代價過高：緩慢的通貨膨脹。「如果我們決心為拯救失業而不惜代價，且不願使用強制手段（逼迫人們工作），我們將訴諸各種絕望的實驗，這些實驗都不能帶來任何長久的紓解效應，更遑論會嚴重妨礙我們以最具生產力的方式使用資源，」[39]他寫道。身為對凱因斯遲來的回應，《通往奴役之路》同時可見第二個重大疏漏。在《通論》中，凱因斯不僅為政府干預提供知識辯護，更無意間發明一個全新的經濟學派分支：總體經濟學，為了讓計畫者能夠更全面地了解經濟活動，進而管理一國的經濟，提供由上而下的觀察。在此之前，經濟從來是以個體經濟學的角度被呈現，也就是個別觀察經濟活動中的每個元素。凱因斯遠遠超前自己的時代，「總體經濟學」和「個體經濟學」兩個詞直到他死後都還沒被創造。「計量經濟學」亦是凱因斯無心插柳、不受重視的發明，當計畫者著手評估一經濟體的體積並設立目標，經濟活動的測量便成了一門獨立學科。海耶克和奧地利學派認為這種研究方法並不恰當。然而，海耶克在書中從未提及這門新學科，以及凱因斯的巨著所預示的，經濟學將從哲學性取徑轉向社會科學取徑。

之後，海耶克承認凱因斯主義者無意造成任何傷害。「外界認為，我主張任何朝社會主義的發展必然導致極權主義，」他在一九七六年寫道。「儘管這個危險性存在，但這不是〔《通往奴役之路》的〕重點。這本書是一記警告，說明如果不修補幾項政策原則，提倡這些政策的人所不樂見的不良後果將一一出現。」[40]海耶克認為，提倡改良措施的溫和派、「中間路線」思想家如凱因斯，儘管本身不是社會主義者，卻在某種程度上採用了社會主義的思想，且以為這麼做是朝開明進步的社會前進。「人們依舊未看清這場超級悲劇。在德國，人們厭惡的一切絕大多數是拜懷抱善意之人的鋪陳所賜，甚至可以說是他們創造的，」海耶克寫道。「如果我們選擇對社會發展有影響力的人，他們在今日的民主政治裡都是某種程度上的社會主義者。」[41]

儘管《通往奴役之路》不是對代議民主本身的評論，書中卻聲討所有渴望藉公職改善社會的人，以及試圖了解民眾真實心聲的各黨派政治人物——在他看來，這是無可避免的失敗。他承認民選政府的存在使政府規模必然持續成長。「這不是個別代表或議會制度的錯，而是他們肩負的

39 同前，p. 214.

40 Hayek, Preface to the 1976 edition of *The Road to Serfdom*, in *Collected Works*, vol. 2: *Road to Serfdom* (University of Chicago Press, 1989), p. 55.

41 *Collected Works*, vol. 2: *Road to Serfdom* (University of Chicago Press, 1989), pp. 58-59.

任務本身就存在矛盾，」[42]他寫道。

在海耶克的無情分析中，古典經濟學家、保守主義者比起社會主義者、共產主義好不到哪去。他斥責自由市場解決之道的鼓吹者「不知變通」，同時拒絕保守主義，認為那是對現行制度的墨守成規。「雖然〔保守主義〕是任何穩定社會必備的元素，卻不是社會程序，」他說。「由於家長作風、民族主義和權力崇拜傾向，它更接近社會主義而非自由主義；而其傳統、反制且令人敬畏的習氣，導致絕不可能……吸引年輕人以及認為若要創造更好的世界必須有所改變的人。」[43]

在結尾部分，海耶克攻擊新世界秩序的理想化概念，即凱因斯在戰爭末期全神灌注的焦點。儘管承認「世人需要一個國際政治當局，且此機構沒有權力主導各國應該做的事，卻能夠制止他們互相傷害，」他對於成立經濟的國際管理系統抱持懷疑，擔心極權主義將應運而生。「一旦國際經濟事務受到人為操縱，有意識主導一國經濟事務所引發的問題，必將以更大的規模形式出現。」

在因緣際會之下，凱因斯在一九四四年六月搭船橫越大西洋到新罕布夏州途中閱讀了《通往奴役之路》。他即將在布列頓森林飯店主持國際貨幣機制的協商，而令海耶克惶惶不安的正是這種超國家機構。海耶克在四月時已將《通往奴役之路》寄給凱因斯，凱因斯則回應，這本書「看起來很有趣。像是我不會喜歡的那種藥，但其實對我是好的……是大家應該謹記在心，卻不必成天拿出來說的事情」。[44]遠渡重洋的凱因斯心情明顯放鬆，從紐澤西洲大西洋城（Atlantic City）的克拉里吉飯店（Claridge Hotel）寫了一封信給他的老對頭。「我趁著這趟旅程仔細拜讀了你的大作。以我的觀點來看，這本書相當出色。世人都該感謝你將這些急需被說出的話娓娓道來。我並不完全接受書中的所有經濟學意見，這你應該料想得到。然在道德和哲學上，我完全贊同這本書的立場。不是贊同而已，而是深受感動的贊同。」

若說海耶克因為對方誠心的讚揚士氣大振，那他接下來注定受到打擊。凱因斯旋即展開反擊。「我認為，我們要的不是不做計畫，或者較少的計畫，事實上我認為，我們幾乎很肯定的需要更多的計畫，」凱因斯接著說道。「只是計畫應該發生在包括領導人和追隨者在內和你有相同道德立場的社會裡……只要負責執行的人在道德議題上的傾向具正當性，適度計畫便是安全的。某些計畫執行者確實如此。不幸的是，多數人想要執行計畫，幾乎可以確定不是為了享受計畫的果實，而是因為在道德上秉持和你完全相反的觀點。他們想要侍奉惡魔，而不是上帝。」凱因斯承認某些英國社會主義者骨子裡其實支持極權主義。

他繼續道，「因此在我看來，我們需要的不是改變經濟計畫，改變實際上只會導致你提出的哲學成果的幻滅；我們需要的可能與改變背道而馳，那便是擴大計畫。」凱因斯提醒海耶克，希

42 同前，p. 105.

43 Hayek, Preface to the 1956 American edition of *The Road to Serfdom*, in *Collected Works*, vol. 2: *Road to Serfdom* (University of Chicago Press, 1989), p. 37.

44 Letter from Keynes to Hayek, April 4, 1944, LSE Archives, London.

特勒的崛起不是由大政府促成的，而是資本主義的失敗和大規模失業。「你未來遇上的最大困境可能來自美國將你的哲學應用到極端程度後出現的具體失靈，」凱因斯接著說，並主張，一旦美國的失業率在承平時期回到一九三〇年代的水準，可能激發出將世界捲入戰爭的政治極端主義。

「不，」凱因斯說，「我們需要的是正確道德思想的重建——在社會哲學上的適當道德價值回歸。倘若你能將後方的聖戰隊伍導引至那個方向，你就不會被外界視為唐吉軻德，或感覺自己好像唐吉軻德。我認為你可能把道德和物質議題混為一談了。危險措施可以在有正確思想的社會中安全執行，只是若交給思想錯誤的人去執行，那就是通往地獄的路。」[45]這是精闢的觀察：海耶克的分析基礎是對經濟學或社會學的認識，而非社會上的群眾。海耶克為政府干預和暴政之間的關聯擔憂，凱因斯則相信朝極權主義發展的傾向是源於個人道德選擇。

海耶克在《通往奴役之路》中坦承，就解決長期失業問題而言，計畫可能發揮作用，而且正確形式的計畫或許不會導致政治壓迫。誠如他往後所言，「目前為止，當政府為競爭而計畫，或者在競爭無法發揮效用之處進行干預，都尚未遇到反對聲浪。」[46]他也認為政府有介入處理的道德責任，而且只要自由企業精神不受威脅，這麼做是可接受的。「每個人都應該被保障最低限度的衣食住條件，使人們能夠保持健康、維持工作能力，這點毋庸置疑，」他寫道。「國家有充分理由協助組織全面性社會保險系統。簡言之，也就是當我們面對真實可保風險（insurable risk）的時候——以疾病和意外為例，無論是避免這種災難的渴望或克服其後果的努力都不會因為獲得補助而減弱。」[47]

凱因斯把握這難得一見的溫和立場猛攻。計畫經濟一不小心可能會滑向極權主義，然海耶克也站在一道滑坡上。「此時此刻，我要提出我唯一的嚴厲批評，」凱因斯寫道。「你在很多地方承認問題在於找出界線。你同意必須在某個地方劃下界線，也同意邏輯上的極端狀況實際不會發生。然而，你沒有提出任何劃界的指引。我和你很可能在不同地方劃下界線。根據我的觀點，我推測你嚴重低估了中間路線的實際可行性。不過一旦你承認極端是不可能的，而且必須在某處劃下界線，你等於是被自己的論點擊潰，因為你一直試圖說服我們，只要朝計畫經濟的方向多走一小步，必然從陡坡滑落到俯瞰懸崖的邊緣。」[48]

海耶克並未嘗試回覆凱因斯信中提出的問題，或許他因為對手整體上的仁慈態度感到欣慰。一段時間後，他明確反駁凱因斯的主張，後者認為計畫不會為珍愛自由的國家（如英國）招致暴政，「我的許多英國友人恐怕和凱因斯一樣，始終相信英國人現有的道德信念將保護他們不會落入

---

45 *Collected Writings*, vol. 17: *Activities 1920-2: Treaty Revision and Reconstruction* (Macmillan for the Royal Economic Society, London, 1977), pp. 385-387.

46 Chicago Round Table, quoted in Ebenstein, *Friedrich Hayek* (University of Chicago Press, 2001), p. 126.

47 *Collected Works*, vol. 2: *Road to Serfdom* (University of Chicago Press, 1989), p. 148.

48 *Collected Writings* , vol. 17: *Activities 1920-2*, pp. 385-387.

那樣的命運。這是荒唐的想法，」他宣稱。「我們不能仰賴『英國特質』拯救英國人的命運。」[49]

海耶克沒有回應凱因斯，或許是因為他自認在《通往奴役之路》已有不少篇幅處理凱因斯的特定反對——亦即問題在於在國家干預和自由市場之間劃下界線。國家作用的關鍵在於法治（rule of law）是否對所有情況一視同仁。法律應該中立，確保不偏袒社會中特定群體。「控制度量標準（或者以其他方式防止詐欺）的國家絕對是有作用的，反之允許罷工糾察隊行使暴力的國家是失效的。」他寫道。「因此國家在第一個例子中遵守自由原則，在第二個情況下卻沒有。」[50]

諸如給特定產業或個體補助津貼、發放商業獨占特許權，或者差別政策（discriminatory policy，包括糾正不公義的差別政策）等政府政策，無不與法治抵觸。但諸如紓解貧窮和疾病的福利國家措施，只要對所有公民一視同仁，便是合法的國家活動。「在我們這般富裕的國家，沒道理不能在不危及普遍自由的前提下賦予全民這些安全保障，」他寫道，不過「仰賴社會的人是否有資格無限期享受和其他人一樣的自由……很可能造成嚴重甚至具危險性的政治問題」。[51]

當芝加哥大學出版社向奈特詢問是否該出版此書時，或許是期待奈特對書中的告誡認可，卻沒想到他認為海耶克過分誇大了。「這本書本質上是負面的，」奈特寫道。「它幾乎沒有思考替代選擇的問題，也沒有看清關於未來經濟生活各式各樣政府活動的必要性及其政治必然性。它僅處理群眾大聲疾呼以政府控制取代自由企業背後簡單易懂的謬誤推論、不合理的需求以及誇張的偏見。」他總結道，「我不認為它在這個國家能有廣大市場，或者可能改變眾多讀者的立場。」[52]

在這部分，奈特的猜測錯得徹底。《通往奴役之路》漸漸成為挑戰經濟計畫合理性和實用性的關鍵作品。這本書在美國初版印了兩千本，獲得《紐約時報》書評的推崇，形容為「本世代最重要的著作之一」。[53]二刷加印五千本，緊接著又再刷一萬本。不久後，轉而反對社會主義的前左派狂熱分子馬克斯·伊斯曼（Max Eastman）[54]在《讀者文摘》安排刊登此書的刪節版，時間點適逢小羅斯福總統於一九四五年四月十二日辭世、新政和未來經濟政策成為熱門議題之際。出貨訂單不久達到一百萬本了。《瞭望》（*Look*）雜誌甚至印行了卡通版。

在英國，海耶克的論點原則上獲得公平對待。《一九八四》作者喬治·歐威爾（George Orwell）[55]在評論中毫不猶豫地指出專制主義悄無聲息地蔓延，非常具代表性。「海耶克教授論文

---

49 Interview of Hayek by Thomas W. Hazlitt, 1977, published in *Reason*, July 1992, http://reason.com/archives/1992/07/01/the-road-from-serfdom.

50 *Collected Works*, vol. 2: *Road to Serfdom* (University of Chicago Press, 1989), p. 118.

51 同前，p. 148.

52 同前，pp. 249-250.

53 Henry Hazlitt, "An Economist's View of 'Planning,'" review of *The Road to Serfdom*, by F. A. Hayek, *New York Times* , September 24, 1944, Sunday Book Review, p. 1.

54 伊斯曼（Max Forrester Eastman, 1883-1969），橫跨多種領域的美國作家，在一九二三年參訪蘇聯後開始大力抨擊蘇聯共產主義，不過依然持左派立場。直到一九四一年，他開始為《讀者文摘》撰寫保守立場的時事評論。

55 歐威爾（George Orwell）英國作家、反對極權主義的社會主義政治倡導者艾瑞克·亞瑟·布萊爾（Eric Arthur Blair,

的消極看法，基本上說的是事實，」他寫道。「集體主義的內涵不是民主的，相反的，它為一小群專政者連西班牙宗教裁判所都夢寐以求的權力。」但他補充說，「海耶克教授……並不認為（或者應該說不承認，）回歸『自由』競爭對多數群眾而言是比國家更糟糕的暴政，因為它比國家更不負責任。競爭的問題在於某些人是贏家，某些人則被犧牲。海耶克教授否認自由資本主義必然走向獨占壟斷，實際上的走向卻是如此，既然絕大多數民眾寧願接受國家的嚴格控制，也不要景氣蕭條和失業，倘使大眾輿論可以左右這個議題，則偏向集體主義的態勢必將繼續下去。」[56]

其他左派分子認為海耶克的分析一針見血，但不喜歡書中的鼓吹語調，難纏的公共知識分子芭芭拉．伍頓（Barbara Wootton）[57]就是一例。「我也想向世人指出其中部分問題，」她致信海耶克，「但如今你把問題說得言過其實，以致我有必要出面反對。」[58]不過，她非常看重海耶克的觀點，因此甚至透過出版《計畫下的自由》（*Freedom under Planning*）提出反駁。[59]

邱吉爾在一九四五年六月展開保守黨選舉宣傳的廣播上簡要說明書中立論，《通往奴役之路》因而獲得意外的助力。[60]海耶克對社會主義計畫可能導致暴政的告誡在邱吉爾心中產生共鳴。邱吉爾相信克萊門．艾特禮（Clement Attlee，邱吉爾戰時聯合政府的副手）[61]領導的工黨威脅到英國剛贏回的自由。「（工黨）一定會求助於某種形式的蓋世太保，」他宣稱。「它將把一切權力集中到至高無上的黨和黨的領袖手上，猶如仰之彌高的尖塔，超越龐大的公僕官僚機器，不再是僕人，也不屬於公民。」[62]突然之間，首相如聖經般的預言似乎轉而偏激、危言聳聽，甚至不太民主，有失其戰時預言的得體風度。邱吉爾傳記作者羅伊・詹金斯（Roy Jenkins）[63]表示，這次廣播是「他所有聞名的無線廣播談話中，思慮最不周延的一次」。[64]

邱吉爾引用海耶克的評論絲毫無助於提升後者的名聲。態度溫和的艾特禮指出，首相受到「一位奧地利教授學術觀點的二手版本」啟發，他宣稱，「昨晚我聽首相演講時……我當下意識

1903-50）的筆名。

56 George Orwell, "Grounds for Dismay," *Observer*, London, April 9, 1944.

57 伍頓（Barbara Wootton née Adam, Baroness Wootton of Abinger, 1897-1988），英國經濟學家、社會學家和犯罪學家。一九六八年哈羅德・威爾遜（Harold Wilson）率領的政府正式委任她調查使用大麻可能造成的結果。她在「伍頓報告」（1969）中提出持有少量大麻不該被視為犯罪的建議並未獲得採納。

58 UCLA Oral History Program, p. 229.

59 Barbara Wootton, *Freedom under Planning* (G. Allen & Unwin, London, 1945).

60 麥美倫在回憶錄中表示邱吉爾「的擔憂因為讀了海耶克教授的《通往奴役之路》而更加深化」。*Tides of Fortune* (Macmillan, London, 1969), p. 32.

61 艾特禮（Clement Richard Attlee, Earl Attlee, 1883-1967），英國政治人物，曾任工黨黨魁（1935-55）。他是邱吉爾戰時聯合政府的副手，並於一九四五至五一年擔任首相，任內實施福利制度的創建，以及印度、巴基斯坦、斯里蘭卡、緬甸、巴勒斯坦和約旦的去殖民化。

62 引述自Martin Gilbert, *Churchill: A Life* (Henry Holt, New York, 1991), p. 846.

63 詹金斯（Roy Harris Jenkins, Baron Jenkins of Hillhead, 1920-2003），英國工黨內政大財（兩次出任）、財相，以及歐盟主席。他離開工黨創立了社會民主黨，一九八二至八三年任社會民主黨黨魁。

64 Roy Jenkins, *Churchill* (Macmillan, London, 2001), p. 791.

到他的目的。他希望選民看清那位團結國家的偉大戰時領袖溫斯頓·邱吉爾，和保守黨黨魁邱吉爾先生之間的差異有多大。他擔心戰時接受他領導的人會抱著感激的心情繼續追隨他。我由衷感謝他徹底破壞了他們的幻想。」[65]邱吉爾和艾特禮對工黨取得壓倒性勝利無不感到訝異，其中一項重要原因是選民唯恐保守黨將國家帶回戰前的高失業率。工黨政治人物托尼·本恩（Tony Benn）回憶道，「大兵們都說，『別再來了。我們再也不要回到失業狀態、回到大蕭條。』」[66]

在美國，海耶克記得，「就連學術圈都把〔這本書〕視為一個反動派破壞崇高理想的惡意行為。」[67]哈佛大學舉足輕重的凱因斯主義者漢森在〈反對計畫經濟的新聖戰〉（The New Crusade against Planning）[68]的文中附和凱因斯，指出海耶克將干預區分為好與壞兩種，接著像凱因斯一樣詢問海耶克的界線究竟劃在哪裡。

芝加哥大學T·V·史密斯（T.V. Smith）[69]教授也加入戰局，聲稱海耶克的論點「歇斯底里」、「危言聳聽」和「太過刺耳」。「沒有哪個以民主為預設前提的國家會蓄意或……無意的落入奴役狀態，」[70]他說。史密斯認為，重點是「分辨有害的和有助益的計畫，而不是譴責所有的計畫·作者並……不反對計畫。他和我們其他人一樣，只是反對會顛覆自由的計畫」。[71]「在某種程度上，接受電刑和照心電圖的準備工作是相同的，」[72]史密斯表示。難處在於區別兩者。

史密斯還看到海耶克推論裡的另一個缺陷：如果民選政府按照選民的意願產生計畫，這個計畫就稱不上是不民主的。「憲法最大的成就……就是讓民眾在一個半世紀裡，從對政府長久的不信任進展到接納政府，視政府為他們的朋友，」史密斯寫道。「民主政府是由人民自己組合而成的。」[73]

另一位芝加哥大學教授赫曼．芬納（Herman Finer）[74]以《通往反動之路》（*The Road to Reaction*）回應海耶克，他在書中批評海耶克「謬誤叢生」。他繼續說，「海耶克的學習機制不夠完善，他的解讀不完整……他對經濟過程的認知帶有偏見，他的歷史解釋不忠實……他的政治科學完全不存在，他的術語充滿誤導性，他對英美政治程序和心態的理解有嚴重缺陷……而且……他對一般群眾的態度非常專制。」[75]他形容這本書是「一個實行民主數十載國家所見對民

---

65 Roy Jenkins, ed., *Purpose and Policy: Selected Speeches of C. R. Attlee* (Hutchinson, London, 1947), p. 3.
66 Tony Benn, in *Commanding Heights*, PBS, http://www.pbs.org/wgbh/commandingheights/shared/minitext/tr_show01.html.
67 F. A. Hayek, in *Commanding Heights*, PBS, http://www.pbs.org/wgbh/commandingheights/shared/minitext/tr_show01.html.
68 Alvin Hansen, "The New Crusade against Planning," *New Republic*, vol. 12, January 1, 1945, pp. 9-10.
69 史密斯（Professor T. V. Smith, 1890-1964），芝加哥大學哲學系教授，美國眾議院伊利諾州國會議員代表。
70 T. V. Smith, "*The Road to Serfdom*," book review, *Ethics* (University of Chicago Press), vol. 55, no. 3 April 1945, p. 226.
71 同前，pp. 225-226.
72 Russell Kirk, James McClellan, and Jeffrey Nelson, *The Political Principles of Robert A. Taft* (Transaction, Rutgers, N.J., 2010), p. 86.
73 同前。
74 芬納（Herman Finer, 1898-1969），英國政治科學家，任教於芝加哥大學和哈佛大學。
75 Herman Finer, *The Road to Reaction* (Little, Brown, Boston, 1945), preface.

主最邪惡的攻擊」。[76]

儘管書籍廣受討論，事態卻極速明朗化，《通往奴役之路》不僅是區分左派與右派的決定性著作，也區分了右派和極右派。口若懸河的自由至上論者（libertarian）[77]安・蘭德（Ayn Rand）或許從未見過海耶克，卻在看了書之後勃然大怒，語帶不屑地稱他是一名「妥協者」[78]。她在書頁邊緣潦草寫下粗魯評論，直言海耶克是「該死的傻子」，是「糟糕透頂的蠢蛋」、是「屁」，以及「不折不扣的、徹底的惡毒混蛋」。[79]

海耶克驚訝於自己被美國爭鋒相對的意識形態之爭波及。他回憶在美國，「圍繞著新政的莫大熱情仍在高點。這裡的人分成兩大陣營：有一群對這本書很感興趣卻從未讀過——他們只是聽說有一本書支持資本主義——另外一群是美國知識階層，他們才剛吃了集體主義的苦頭，而且覺得接受集體主義等於背叛知識分子應該挺身捍衛的最崇高理想。因此我成為圍剿的對象，那是當時的我在英國不曾遭遇的對待。他們甚至試圖徹底毀壞我的學術名聲。」[80]

海耶克和凱因斯於一九四六年一月在劍橋碰面。海耶克將話題從伊莉莎白時代文學，轉到凱因斯的追隨者——據說應該有提到喬安和卡恩——（在他看來）似乎依據他們自己的目的調整了凱因斯的觀點。凱因斯不困擾嗎？他能做些什麼？「在他對相關人士提出一番不太友善的言論之後，」海耶克回憶道，「他接著要我放心，並對我解釋，他提出那些觀念的時刻，社會正好有那方面的迫切需要。隨後他告訴我毋需擔憂；若這些觀念未來將帶來危害，他肯定會再次迅速地扭轉公共輿論——接著他快速揮動自己的手，對我展示所謂迅速的程度。」[81]「凱因斯對自己操作輿論的能力極有自信，」海耶克回憶道。「他自信能夠像彈奏樂器般隨意控制輿論。基於這個理由，他一點也不擔心想法遭到他人的錯誤詮釋。『我隨時都能糾正這情況。』這就是他對自己觀點被誤用的感受。」[82]凱因斯於三個月後過世。

一九四六年四月三十日復活節的星期日早晨，蠟燭多頭燒終於使凱因斯脆弱的身體不堪負荷。在東薩克斯郡查爾斯頓的農舍床上，凱因斯不敵自中年後不斷折磨他的心臟疾病，[83]撒手人

76 同前，p. ix.

77 安・蘭德（Ayn Rand O'Connor, née Alissa Zinov'yevna Rosenbaum, 1905-82），生於俄國的美國作家，反對集體主義、善辯論，也是電影劇本作家。他最著名的小說是帶有訓示意味的《源泉》（*The Fountainhead*, 1943），一九四九年被金・維多（King Vidor）拍成電影，由賈利・古柏（Gary Cooper）和派翠夏・尼爾（Patricia Neal）主演，另一代表作為《阿特拉斯聳聳肩》（*Atlas Shrugged*, 1957），二〇一〇年由保羅・約翰遜拍成電影，而且他本人也參與演出。

78 Rand to Theodore J. Lowi，引述自 *Theodore J. Lowi, The End of the Republican Era* (University of Oklahoma Press, Norman, 2006), p. 22, footnote.

79 Rand引述自 Ayn Rand, *Ayn Rand's Marginalia: Her Critical Comments on the Writings of Over 20 Authors* , ed. Robert Mayhew (Second Renaissance Books, New Milford, Conn., 1995), pp. 145-60.

80 Hayek, *Hayek on Hayek*, p. 90.

81 *Collected Works* , vol. 9: *Contra Keynes and Cambridge*, p. 232.

82 UCLA Oral History Program, p. 117.

83 他得了細菌性心內膜炎，一種心臟瓣膜的感染，在抗生素問世之前是無法治癒的病。

寰。莉迪亞和他的母親陪伴在旁，他過世時僅六十二歲。他生前的對手羅賓斯（曾經和他一起到美國談判英國的戰爭負債）寫信給莉迪亞，讚揚凱因斯「為國家奉獻一生，他的離開如同在戰場上壯烈犧牲」。[84]海耶克也寫信給莉迪亞，形容凱因斯是「我所認識最偉大的人，我對他的仰慕無窮無盡。世界因失去他而變得不美好」。[85]

海耶克告訴妻子，如今凱因斯過世了，他「可能是當今經濟學家中最知名的一位」，後來他「極度懊悔」自己說出這番話。「約莫十天後就不是這麼回事了，」他回憶道。「在凱因斯化身偉人的那一刻，身為經濟學家的我也逐漸被世人遺忘。」[86]誠如他四十年後的說法，「在一九四〇年代中葉——這話聽起來一定非常自負——我認為外界把我當作兩大具爭議性的經濟學家之一：一個是凱因斯，一個就是我。如今，凱因斯逝世，成為聖人；而我因為出版《通往奴役之路》名聲敗壞，情勢徹底翻轉。」[87]

---

84 Skidelsky, *John Maynard Keynes*, vol. 3: *Fighting for Freedom*, p. 472.
85 引述自Ebenstein, *Friedrich Hayek* (University of Chicago, 2001), p. 344.
86 Hayek, *Hayek on Hayek*, p. 143.
87 Hayek, *Hayek on Hayek*, p. 103.

第十四章　荒野歲月

朝聖山學會和海耶克到芝加哥：一九四四至一九六九

《通往奴役之路》成功打入美國，海耶克本身並未貢獻太多。他不是很情願成為公眾人物，而且覺得新書巡迴演講上的喝采干擾了他優雅的言談舉止。「我受邀前往五所大學辦五場系列演講，」他回憶道。「我以為是嚴肅的學術演講，還審慎撰寫講稿……當我人在外海時，《讀者文摘》刊登了《通往奴役之路》刪節版。因此我到達美國時被告知……要在全國進行公開巡迴講座。我說，『老天，這我從來沒做過。我辦不得到。我沒有任何大眾演說的經驗。』（他們說）『沒辦法取消了。』」[1]

廣大聽眾令海耶克驚慌。「我寧可臺下是一小群《紐約客》雜誌霍金森（Hokinson）[2]筆下

1　UCLA Oral History Program, p. 463.

2　霍金森（Helen Elna Hokinson, 1893-1949），美國人，他是《紐約客》社內漫畫家，最愛描寫特定年齡層的發福熟年婦女。

的老太太，」他回憶道。「我問，『你們估計現場有多少聽眾？』他們回覆說，『演講廳可以容納三千人，不過還有一處可臨時增設的第二會場。』我的老天，我完全不知道自己要說什麼。」接下來五個星期，他在美國四處巡迴，對一群接著一群的認真聽眾演講。他旋即成為聽眾心目中的英雄。他漸漸享受起扮演預言家和智者的角色，可惜他並非天生的演員。「在美國的演講是我非常腐敗的經驗，」他說。「你成了一名演員，我根本不知道自己有這一面。但當我獲得操縱觀眾的機會，我開始享受當一名演員。」[3]

我們不禁猜測，要是海耶克更懂得表演藝術，他和凱因斯之間的觀念對戰結果會如何。凱因斯深諳如何推銷想法。他是社論文章的大師，樂於成為眾人焦點。倘若海耶克具備凱因斯的自信、他的商業常識以及他對表演的熱愛，或許能夠說服更多人相信調控經濟是不明智的。他有自信，但或許濃厚的口音和內向特質不僅對他不利，也對他的想法不利。一名同事形容此時的海耶克「行為非常得體，相對嚴肅、體態發福、待人敦厚、遲鈍，談吐慢條斯理，有時會花點時間思考下一句話要說什麼」。[4]這些絕對不是媒體寵兒具備的特質。無論凱因斯和海耶克的辯論真相為何，凱因斯握有優勢，死後依然如此。

海耶克受人景仰，只是除了非常了解他的人以外，他不是什麼萬人迷。他以唱反調出名，吸引標新立異的人，但對想有歸屬感的人而言極不討喜。凱因斯根據對人性的樂觀態度，提供充滿希望的未來想像，在這個想像中，人人有工作。海耶克總是持懷疑態度、悲觀論調：致力於改變世界的人最終可能招致出乎意料的後果。自由市場根據自利的理性決定的當下，運作最為良好，一旦受理想主義影響，便會失靈。因此，樂觀主義者和理想主義者追隨的往往是凱因斯；悲觀主義者則視海耶克為面對真實世界令人失望之處的冷靜指南。

美國新書活動結束後，海耶克回到英國迎接一記重擊。「凱因斯只要活著就極具爭議性——事實也的確如此。直到他去世，便被拔擢為聖人。部分原因是凱因斯本身願意改變自己的看法，他的徒弟們發展出一套正統理論：你只有兩個選擇，獲准和正統理論站在一起，或被正統理論拒絕。差不多同一時期，我因為出版《通往奴役之路》在經濟學同僚中喪失名聲。他們很討厭這本書。因此不只是我的理論影響力下滑，〔倫敦政經學院〕多數科系也漸漸不喜歡我。」[5]

海耶克在一九四四年早期一場講座中透露，他因為反對改革派觀點而受到長期打壓。「我有充分理由期待自己相信計畫式社會主義的社會能夠實現其倡導者的承諾，」他說。「如果我能說服自己，他們是對的，眼前遮住我前景的烏雲就能瞬間退散。」要是他能向社會主義風潮低頭，他補充道，「我可能會成為受人信賴的領袖，而不是人見人厭的擋路者。」「不管你對古典經濟學

3 UCLA Oral History Program, p. 463.

4 Interview of Ralph Harris, July 17, 2000, *Commanding Heights*, PBS, http://www.pbs.org/wgbh/commandingheights/shared/minitext/int_ralphharris.html.

5 Hayek, *Hayek on Hayek*, p. 143.

家有何看法，你必須承認他們從不害怕變成不受歡迎人物，」他說。

外界對《通往奴役之路》的敵意出乎海耶克意料。如此強烈的痛恨情緒無法短時間之內消退。記者羅爾夫．哈禮斯（Ralph Harris）[6]回憶道，「海耶克經歷受人厭惡、憎恨的五〇和六〇年代。左派學術人士不願意見到他，但他們本身絕非不友善的人。我曾遇過牛津大學的哲學教授，直言不想要見到『那個人』……那是很深層的痛恨。」[7]

隨時間流逝，對海耶克觀念的厭惡轉移到所有提議以自由市場取代凱因斯主義的人身上。「這當中帶著一絲宗教戰爭的意味，批評社會主義、公平、正義的崇高理想，等於褻瀆美好事物。」哈禮斯解釋道。「許多人對以自由市場取代凱因斯主義的提議目露凶光，因為他們認為社會主義勢必降臨，而且是文明社會終極實現的平凡人眼中。」[8]而漸漸地，自由市場觀念出現類似宗教性的特點，部分擁護者看起來猶如祕密教派的信徒，而不是真理追求者。

在移居國遭人鄙棄，海耶克考慮搬到美國，可惜已有一次移民經驗的他不想承受第二次文化適應。他的導師米塞斯為逃離納粹魔掌而到紐約，為了在美國學術圈尋得一份工作辛苦奮鬥的經驗，暗示著海耶克想融入這個國家並不容易。除此之外，海耶克享受和英國人一起生活。一九二〇年代首次造訪美國時，他記得，「我仍顯得太過歐式，沒有一點歸屬感。但抵達英國的那一刻起，我就屬於英國。」[9]兩件影響深遠的干擾事件將改變他的想法。

無論如何，他必須先處理在美巡迴時遇到的一個現象：無視社會上出現大規模轉而相信凱因斯主義風潮、仍持續相信正統經濟學的人，包括他自己，有一種荒涼的孤立感。「無論我走到哪裡，都會遇到人們告訴我，他完全同意我的觀點，只是他同時感覺自己的看法十分孤單，沒有任何可以談論的對象，」他說。「我於是有了將這些寂寞的人集合在同一處的想法。」[10]

海耶克想要統帥反抗凱因斯主義的勢力。所有與他有共識的人都是「經濟自由主義者」（economic liberals），不過絕非一逕信奉奧地利學派。「自由派經濟學家」（liberal economists）相信，經濟和市場都應該免受干預。切莫將他們和美國提倡個人在私領域有隨心所欲自由、不受既定社會習俗限制的那些「自由主義者」（liberals）混為一談，這些人在經濟上往往最不欣賞自由主義。使用「自由」一詞的矛盾將反覆帶來源源不絕的困惑。

海耶克早在一九三八年四月已朝反革命道路跨出第一步。極富盛名的美國記者兼評論員李普曼在宣傳其新書《美好社會》（*The Good Society*）的巴黎研討會上成了眾人討論的對象。書

---

6 哈禮斯（Ralph Harrism, 1924-2006），由柴契爾夫人授勳為哈禮斯爵士，創辦位於倫敦的自由市場智庫經濟事務研究所（Institute of Economic Affairs）。

7 Interview with Ralph Harris, July 17, 2000, *Commanding Heights*, PBS.

8 同前。

9 UCLA Oral History Program, p. 10.

10 *Collected Works*, vol. 4: *The Fortunes of Liberalism: Essays on Austrian Economics and the Ideal of Freedom*, ed. Peter G. Klein (University of Chicago Press, Chicago, 1992), p. 191.

中強調蘇聯和納粹德國的計畫式社會內含對自由的威脅。海耶克、米塞斯以及羅賓斯皆受邀參加，與會人士還包括反馬克思主義的法國社會學家雷蒙・阿隆（Raymond Aron）[11]、曼徹斯特大學經濟學者麥可・博藍尼（Michael Polanyi）[12]、弗萊堡的自由市場思想家威廉・洛卜克（Wilhelm Röpke）[13]以及其他二十多位相關人士受邀一起討論「自由主義的危機」（the crisis of liberalism）。他們的論點充其量不過是為將來的辯論奠定基礎，然而海耶克腦海裡已浮現野心勃勃的戰後行動章程。戰爭一結束，海耶克立即聯絡「李普曼研討會」與會者及其他志同道合的思想家。

海耶克提議舉辦一場名副其實的高峰會，一九四七年四月在鄰近瑞士沃韋（Vevey）、可俯瞰日內瓦湖的朝聖山（Mont-Pèlerin）山頂公園飯店（Hötel du Parc）[14]進行為期十天的會議。瑞士信貸（Schweirzerische Kreditanstalt）一名高階經理包辦組織專題研討會所需費用一萬八千瑞士法郎的百分之九十三。領導瑞士製表業的蘇黎世商人艾伯特・胡諾（Albert Hunold）[15]挪用原本要用來創辦文科刊物的經費。而位於紐約哈德遜河畔艾文頓（Irvington-on-Hudson）、支持自由市場的經濟教育基金會（Foundation for Economic Education），以及密蘇里州堪薩斯市（Kansas City）威廉・沃爾克慈善基金（William Volcker Charities Fund），則贊助美國人前往瑞士開會的經費。[16]

海耶克邀請約六十名與會者，承諾所有費用皆由大會支付，最後有三十七名來自十個不同國家的賓客接受邀請，其中二分之一來自美國。後代的經濟自由主義擁護者對參與第一次朝聖山會議的與會者滿懷敬意，就像新英格蘭家庭富家子弟之於五月花號航行者。人們無可避免的注意到這座以法文命名的山稱為朝聖山。搭乘纜車登上山頂公園飯店的朝聖者原是一群毫不相干的人，促成他們聚首的是共同感受：即便被孤立，仍要保有正義感，即便被迫害，仍要保有高尚情懷。誠如歷史學家喬治．H．納許（George H. Nash）[17]所言，「在瑞士阿爾卑斯山高處，與會者非常清楚自己寡不敵眾，對西方世界的政策制訂者也不具明顯影響力。」[18]

11 阿隆（Raymond-Claude-Ferdinand Aron, 1905-83），法國社會學家及社會科學家，是保羅．沙特（Jean-Paul Sartre）的友人。

12 博藍尼（Michael Polanyi, born Polányi Mihály, 1891-1976），匈牙利出生的英國經濟學家、化學家以及科學哲學家，一九三三年逃離納粹德國，躲避猶太人大屠殺。

13 洛卜克（Wilhelm Röpke, 1899-1966），德國經濟學家，他認為自由市場的劫掠應該以「經濟人道主義」加以制止，因此他幫助建立了極為成功的戰後德國社會市場經濟，為「德國奇蹟」奠定基礎。

14 今天的瞭望塔飯店（Hôtel Mirador）。

15 胡諾（Albert Hunold, 1899-1981）。

16 Philip Mirowski and Dieter Plehwe, *The Road from Mont Pèlerin: The Making of the Neoliberal Thought Collective* (Harvard University Press, Cambridge, Mass., 2009), p. 15.

17 納許（George H. Nash, 1945- ），美國史學家，胡佛總統權威，也是《一九四五年以來的美國保守派知識運動》（*The Conservative Intellectual Movement in America since 1945*）(Basic Books, New York, 1976).

18 George H. Nash, *The Conservative Intellectual Movement in America since 1945* (Basic Books, New York, 1976), p. 26.

出席者有米塞斯、羅賓斯、奈特、芝加哥學派經濟學家喬治·史蒂格勒（George Stigler）[19]、一九三三年逃到美國的奧地利學派經濟學家馬赫盧普、英國反計畫經濟學家約翰·裘凱士（John Jewkes）[20]、倫敦政經學院科學哲學家卡爾·波普（Karl Popper）[21]、在《紐約時報》發表讚美《通往奴役之路》書評、幫助此書在美國獲得廣大迴響的亨利·赫茲利特（Henry Hazlitt）、日內瓦高等學院院長威廉·拉帕德（William Rappard）、改革德國貨幣、來自日內瓦的洛卜克以及供稿給《時與潮》（*Time and Tide*）、牛津畢業的英國內戰史學家維諾妮卡·威基伍德（Veronica Wedgwood）[22]。史蒂格勒開玩笑說，這名單簡直就是「海耶克之友」——然這玩笑至少有一半的是真的。

在第一次會議所有與會者當中，對海耶克思想實際發展最重要的人可能是傅利曼。這名當時不過三十五歲的芝加哥學派經濟學者很享受到美國境外的第一次旅遊。傅利曼曾在《通往奴役之路》巡迴宣傳時和海耶克在芝加哥有過一面之緣，他能出席朝聖山會議是拜芝加哥大學法律系的舅子艾倫·德瑞特（Aaron Director）[23]提議所賜。德瑞特在倫敦政經學院見過海耶克，也是芝加哥大學出版社出版《通往奴役之路》的關鍵推手。來自芝加哥的三人組——德瑞特、史蒂格勒和傅利曼——玩笑地稱呼這趟行程是「拯救自由主義的……瑞士公費旅遊」[24]，除了打打牌，並沒有太多期待。史蒂格勒要傅利曼「訓練艾倫玩橋牌，然後我們再找第四個自由主義者，然後教他一起玩。」[25]傅利曼回憶道，「我當時是個年輕、單純的美國鄉下人，在那裡遇見了來自世界各地的人，全奉行同樣的自由主義原則，就像我們一樣。他們在自己的國家飽受指責。當中有許多學者，有些已是國際知名的學者，其他人則注定將聲名遠播。在這裡締結的友誼豐富了我們的人生，大家共同參與創立了這個致力於保存並強化自由主義思想的學會。」[26]

海耶克在開幕致詞中道出自己走過漫漫長路的艱辛，並說未來的旅程會更長，接著他邀請眾人討論「『自由企業』和激烈競爭秩序之間的關係」，「迫使絕大多數國家採行集體主義發展

19 史蒂格勒（George Joseph Stigler, 1911-91），離開「曼哈頓計畫」研究室後，成為芝加哥大學經濟學系的主要成員。他是奈特的門生，一九八二年獲得諾貝爾經濟學獎。

20 裘凱士（John Jewkes, 1902-88），牛津大學墨頓學院（Merton College）經濟學教授。

21 波普（Sir Karl Raimund Popper, 1902-94），生於維也納，曾是馬克思主義者的英國科學哲學家，提倡構成「開放社會」（open society）的自由民主傳統。

22 威基伍德（Dame (Cicely) Veronica "C. V." Wedgwood, 1910-97），英國史學家，著有十六、十七世紀領袖人物的傳記，尤其是英國內戰和三十年戰爭的相關人物。

23 德瑞特（Aaron Director, 1901-2004），前左派激進分子，他在芝加哥大學法學系任教期間，影響了許多傑出的美國法官，譬如羅伯特．波克（Robert Bork）、理查．波斯納（Richard Posner）、安東尼．斯加利亞（Antonin Scalia）和首席法官威廉．芮恩奎斯特（William Rehnquist）。

24 Milton Friedman and Rose D. Friedman, *Two Lucky People: Memoirs* (University of Chicago Press, Chicago, 1998), p. 158.

25 同前。

26 同前，p. 159。一九五七年後，小孩長大能夠獨自留在美國，傅利曼經常在妻子蘿絲的陪同下，把參加朝聖山年會當作每年一度的夏季假期。他在一九七一年成為學會主席。

的……通貨膨脹高壓經濟」問題以及歷史教訓、自由主義經濟思想和基督教的關係、德國的未來、歐洲聯邦的前景以及法治。

「這裡美妙的不可思議，」傅利曼在寫給家中妻子羅絲（Rose）的明信片裡讚歎道。「我們一天開會三次……疲備卻也激勵人心。」[27]討論熱烈，而且經常鬧哄哄。「我們的會議特色是激烈爭論，」[28]傅利曼回憶道。激烈的爭吵和意見分歧不可避免。有一次，米塞斯、羅賓斯、傅利曼、史蒂格勒和奈特為收入的重新分配吵得不可開交，米塞斯氣衝衝的離開會議室，咆哮說，「你們全是一群社會主義者！」還有一次，米塞斯指控哈伯勒像是共產主義者。[29]傅利曼解釋，「米塞斯是個觀點很堅定的人，對任何意見的分歧不太能夠容忍。」[30]為了讓所有人冷靜下來，大會安排探索四周山域的散步行程。第一場會議鬥志昂揚的氣氛為接下來的會議定調，這群想法與眾不同的人為了一些外人難以分辨的差異反覆爭吵，甚至負氣退出。薩繆森冷言表示，「新成員加入的腳步，抵擋不住朝聖山的退出人數。」[31]

經過一個星期多的辯論，羅賓斯寫下一份使命宣言。羅賓斯宣稱「文明的核心價值岌岌可危」，斷言「否定一切絕對道德標準的歷史觀點發展，以及質疑法治可取性的理論發展，滋養了」對自由的威脅。「此外，對私人財產及競爭市場信仰的沒落也助長了這個威脅。」於是他總結，「本團體並不渴望組織政治宣傳，不試圖建立綁手綁腳且阻礙發展的正統理論。本團體沒有任何黨派立場。唯一的目標……是致力保存與改善自由社會。」[32]

海耶克有信心這次會議將成為「歐洲自由主義運動的重生」。[33] 傅利曼視之為「彌補《通往奴役之路》的嘗試，創造一場運動，一條通往自由的路」。[34] 一九四九年，在瑞士賽利斯堡（Seelisberg）舉辦的第二次會議，籌備時間超過一年。自此之後，朝聖山學會每年定期舉辦會議。

凱因斯主義者注意到朝聖山會議，嘲笑那些人有如化石。加爾布雷斯的駁斥最具代表性：「殘存的一小群自由市場經濟學者在阿爾卑斯山上集結、成立學會，但很快就為了英國海軍是該由政府所有或交由私部門經營而分崩離析。」[35]

---

27 引述自 Friedman and Friedman, *Two Lucky People*, p. 159.

28 同前，p. 159.

29 Paul Samuelson, "A Few Remembrances of Friedrich von Hayek (1899-1992)," *Journal of Economic Behavior and Organization*, vol. 69, no. 1, January 2009, pp. 1-4.

30 Interview of Milton Friedman, October 1, 2000, *Commanding Heights*, PBS, http://www.pbs.org/wgbh/commandingheights/shared/minitextlo/int_miltonfriedman.html.

31 Samuelson, "A Few Remembrances of Friedrich von Hayek (1899-1992)."

32 Robbins's full Statement of Aims April 8, 1947, The Mont Pelerin Society, http://www.montpelerin.org/montpelerin/mpsGoals.html.

33 *Collected Works* , vol. 4: *Fortunes of Liberalism*, p. 192.

34 Interview of Milton Friedman, October 1, 2000, *Commanding Heights* , PBS.

35 出自 William Buckley in his address to the Mont Pelerin Society, Hillsdale College, Hillsdale, Mich., August 26, 1975, in William

在新使命的鼓舞下，海耶克回到英國面對另一項更痛苦的例行工作。他在一九二六年於維也納和海倫成婚。在羅賓斯等朋友眼中，這段婚姻在接下來的二十年是很圓滿的，兩人育有二子。然而海耶克之所以娶海倫是為了療傷。年輕時，還在維也納的海耶克初戀對象是他的表親海蓮娜（Helene），可惜一九二三年他到紐約後，遠距離成了挑戰，「由於一些誤解」，[36] 海蓮娜厭倦等待，另嫁他人。

不久後海耶克娶了海倫，他說，因為她長得有點像海蓮娜。海倫成為「我的賢內助」，[37] 他回憶道。二戰後，海耶克於一九四六年隻身造訪維也納，想知道親戚們經歷納粹統治後生活過得好不好。他和海蓮娜見面，海蓮娜告訴他自己已恢復自由身，可以再嫁。儘管多年來海倫盡心盡力持家，且兩人育有十七歲的女兒克麗絲提納和十二歲的兒子勞倫斯，海耶克仍然決定不顧過去的天主教信仰和海倫離婚、將海蓮娜娶進門。受傷、氣憤的海倫拒絕和海耶克分居，離婚談判戲碼激烈上演。

一九四九年聖誕日，海耶克和海倫及孩子們在漢普斯提得舒適的家中慶祝節日。兩天後，他離家前往紐約參加美國經濟學會（American Economic Association）舉辦的年會，永遠地離開了這個家。海耶克從事理財靠的是自己的腦袋，不太仰賴經濟學。為避免爭議性離婚可能帶來的龐大開銷，他在阿肯色大學經濟學與商業學系系主任哈洛德．杜蘭（Harold Dulan）的飯店門下塞了張紙條主動應徵，希望謀份教職。海耶克的計畫是在阿肯色定居，在該州寬鬆的婚姻法保護下，他和海倫離婚的花費將節省許多。杜蘭適時伸出援手，阿肯色高等法院的大法官庭也幫上大忙。海耶克終於在一九五〇年七月正式離婚。「我終於離婚了，」海耶克回憶道。「我知道這是不對的，但是我必須這麼做，」他說。「我內心的需求讓我決定離婚。」[38]

離婚消息震驚海耶克的倫敦政經學院同事，其中最難以接受的莫過於羅賓斯。一九五〇年二月，當海耶克辭去倫敦政經學院的教職時，羅賓斯簡直啞口無言。羅賓斯寫道，他覺得海耶克「的這番舉動……和我在過去二十年珍貴友誼中認識的他，在個性和為人上都難以連結。對我而言，我認識的海耶克已經死了。」往後十年，羅賓斯對海耶克痛惡至極，甚至為了抗議海倫受到的對待而離開朝聖山學會，並且與海耶克斷絕聯繫。直到海倫離世後，羅賓斯於一九六一年參加海耶克兒子勞倫斯的婚禮，也就是他的教子的婚禮，兩人才言歸於好。

海耶克必須逃離。就私人家務事的角度來看，他搬到美國可視為受財務因素驅使的決定，而非試圖利用自己剛建立的自由典範聲譽。他需要比在倫敦政經學院教書更豐厚的薪水，同時支付海倫和孩子們的贍養費並維持自己和海蓮娜的開銷。他最終落腳芝加哥大學，然這份教職可是歷

---

36 F. Buckley Jr., *Let Us Talk of Many Things: The Collected Speeches* (Basic Books, New York, 2008), p. 224.

37 Stephen Kresge, "Introduction," in Hayek, *Hayek on Hayek* , p. 22.

38 UCLA Oral History Program, p. 395.

39 同前。

盡千辛萬苦才換得的。

芝加哥曾經是他《通往奴役之路》新書宣傳巡迴期間的異地家鄉。芝加哥大學出版社是他在美國的出版商，他很喜歡暫住在大學的四角俱樂部（Quadrangle Club）。（相較之下，哥倫比亞大學將他安置在一間空蕩蕩的寬敞宿舍裡，讓他覺得在私人和政治立場上受到冒犯。）

加入芝加哥大學經濟系絕對是海耶克夢寐以求的事。但支持自由主義的威廉．沃爾克慈善基金主席哈洛德．W．盧瑙（Harold W. Luhnow）在海耶克於底特律經濟學俱樂部發表一場演講後，立刻邀請他撰寫為美國人量身訂做的《通往奴役之路》。盧瑙同意海耶克開出的價碼：連續三年、每年一萬美金。「我不認為他是認真的，」[39]海耶克回憶道，相較於接受保守派智庫的資助，他寧願在知名大學當個獨立學者。

海耶克試著向普林斯頓大學高等研究院（Institute for Advanced Studies）謀職，然校方不欣賞海耶克因私人因素指定薪資的舉動。於是海耶克和芝加哥大學接觸，希望能進經濟學院，他覺得該學院的學者像是奈特和雅各布．維納（Jacob Viner）[40]等人應該會歡迎他的加入。芝加哥大學校長羅伯特．梅納德．哈欽斯（Robert Maynard Hutchins）熱情地回應海耶克的請求。哈欽斯是一位教育改革者，為使芝大成為更嚴謹的教育機構，廢除了兄弟會和美式足球課程，這些改革讓他成為教職員眼中的不受歡迎人物，經濟學院思想保守的教授們尤其不喜歡他。因此讓海耶克加入經濟學院的建議從一開始便遇到阻礙，不過對哈欽斯的敵意不是海耶克被拒絕的唯一理由。

「他不是他們想要的人，」傅利曼解釋道。「他們不認同他的經濟學主張……倘若他們想在美國以外的地方尋找經濟學家加入教師陣容，理想的人選不會是《價格與生產》的作者。」[41]海耶克的奧地利經濟學派被認為難解且過時。海耶克的思想和芝加哥經濟學派的概念存在重大分歧。傅利曼支持海耶克的經濟、政治自由主義觀點，卻忽視其中的奧地利學派「生產階段」概念，以奧地利學派厭惡的政府管制貨幣供應取而代之。此外，海耶克相信自由市場集所有美德於一身，芝加哥學派學者如奈特則認為自由市場也可能和政府干預一樣效率不彰。然而，奧地利和芝加哥學派盡皆相信，理解經濟的關鍵在於價格，也認為自由市場比政府干預更可取，因此這兩個相互競爭的經濟學傳統通常被當作同義詞。

傅利曼發現不必要的貨幣供應限制和隨之而來的經濟衰退存在絕對關聯，這個經濟學的突破展現芝加哥學派經濟學者截然不同的一面。不同於海耶克和米塞斯認為經濟活動太過複雜無法量化，而平均數值是對個體如何決定價格的誤導性指標，傅利曼的研究將凱因斯視經濟為一整體進行觀察的概念奉為圭臬，並使用平均數值判斷經濟變化的原因和影響。儘管傅利曼提醒自己切勿

39 Hayek, *Hayek on Hayek*, p. 127.

40 維納（Jacob Viner, 1892-1970），芝加哥經濟學派共同創辦人，大蕭條期間建議小小羅斯福總統的財政部長亨利・摩根索（Henry Morgenthau）不要嘗試凱因斯解藥。維納親口跟傅利曼說。

41 引述自Ebenstein, *Friedrich Hayek*, p. 174.

太嚴厲批評海耶克的奧地利學派概念，但他始終沒有被該學派的優點說服。

海耶克在《通往奴役之路》中大膽提出末日預言，也被視為缺乏芝加哥學派知識活力的證據。根據芝加哥大學社會思想委員會（Committee on Social Thought）主席約翰・涅伏（John Nef）表示，部分芝加哥學派經濟學者認為《通往奴役之路》「過度受歡迎，不是一個受人敬重的學者會寫出的作品。讓他加入芝加哥大學無妨，但他不能和經濟學者牽連在一塊」。[42]一九五〇年秋季，在涅伏的建議下，海耶克成為社會思想委員會的社會與道德科學教授。沃爾克基金會提供這個職位的部分贊助。儘管過程一波三折，海耶克仍舊接下這份工作。

海耶克想要藉著寫一本和《通往奴役之路》同樣受歡迎的作品推動反革命。他的傳記作者伊本斯坦解釋，「他希望《自由秩序原理》（*The Constitution of Liberty*）足以成為二十世紀的〔亞當・斯密〕《國富論》（*The Wealth of Nations*）。」[43]接下來九年，他斷斷續續撰寫一本書，試圖解釋為何法治是保護個人自由不受政府侵害的最佳辦法。他以自由概念的歷史提要切入，詳細闡述兩百年前「自由主義之父」、英國哲學家約翰・洛克（John Locke）首次提出的法治概念。洛克的作品啟發法國大革命和美國的眾開國元老們，他宣稱眾人生而平等，否定君權神授的君主統治邏輯。他定義在社會中和平共處的人彼此之間的「社會契約」，主張這份共識是恪遵法律、服從政府的先決條件。洛克思想中特別吸引海耶克的面向是，唯有在法律面前人人平等，一個社會才能算是真正的自由。

海耶克更進一步推廣洛克的法治觀念，宣稱唯有法治的存在能夠保障自由市場在所有人面前公平運作。反之，法治缺席，則暴政當權。有鑑於《通往奴役之路》被評為太過煽情，他在《自由秩序原理》中刻意自我節制。「我嘗試盡可能冷靜地進行討論，」[44]他寫道。

《自由秩序原理》第一項結論是個人若要不受他人脅迫，國家必須強迫某些人不能脅迫他人。第二項結論是民主和資本主義都需要法治，包括它們內含的私有財產和在自由市場內執行契約的觀念。「對西方繁榮貢獻最大的一項因素大概莫過於法律的相對確定性，」[45]海耶克宣稱。法治使市民能夠有把握地做出關於未來的決定，對未來做決定是投資的先決條件，法治進一步提供有秩序的外在條件，社會因而變得富裕。海耶克假設法律對個人私生活的干預有限，認為這將使個人能夠享受他所謂「某種程度上受保障的私人領域」。[46]這等於是現代版的洛克。

海耶克接著涉入關於美國夢關鍵要素的危險領域：人人生而平等，政府為確保所有公民受到相同的公平對待，應該追求使其公民在尊嚴上感覺平等的政策。海耶克剖析「公平」一詞，順

42 John Ulric Nef, *The Search for Meaning: The Autobiography of a Nonconformist* (Public Affairs Press, Washington, D.C., 1973), p. 37.

43 Ebenstein, *Friedrich Hayek*, p. 196.

44 F. A. Hayek, *The Constitution of Liberty* (University of Chicago Press, Chicago, 1960), p. 6.

45 同前，p. 87.

46 同前，p. 13.

帶駁斥洛克的主張，亦即人是透過經驗而非天賦取得智慧。「現代社會一向貶低先天差異的重要性，」他寫道。「我們不能忽視一個事實，也就是每個個體生來就非常不一樣。做為一個事實陳述，『人人生而平等』事實上不真。」[47]這或許不令人意外，海耶克在前言中早已提出警告，「我不是以一個美國人的身分寫作此書的。」[48]

海耶克接受每個人都該被視為具有同等價值，並在法律的約束下受到平等對待，但他認為各國政府藉由提供眾人相同的資源試圖創造平等或一視同仁，是非常荒謬可笑的。他認為，人和人之間的差異本身才是維護進步和繁榮的基本要素。「我們習慣的快速的經濟進展，在很大程度上似乎是不平等的結果，而且一旦不平等消失，這樣的經濟進展就不再可能，」他寫道。[49]

他主張，文明進步勢必使某些國家超越其他國家。「若今日部分國家可以在幾十年內取得西方世界花數千、數百年成就的物質享受水準，難道不正說明了西方世界並未被迫和其他世界分享其物質成就，所以他們的道路才能少些坎坷荊棘嗎？」[50]他爭論道。

爭議性觀點不斷出現。讀過《通往奴役之路》的保守派或許有藉口把海耶克視為他們的一份子；這本書挑戰社會主義者和共產主義者，並強力護航自由市場，因此保守派普遍將此視為一份宣言。然而海耶克在《自由秩序原理》題為〈為什麼我不是保守派〉的跋中打消了他們的這個念頭。[51]海耶克宣稱，他是一名「自由派」（liberal）。「保守派態度的基本特徵之一是害怕改變，對新事物有種膽怯的不信任，」他寫道，「自由派的立場則植基於勇氣和自信，植基於就算我們無法預測後果仍願意讓改變自然地發生。」[52]他繼續說，「保守派的立場是基於他們相信在任何社會裡都有公認的卓越人士，這些人繼承的標準、價值和立場理應受到保護，同時他們應該比其他人擁有對公共事務更大的影響力。當然，自由派並不否認有些人比較卓越——自由派不是平等主義者——但他拒絕接受任何人有權決定誰是卓越的。」[53]

海耶克宣稱保守派如同社會主義者，而且兩者皆持有令人厭惡、非民主的觀點。「保守派不反對脅迫或武斷權力，只要它們被用在被認為對的用途上。他相信，若把政府交給正派的人，政府應該就不會受僵化規則過度控制……他就像社會主義者，認為自己有權力將他信仰的價值強加於他人，」[54]他寫道。「令人反感的不是民主，而是絕對的政府，我想不出任何不該加以限制多數統治及其他形式政府職權範圍的理由。」[55]

47 同前，pp. 86-87.
48 同前，p. vi.
49 同前，p. 42.
50 同前，p. 46-47.
51 同前，p. 397.
52 同前，p. 400.
53 同前，p. 402.
54 同前，p. 401.
55 同前，p. 403.

他認為保守派被民族主義蠱惑。「往往正是這種民族主義的偏見，提供從保守主義走向集體主義的橋梁：從『我們』的產業或資源的角度思考，和要求這些國家資產為國家利益服務只有一小步的距離，」[56]他如此宣稱。「這種民族主義和愛國主義是非常不一樣的，而……對民族主義的厭惡和對國家傳統的深層依戀是完全相容的。」[57]在眾議院非美活動調查委員會（Un-American Activities Committee）和參議員喬瑟夫·麥卡錫（Joseph McCarthy）主導的反共公審背景下撰寫此書，海耶克無意中透露他對這種惡意行徑毫無耐心：「把一個想法稱作非美國的或非德國的，不能算是真正的論點，同樣的，一個錯誤的、邪惡的理想也不因為是由我們的同胞所構思便相對正確或無害。」[58]

海耶克在一九五九年五月八日完成《自由秩序原理》，這天也是他的六十歲生日。該書在一九六〇年二月出版。他將親筆簽名本送給理查·尼克森（Richard Nixon）、胡佛、李普曼、約翰·戴凡波（John Davenport）、赫茲利特、時代雜誌發行人亨利·魯斯（Henry Luce），以及《讀者文摘》的一名重要編輯，希望該雜誌刊登像《通往奴役之路》的刪節版。這不只關乎自由主義復興計畫，海耶克極需這筆收入。他負責供養兩任太太和一雙子女，加上自己年屆退休卻沒有退休金，他衷心盼望這本書能熱賣。

銷售數字並不漂亮。儘管特定支持者仍給予預期中的好評，大眾的反應卻不太熱絡。相較於《通往奴役之路》，本書顯得囉唆而沉重。羅賓斯如此形容，「這本書真的不好讀；儘管論點清楚且條理分明，在閱讀的過程中，經常得停下來思考。」[59]對旨在敦促知識分子重新思考自由基本概念的作品而言，它甚至未獲學術期刊太多關注，少數提出書評的人貶大於褒，就連應該贊同本書立場的人也多所批評。

普林斯頓大學維納的回應最為典型，他和奈特自一九三〇年代起便引領芝加哥大學經濟學系朝支持市場的方向前進。維納抱怨海耶克的論點過分簡化、自相矛盾且研究方法拙劣，他說「海耶克的論點明顯缺乏『如果』和『但是』，以及權衡利弊的角力拉扯」。[60]他重申歐威爾對《通往奴役之路》的批評，亦即海耶克僅專注於反對公部門的強制，但同樣的論點也適用於私人企業。維納譏諷海耶克反對公會壟斷勞動力供給，卻為操縱價格或商品供應的私人企業找尋藉口。[61]他嘲笑海耶克要所有人支付相同稅金的「單一稅制」請求：「就算是最極端的表現形式，累進稅制〔按比例對富人課徵比窮人更多的稅〕也不曾執行到富人在繳稅前陷入比窮人更難『生存』的程

56 同前，p. 405.
57 同前。
58 同前。
59 Lionel Robbins, "Hayek on Liberty," *Economica* (New Series), vol. 28, no. 109, February 1961, p. 67.
60 Jacob Viner, "Hayek on Freedom and Coercion," *Southern Economic Journal*, vol. 27, no. 3, January 1961, p. 231.
61 同前，p. 235.

度。」[62]

維納拒絕接受海耶克認為最適應社會需求的人將逐漸變得更富有的「社會達爾文主義」，他說，這和海耶克駁斥「歷史主義」[63]的立場有所衝突，歷史主義泛指歷史是由不變的規則而非個人努力所決定的。海耶克提倡包含全民健康保險和國家提供基本住宅的有限度福利國家也和他對國家「強制」的核心擔憂相互違背。這些矛盾「破壞了海耶克對自由放任大旗的任何主張」而且「足以使許多和他同樣被視為『自由主義者』的人感到困擾」。[64]最重要的是，維納斥責海耶克將經濟成長和收入最大化置於其他價值之上，如宗教或民主。[65]

從羅賓斯發表在《經濟學刊》的書評可明顯看出，兩人已然疏遠。羅賓斯批評海耶克對自由的定義，認為他的定義主要立基於「強制」的存在與否。羅賓斯宣稱，有一些重要的具體行為，像是民主和投票權，「尤其是將女性或有色人種納入考慮的」行為，也是真自由的象徵。「不容否認，〔民主〕本身具有破壞其他自由的自由」；基於這個理由，我們或許同意……海耶克教授的看法，民選政府具有非常嚴重的危險性。然這不過是眾多關於生活的悖論之一。」[66]

談論海耶克對政府干預的反對時，羅賓斯認為這位老朋友的方法過分極端。「在我看來，任何對混合經濟系統穩定性的斷然懷疑態度，在邏輯或歷史上都不太站得住腳，」[67]他堅稱。誠如凱因斯所言，羅賓斯主張為公共福祉而進行的國家干預，其好與壞取決於該社會是好或是壞。國家援助在良善的社會裡是值得一試的。「當我觀察當代英國的社會條件，成年公民和他們的孩子們三餐得以溫飽、身體健康，大致上既體面又富有人性，和四十年前我還是個年輕人的英國相比，我的確感受到紮實且長足的進展，」[68]羅賓斯寫道。「海耶克某種程度上太過傾向於……假設偏離他規範的一切都將逐漸累積導致災難……為什麼他要把這些都說得好像一定會將我們導向社會分化和集中營？」

《自由秩序原理》令人失望的評論和銷售成績，不約而同地和朝聖山學會內部的危機同時發生。經過好幾年成員持續流失、出席率降低，朝聖山學會因為派系之爭、個人恩怨以及內鬨早已四分五裂，內鬨的細節甚至無謂到令人難以啟齒。這個機構是海耶克的心血結晶，為了內鬨心煩意亂的他索性在一九六〇年的大會上辭去主席一職，並婉拒參加隔年的大會。

另外還有一個令人不安的發展。一九六〇年，海耶克第一次臨床憂鬱症發作。隔年他經歷輕微心臟病發作（醫生並未做出正確診斷），心情更加鬱悶。一九六二年，依然為養老財務安

62 同前，p. 232.
63 同前，p. 235.
64 同前，pp. 235-236.
65 同前，p. 235.
66 Robbins, "Hayek on Liberty," p. 68.
67 同前，p. 80.
68 同前，pp. 79-80.

排不周感到焦慮不安，也唯恐可能會讓海蓮娜過苦日子，他接受德國弗萊堡大學（University of Freiburg）附帶退休津貼的職位，弗萊堡大學距離奧地利邊界約一百多英里。從某些層次來看，這次搬家象徵著回家，但也可以是撤退的標記，一種在故土上的流亡。海耶克已二十多年未使用「馮」這個貴族稱謂，來到弗萊堡後，他又開始稱自己為「馮・海耶克」。朝聖山學會在一九六四年頒發榮譽主席的頭銜給海耶克，可惜組織內部紛紛擾擾只是徒增他的挫敗感。他感到孤立，更糟糕的是覺得自己不受重視。一九七八年，他回憶道，「多數〔大學〕系所不喜歡我，那種厭惡感至今我仍感受得到。多數經濟學家習於將我視為外人。」[69]

摧毀海耶克自信的最後一擊似乎來自他從前最親密的朋友暨最堅定的捍衛者羅賓斯，羅賓斯修正自己對海耶克自由市場觀點的信仰，並擁抱凱因斯主義的諸多面向。對羅賓斯而言，轉捩點發生在海耶克和米塞斯將美國的大蕭條歸咎於商人以過低利率貸款過高金額，並將借來的錢投資到賠本生意裡。羅賓斯以英式的節制風格形容這個解釋「使人誤解」，並形容海耶克為大蕭條開的藥方——透過減記錯誤投資和提高利息，鼓勵人們多加儲蓄並防止消費者支出，讓市場找到自己的平衡點——「就像拒絕給一個掉進結冰池塘的醉漢蓋毯子並施打興奮劑一樣不恰當，只因他本來的問題是熱過頭。」[70]

羅賓斯過去曾全盤接受海耶克的診斷，甚至完成《大蕭條》（*The Great Depression*）一書，提出和海耶克相近的論點，認為唯有以愛之深、責之切的政策處理破產經濟及其受害者，才能扭轉資本失衡並恢復健全的經濟體質。但後來他形容這本書是「我很樂見被遺忘的東西」，同時也是「我學術生涯最大的錯誤」。他滿懷懊悔，不僅為了信奉海耶克的觀點，也為了他太晚擁抱凱因斯主義。誠如他所言，「這將永遠是我深感遺憾的事，儘管我的行為是出於良善信念與強烈的社會責任感，我過去的確大力反對可能減緩經濟困境的政策。」[71]

一九六九年，海耶克基於財務因素搬回奧地利。薩爾茨堡大學（University of Salzburg）是一所經濟系規模很小的學院，校方以體面的金額向海耶克購買其個人圖書館，搬到薩爾茨堡的他還是能夠查閱自己的藏書並持續寫作。那年他第二次心臟病發，醫師仍未做出正確診斷。接下來五年，他長時間受到疾病、疼痛和重度憂鬱症的折磨，完全無法工作。虛弱的身體狀況持續整個七〇年代，最後他只得求助於抗憂鬱藥物。

根據哈禮斯表示，「海耶克回到祖國奧地利時心情很沮喪。混合經濟的成功使他的自由市場理論和他本人比過去更不受人重視。」[72]「這是一個非常社會主義的世界，」他的兒子勞倫斯回憶

69 F. A. Hayek in *Commanding Heights*, PBS, http://www.pbs.org/wgbh/commandingheights/shared/minitextlo/tr_show01.html#1.
70 Robbins, *Autobiography of an Economist*, p. 154.
71 同前，p. 155.
72 Ralph Harris, in *Commanding Heights*, PBS, http://www.pbs.org/wgbh/commandingheights/shared/minitextlo/tr_show01.html#1.

道。「他的觀念不受時代歡迎。沒有人把他的話當一回事。沒有人贊同他。他孤立無援。」[73]海耶克落入人生最低潮。「我的感覺是，我玩完了，」[74]他說。

---

73 Lawrence Hayek, in *Commanding Heights*, PBS, http://www.pbs.org/wgbh/commandingheights/shared/minitextlo/tr_show01.html#1.

74 Hayek-North/Skouken interview, 引述自 Ebenstein, *Friedrich Hayek*, p. 252.

第十五章　凱因斯時代

三十載所向無敵的美國榮景：一九四六至一九八〇

一九四六年凱因斯去世時，人們為他舉辦了如悼念英雄般的喪禮。他的骨灰灑在薩塞克斯靠近他鄉間宅邸的地方。[1]西敏寺紀念追思會上，首相艾特禮率領眾多哀悼者，包括莉迪亞、凱因斯的年邁雙親、眾多內閣成員、美國大使約翰・溫納特（John Winant），以及葛蘭特、凡尼莎・貝爾、克萊夫・貝爾（Clive Bell）和李奧納・吳爾芙（Leonard Woolf）等一干布魯姆斯伯里成員。美國人在華盛頓的國家教堂（National Cathedral）為他舉辦莊嚴的送別儀式。

凱因斯的離世基本上並未減緩以他為名的革命。他最初研究景氣循環是為了縮減大蕭條造成的失業規模，而《通論》為各國政府提供了避免人民沒工作的方法。然而，凱因斯的離開使凱因斯主義者開始代替他主導這場革命。他的智慧再也不能影響他們了。凱因斯的目標和凱因斯主義

1 凱因斯生前曾要求將骨灰埋在國王學院，但遺囑執行人弟弟喬佛瑞，決定將他的骨灰灑在薩塞克斯。

者以他為名所做的事差距愈來愈大。對某些人而言，像是海耶克，凱因斯等同於釋放了一整個世代的魯莽經濟學者。倫敦政經學院的年輕經濟學者艾倫・皮卡克（Alan Peacock）形容，凱因斯是「凱因斯革命裡的克倫斯基（Kerensky）[2]」[3]，是被更激進的革命者推到一旁的溫和領袖。

在英國，艾特禮大力推動凱因斯式改革。艾特禮曾擔任戰時副首相，當邱吉爾忙於戰事時，他得以全權管理國內政策。根據邱吉爾傳記作者馬丁・吉爾伯特（Martin Gilbert）表示，戰時聯合政府的一九四二年「預算演說徹底發揚凱因斯主義……使用國家收入和支出估計數字制訂預算，在政策制訂經濟學應用史上堪稱重大事件」。[4]關鍵措施是建立以稅收為資金基礎的福利制度，以及將充分就業當作國家目標。此兩項措施俱是貝弗里奇的建樹，這名海耶克在倫敦政經學院的前任雇主相信，「創造讓所有勞動力得以就業的需求，這項終極責任必須由政府承擔」。[5]

海耶克注意到自己最早期的贊助人之一如今變成凱因斯主義支持者。一直以來，海耶克對貝弗里奇的評價都不高。「我從未見過自稱經濟學家的人對經濟學的知識如此淺薄，」海耶克回憶道。[6]貝弗里奇的問題出在缺乏任何持之以恆的原則。「他是會事先準備、提供簡報、令人心服口服的那種出庭律師，卻在五分鐘後忘記自己剛剛說過的一切，」[7]海耶克表示。更令海耶克苦惱的或許是為貝弗里奇撰寫《貝弗里奇報告》（*Beveridge Report*，預示國有化的社會保障和國民健保署〔National Health Service〕）並將充分就業納入國家政策的卡爾多，他曾是海耶克的得意門生。海耶克不悅地承認「卡爾多透過《貝弗里奇報告》對宣揚凱因斯思想的貢獻近乎超越所有人」。[8]

政府把充分就業視為首要責任的概念不僅在英國發酵。參加倫敦凱因斯紀念追思的澳大利亞工黨總理約翰·柯廷（John Curtin）於一九四五年發表〈澳大利亞充分就業〉（Full Employment in Australia）白皮書，諭令政府為每個有能力工作的公民謀職。同年，《聯合國憲章》（Charter of the United Nations）起草者們將政府應盡力提供「更高的生活水準、充分就業，以及促使經濟與社會進步的條件」納入誓言。[9]聯合國在一九四八年更宣稱，「人人皆有工作的權利、自由選擇就業的權力、享有公平且舒適之工作條件的權力，以及免於失業的權利。」[10]

遭戰火摧殘的歐洲變成凱因斯主義實驗室。俄國在西歐的大門前虎視眈眈，美國認為應該把

---

2 克倫斯基（Alexander Kerensky, 1881-1970），俄國臨時政府總理，十月革命後，位子被列寧取代。

3 Alan Peacock, *Liberal News* , February 23, 1951.

4 Martin Gilbert, *Winston Churchill, the Wilderness Years* (Houghton Mifflin, New York, 1982), p. 31.

5 William Beveridge, *Full Employment in a Free Society* (Allen & Unwin, London, 1944), p. 135.

6 UCLA Oral History Project, p. 111.

7 同前，pp. 111-112.

8 同前，p. 111.

9 Articles 55 and 56, Charter of the United Nations, 1945, un.org/en/documents/charter/index.shtml.

10 Johannes Morsink, *The Universal Declaration of Human Rights: Origins, Drafting, and Intent* (University of Pennsylvania Press, Philadelphia, 2000), p. 160.

凱因斯在《和平的經濟後果》中提出的教訓銘記在心：絕不允許極端主義先決條件有任何發展的空間。美國非但未利用貧困懲罰戰敗國，還讓美國納稅人透過馬歇爾計畫協助戰敗國走向繁榮。幾乎不曾考慮將德國、日本和義大利交還給自由市場。一九四六年，凱因斯主義大祭司加爾布雷斯成為國務院顧問，針對被占領國的經濟政策提供意見。

凱因斯主義在美國也是現在進行式。一九四三年，新政時代的國家資源規畫委員會（National Resources Planning Board）推動一項「權利新法案」（New Bill of Rights），「透過一切適當措施促進並維持高水準的國家生產與消費。」[11]小羅斯福在一九四四年國情咨文中宣布，「第二權利法案」將保障「國民免於年老、生病、意外以及失業之經濟恐懼的權利」。[12]一九四五年一月，來自蒙大拿州的民主黨參議員詹姆斯·莫瑞（James Murray）[13]提出在「美國凱因斯」漢森的幫助下所完成的《充分就業法案》（Full Employment Bill）草稿，這份法案草稿是以新政經濟學家里昂·H·凱瑟靈（Leon H. Keyserling）[14]在一九四四年論文〈美國經濟目標〉（The American Economic Goal）中提出的想法為基礎。[15]

該法案如同凱因斯經濟學入門。它宣稱「自行其是的私人企業無法實現充分就業，也不能消除週期性大規模失業及低迷景氣」，[16]同時「所有能夠工作、渴望工作的美國人有資格獲得實用、給薪、規律且全職的就業機會」，而且聯邦政府應該「提供可觀的必要聯邦投資和支出……確保充分就業狀態持續」。[17]一九四五年四月十二日，來自密蘇里州、個子矮小、樸實、懂得彈鋼琴的參議員哈利・S・杜魯門（Harry S. Truman）[18]繼任小羅斯福成為美國總統。國會不信任他將服從指示，因此要求行政體系提交一份年度預算表，預先估計創造充分就業所需的產出，同時估計經濟體在沒有聯邦挹注情況下的產出。如此一來，總統必須提案「補償性融資」（compensatory finance）立法，透過赤字支出刺激經濟，或在勞力短缺時減少支出扼殺多餘需求。美國經濟的管理將由和國會聯合經濟委員會（Joint Economic Committee of Congress）旗鼓相

11 Robert J. Donovan, *Conflict and Crisis: The Presidency of Harry S. Truman, 1945-1948* (University of Missouri Press, Columbia, 1996), p. 112.

12 Franklin D. Roosevelt, "State of the Union Message to Congress," January 11, 1944, The American Presidency Project, http://www.presidency.ucsb.edu/ws/index.php?pid=16518.

13 莫瑞（James Murray, 1876-1961），加拿大出生的美國人，當選五屆的蒙大拿州參議員。

14 凱瑟靈（Leon H. Keyserling, 1908-87），經濟學家，從學於新政幕後策劃者之一、小小羅斯福總統智囊團雷克斯福德・特格韋爾（Rexford Tugwell）。參見W. Robert Brazelton, "The Economics of Leon Hirsch Keyserling," *Journal of Economic Perspectives*, vol. 11, no. 4, Fall 1997, pp. 189-197.

15 Oral history interview with Leon Keyserling by Jerry N. Hess, Washington, D.C., May 3, 1971, Harry S. Truman Library, Independence, Mo., pp. 25-26.

16 Full Employment Bill of 1945, in Stephen Kemp Bailey, *Congress Makes a Law: The Story behind the Employment Act of 1946* (Vintage, New York, 1964), p. 57.

17 U.S. Senate, *Assuring Full Employment in a Free Competitive Economy. Report from the Committee on Banking and Currency*, S. Rept. 583, 79th Congress, 1st session (Government Printing Office, Washington, D.C., September 22, 1945), p. 81.

18 杜魯門（Harry S. Truman, 1884-1972），第三十三任美國總統（1945-53）。

當、新成立的經濟顧問委員會（Council of Economic Advisers）負責監督。這個法案和聯合國一樣把充分就業視為基本人權。[19]

凱因斯主義者備感欣慰。「約一千萬人失業的十年不愉快回憶尚未消除，」麻省理工學院經濟學家哈里斯寫道，「聯邦政府每年七百五十億美元戰爭開支刪減的效應和我們所有人息息相關，如今已然開始發酵。」他預測接下來十年將有六千兩百萬職缺流失。「非指導經濟有可能在稅收負擔沉重的狀況下，使消費提升至少百分之五十，投資達到三〇年代的五倍嗎？」[20]他質問道。

凱因斯主義者並非對批評免疫。海耶克在哈佛的友人哈伯勒指出法案有一個重大缺陷，「危險在於……按照總體支出制訂的政策會玩火自焚，」他寫道。「如果失業者集中在特定『蕭條』領域和產業，而其他領域皆達到充分就業，整體性擴大開支只會提高充分就業領域的價格，卻不會對蕭條產業有太大影響。接著就會出現通貨膨脹和景氣蕭條以及失業並存的矛盾現象。」[21]哈伯勒的觀點三十年後才被證實為正確的。

阻止廣受民眾歡迎的立法是法案反對者所面臨的挑戰，他們採用海耶克長期反對凱因斯補救方案的類似論述。景氣循環及其所涵蓋的蕭條淨是反應正當商業活動的自然現象，因此不該立法阻止其發生。充分就業是一種幻想，因為當工人們更換雇主之際，失業是必然的。干擾就業市場將導致亂象叢生。反對者進一步主張，沒有任何精確的經濟措施能夠正確預測未來就業水準和適當刺激經濟。他們也不贊成把工作變成人權：這將導致美國人幻想破滅，因為他們的期待沒有任何政府能夠實現。

眾議院的保守派確保一九四六年二月杜魯門簽署法案時，內容已大幅軟化。法案名稱從《充分就業法》改成《就業法》（Employment Act）。「權利」和「資格」變成「聯邦政府有義務……推動就業最大化。」要求「總統應交給國會……一份整體計畫……以確保持續的充分就業」變成維持充分就業的模糊意圖。創造就業年度預算降級為規範性較輕的「總統經濟報告」（Economic Report of the President）。[22]

儘管遭遇種種妥協和挫敗，凱因斯主義者仍相信新法案能幫助他們達到目的。它使行政部門負起經濟的責任。有史以來頭一遭，政府獲得調控經濟的權利，將行政權延伸至遠超越現行憲法職責之外，逐漸控制貨幣和貿易。接下來三十年，兩大黨交替主政，將政府新權力推向極致，透過稅收和類似措施操縱經濟，試圖創造繁榮的極大化以贏得連任。凱因斯無意間創立的沉悶科學

19 Full Employment Bill of 1945, section 2 (b-c).

20 Seymour E. Harris, "Some Aspects of the Murray Full Employment Bill," *Review of Economics and Statistics*, vol. 27, no. 3, August 1945, pp. 104-106.

21 Gottfried Haberler, "Some Observations on the Murray Full Employment Bill," *Review of Economics and Statistics*, vol. 27, no. 3, August 1945, pp. 106-109.

22 Employment Act of 1946, section 2.

新分支——總體經濟學，成為美國政府的官方工具。正是在這個時期，「個體經濟學」和「總體經濟學」兩個名詞首次被使用：個體經濟學是對一經濟體中個別元素的研究；總體經濟學研究則將經濟視為一整體。

杜魯門對經濟學沒興趣，也沒有時間理會經濟學家。他開玩笑說他想和只有一隻手的經濟學家見面，這樣對方就不能對他說，「一方面，另一方面。」（On the one hand, on the other.）他並未察覺凱因斯和海耶克相互競爭的理論代表兩條分叉路。他沒有領會《就業法》或者為此法成立的新機構的重要性。當他指派經濟顧問委員會第一任主席時，他無視凱因斯主義者漢森這位明顯人選，反而選擇了布魯金斯研究院（Brookings Institution）的保守派經濟學家艾德溫．諾斯（Edwin Nourse）。[23]「杜魯門曾是莫瑞《充分就業法案》的支持者，也支持成立經濟顧問委員會，他在法案通過時寫了一封誠摯的背書信件，然他不知道這法案究竟所為何來，」諾斯回憶道。「那超出他的智識理解範圍。」[24]儘管如此，總統很樂意為每個美國人都有工作的事實居功。在一九四七年的國情咨文裡，他表示自己對美國「形同充分就業」感到驕傲。[25]

諾斯的任期不久。一九四九年凱瑟靈繼任，他是《就業法》的推手和新政的關鍵成員，堅信可以透過計畫維持高成長和充分就業。儘管比較傾向平衡預算，杜魯門依舊跟隨凱因斯主義的潮流，展開一系列國防預算刪減，以支付內政計畫。「里昂，你是我認識的人當中，最厲害的說服者，」他告訴凱瑟靈，「只是沒有人可以讓我相信政府手上沒錢還能消費。我只是一個鄉下來的孩子。」[26]北韓在中國支持下試圖以武力侵犯南韓的朝鮮戰爭改變了這場辯論。當恢復軍隊支出導致國內通貨膨脹急遽加速，凱瑟靈反對聯準會以國防預算刪減及高利率試圖抑制物價飆升，主張操控經濟以提高經濟成長。朝鮮戰爭為凱因斯主義者透國國防部重啟大量公共支出提供絕佳藉口——此趨勢將持續好幾十年。

凱因斯思想在一九四八年獲得一劑強心針。漢森在哈佛的學生、麻省理工學院教授薩繆森出版《經濟學：初步的分析》（*Economics: An Introductory Analysis*），這本書後來成為凱因斯主義的聖經。薩繆森在較早版本中略過正統經濟學，僅描述兩種非傳統經濟學：「社會主義」和凱因斯主義。書中對米塞斯、海耶克乃至奧地利學派皆隻字未提。在接下來六十年裡，本書翻譯超過四十種語言、售出四千萬本，使凱因斯主義在非共產世界成為新正統。凱因斯讀的是馬歇爾，凱因斯主義者則讀薩繆森，然後再把薩繆森教給下一代。「只要一個國家的經濟學教科書是我寫的，」薩繆森說，「我才不在乎其法律由誰來制定。」[27]

23 Edwin Griswold Nourse (1883-1974), agricultural economist and chairman of the Council of Economic Advisers (1946-49).

24 Oral history interview with Edwin Nourse, by Jerry N. Hess, Washington, D.C., March 7, 1972, Harry S. Truman Library, Independence, Mo., pp. 24-26.

25 David McCullough, *Truman* (Simon & Schuster, New York, 1992), p. 633.

26 Oral history interview with Leon Keyserling by Jerry N. Hess, Washington, D.C., May 10, 1971, p. 117.

27 Silvia Nasar, interview with Paul Samuelson, "Hard Act to Follow?" *New York Times*, March 14, 1995.

繼任杜魯門的是率領同盟國擊敗希特勒的共和黨人德懷特．D．「艾克」艾森豪（Dwight D. "Ike" Eisenhower），[28]他是個保守派，對凱因斯諸多處方箋的效果抱持懷疑態度。他和海耶克一樣擔心通膨勝過失業。但讓經濟自行運作的舊日子已經回不去了。根據休士頓大學政治學教授約翰．W．史隆（John W. Sloan）表示，前五星上將艾克「是決定執政總體經濟政策最重要的參與者」，同時「對這個政策領域持續關注，而且通常充滿信心」。[29]艾森豪仰賴奧地利出生的景氣循環專家亞瑟．伯恩斯（Arthur Burns），[30]同時也是他時任經濟顧問委員會時的主席。伯恩斯大幅修正保守派對凱因斯式總體經濟管理的立場。「不過一個世代以前，經濟學家和其他公民都理所當然地認為，景氣蕭條的烏雲只能任它自己被吹散，政府盡可能不要干預最好，」他說。「今天，美國人有極大共識，期待聯邦政府不能對私人經濟的發展保持超然中立，政府必須竭盡所能培育一個不斷成長的經濟體，政府有一定義務採取行動避免經濟蕭條。」[31]他說到做到，一九五四年韓戰結束、艾森豪執政第一次經濟衰退期間，他不顧保守派陣營哀鴻遍野，通過七十億美元的減稅案，使聯邦預算陷入赤字。加爾布雷斯的傳記作者帕克認為，「艾克可能是第一位凱因斯主義共和黨總統。」[32]

艾森豪任期即將結束之際，《生活》雜誌形容他的經濟政策「形同如何親近、刺激自由市場體系的教科書範例」。[33]凱因斯主義以「商業凱因斯主義」（Business Keynesianism）標籤的型態植入政府，確保艾森豪主政期間三次短暫的經濟衰退，亦即一九五三至五四年、一九五七至五八年以及一九五八至五九年，能透過利用「自動財政穩定裝置」（automatic fiscal stabilizers，像是失業和福利給付等能夠在經濟衰退時刺激政府花費的工具）把傷害降到最低，同時由於收入減少以及企業稅收隨經濟體一起縮水，擴大開支並減少稅收方能維持經濟規模。艾克雖然對凱因斯主義不全然滿意，但他願意在經濟衰退時期動用赤字支出。

艾森豪大灑納稅人的錢，手筆遠勝過去所有承平時期的總統，他克服保守派的反對，佯裝這些支出是出於國家安全之必須。偌大的州際公路網自一九五六年開始興建——凱因斯式基礎建設項目的絕佳範例——取名為「國家防禦高速公路」計畫，以軍事緊急情況運送物資之用為由，說服保守派買帳。冷戰情勢升溫同時刺激國防支出，[34]尤其是一九五七年十月，當俄國

28 艾森豪（Dwight David “Ike” Eisenhower, 1890-1969），同盟國軍事最高領袖，主導一九四四年對納粹占領法國和德國的入侵行動，後來成為第三十四任美國總統（1953-61）。

29 John W. Sloan, *Eisenhower and the Management of Prosperity* (University Press of Kansas, Lawrence, 1991), p. 13.

30 伯恩斯（Arthur Frank Burns, 1904-87），艾森豪政府經濟顧問委員會主席（1953-56）、聯準會主席（1970-78）。

31 Burns speech, June 16, 1955, Dwight D. Eisenhower papers, Dwight D. Eisenhower Presidential Library and Museum, Abilene, Kans., Ann Whitman File, Administrative Series, box 10.

32 Parker, *John Kenneth Galbraith*, p. 319.

33 Editorial, “People’s Success Story,” *Life* , August 1, 1960, p. 20.

34 整個一九五〇年代，國防支出至少占聯邦總支出的一半。一九六〇年代的九百二十二億美元的聯邦預算中，國防支出為四百八十一億美元。U.S. Office of Management and Budget, *Historical Tables: Budget of the United States Government,*

人把人造衛星「史普尼克」(Sputnik)發送到太空中。隨後五十年的太空競賽將美國太空總署(NASA)年度預算提高到天文數字般的一百八十七億美元,另外兩百多億美元[35]花在五角大廈(Pentagon,按:美國國防部所在處)的衛星和火箭。「我們活在一種扭曲的軍事凱因斯主義之下,市場經濟留下的空隙為火星填滿了,」[36]歷史學家里察・霍夫施塔特(Richard Hofstadter)在一九五〇年說道。總統任期結束時,艾克的國防支出比小羅斯福贏得二戰的花費還要高。

即便如此,艾森豪在告別演說中對社團主義(corporatism)或私人企業與政府勾結的警告,流露出一絲海耶克式思想。艾森豪極其自責任內大量的軍備支出創造了「軍事工業複合體」(the military-industrial complex)。[37]「我們絕不能讓這個結合的影響力危害我們的自由或民主程序,」[38]他告誡道。

然而,一九五〇年代令人印象最深刻的是蔓延全美的無盡繁榮。那是大蕭條歲月的一劑解藥,也是給「最偉大的一代」成功抵禦法西斯主義的完美獎勵。消費主義昌盛,新落成的理想家居都裝有冰箱和洗衣機等家用電器,車道上一律停著一輛汽車。人們至今仍緬懷這個和平富足的年代。在英國,信奉凱因斯思想的哈羅德・麥美倫(Harold Macmillan)以一句「你從不曾過得這麼好」的口號贏得一九五九年的選舉。

艾森豪是充分了解以凱因斯主義措施操縱經濟,能給在任者選舉優勢的第一位總統,可惜一九六〇年總統大選期間,一件事扭轉了情勢。面對一九五八至五九財政年度因為小型衰退使福利支出和減稅失效所產生的一百三十億美元赤字積欠，艾克在一九五八年的期中選舉敦促選民不要把「我歸類為敗家子的人」[39]送到華盛頓。這話聽在凱因斯主義者和保守派人等耳中格外諷刺。

選民忽視艾克的警告，讓民主黨在參眾議院雙雙取得多數優勢。任期最後一年，艾森豪不願龐大預算赤字成為他的政治遺產，於是嘗試刪減公共支出。「我想要把〔支出〕減到最低，」他說。然而民主黨人或許是考量刪減支出不利於總統競選準備期的經濟發展，竟然更大刀闊斧地刪減開支，意外創造出兩億六千九百萬美元的盈餘。當時共和黨總統候選人是艾森豪外表陰沉、有著雙下巴的副手尼克森[40]，民主黨則派出年輕戰將約翰・F・甘迺迪（John F. Kennedy）[41]。同一時間，聯準會大幅調高利率，使貸款的代價變得更加昂貴。

2006 (Government Printing Office, Washington, D.C., 2005).

35 James Oberg, *NBC News* , April 27, 2004.

36 Richard Hofstadter, *American Perspective*, vol. 4 (Foundation for Foreign Affairs Washington, D.C., 1950), p. 35.

37 聯邦政府和洛克希德、格拉曼（Grumman）、休斯（Hughes）利頓工業（Litton Industries）、TR W、通用汽車、IBM和奇異家電等大型企業簽下國防合約。

38 Dwight D. Eisenhower, "Farewell Address," January 17, 1961, The American Presidency Project, www.presidency.ucsb.edu.

39 Eisenhower news conference, November 5, 1958, The American Presidency Project, http://www.presidency.ucsb.edu/ws/index.php?pid=11286.

40 尼克森（Richard Milhous Nixon, 1913-94），第三十六任美國副總統（1953-61）以及第三十七任美國總統（1969-74）。

41 甘迺迪（John Fitzgerald "Jack" Kennedy, 1917-63），第十五任美國總統（1961-63）。

一九六〇年四月，不出所料又進入一次新的衰退期，選民怪罪共和黨人。他們擁有使人民重回職場、降低利率、減稅以及使經濟繁榮的必要資源，但他們卻選擇不作為。儘管一九五二至六〇年之間的通貨膨脹率一直控制在百分之一點四，卻並不足以改變人民觀感。甘迺迪的競選口號是「讓國家再次前進」，他獲勝了——只是贏得很驚險。兩黨候選人的票數僅千分之一的差距，要是艾森豪放鬆一點，尼克森或許就能勝利。尼克森接下來幾年多有怨言，認為艾森豪阻礙了他第一次參選就入主白宮的機會。後續每一任總統無不把這個慘痛教訓銘記在心：調控經濟，將景氣循環和四年一度的選舉週期彼此同步，才能成功贏得選舉。那些膽敢以赤字預算「做對的事」的人必將自毀前程。

波士頓甘迺迪家族年輕俊秀的後裔約翰・F・甘迺迪，是公開宣示將在景氣循環進到谷底時採用凱因斯式對策的首位美國總統，並且將其做為刺激國家生產力的一般性政策工具。儘管曾經在哈佛受教於加爾布雷斯，他對經濟學懂得不多。甘迺迪一度坦承自己記不住財政和貨幣政策之間的差異，他還說自己之所以記得聯準會主管貨幣政策，只是因為聯準會主席的姓氏和錢（money）一樣是M開頭的。[42]甘迺迪身邊是一群凱因斯主義者，其中最重要的就是為他撰寫競選演講經濟部分的加爾布雷斯。甘迺迪上任後，加爾布雷斯被安置到行政辦公大樓，並告訴他「不要告訴我該做什麼，而是告訴我應該叫其他人做什麼」。[43]

甘迺迪提名華爾街銀行家、共和黨人C・道格拉斯・狄龍（C. Douglas Dillon）為財政部部長，然後請來行事謹慎的小威廉．麥契士尼．馬丁（William McChesney Martin Jr.）[44]擔任聯準會主席，他形容聯準會主席的功能是「在派對正要熱鬧起來的時刻，把調酒盆帶走」——也就是透過提高利率控制伴隨高公共支出而來的通貨膨脹。[45]除此之外，甘迺迪被凱因斯主義者團團包圍。在尋覓經濟顧問委員會主席人選時，他第一個接觸的是薩繆森，後來又打探加爾布雷斯的意願，不過加爾布雷斯選擇出任印度大使，最後終於確定由沃特．海勒（Walter Heller）[46]接掌。海勒給甘迺迪政府的凱因斯路線取名為「新經濟」。和海勒一同加入委員會的還有克米特．高登（Kermit Gordon）[47]和托賓，他們堅信自己能夠實現充分就業——他們定義失業率維持在百分之四——並且不造成附帶的通貨膨脹。

---

42 Herbert Stein, *On the Other Hand*, p. 85.

43 John Kenneth Galbraith, *Ambassador's Journal* (Houghton Mifflin, New York, 1969), p. 48.

44 馬丁二世（William McChesney Martin Jr., 1906-98），任期最長的聯準會主席，自一九五一年四月開始至一九七〇年一月為止，《聯邦準備法》（Federal Reserve Act）推手威廉．麥契士尼．馬丁（William McChesney Martin）的兒子。

45 凱瑟靈抱怨甘迺迪將太多保守派放到重要職務上時，甘迺迪反駁道，「我只贏了百分之零點五，」凱瑟靈回應，「你的意思是，要是尼克森多拿了百分之零點五的選票，他就會為了取悅自由派而任用我為財政部長。」Oral history interview with Leon Keyserling by Jerry N. Hess, Washington, D.C., May 10, 1971, p. 94.

46 海勒（Walter Wolfgang Heller, 1915-87），明尼蘇達大學經濟學系主任。參與籌畫二戰後振興歐洲的一九四七年馬歇爾計畫。他向詹森建請「對貧窮宣戰」。

47 高登（Kermit Gordon, 1916-76），後來成為布魯金斯研究院院長。詹森「偉大社會」第一次預算的監督者。

甘迺迪的經濟目標是消除「成長差距」（growth gap），也就是完全由私人企業支撐的美國經濟以及他心目中政府干預可能帶來的高效能經濟。這充其量是給《充分就業法案》「消失的成長」理論穿新衣。在對國會的第一次演說中，甘迺迪哀嘆「超過一百五十萬失業人口——總失業人口的三分之一——其實是可以有工作的。一九六〇年的個人所得應該可以多兩百億美元。企業獲利可以再多五十億美元。有了現成可得的人力、材料和機器，這一切都能實現——而且不會使產能緊繃，也不會觸發通貨膨脹」。他說起話就像大蕭條時期的凱因斯。

甘迺迪繼續道，「不平衡的經濟制訂不出平衡的預算。家戶和企業所得較低也會反應為較低的聯邦稅收款。提供失業工人輔助以及舒緩經濟困境的其他措施的成本，必定隨商業走下坡而提高。」當經濟全速運轉，增加稅收能夠降低國家負債。「高就業率下的債務償還會釋放儲蓄進入具生產性的私人企業投資，進而對經濟成長有所貢獻，」[48]他如此宣稱。當晚甘迺迪致電海勒，他透露說，「我很快就祭出海勒和凱因斯，他們愛死了。」[49]也難怪甘迺迪的傳記作者史列辛格形容他是「毫無疑問的第一位凱因斯主義總統」。[50]

儘管採用凱因斯路線的宣傳詞令，甘迺迪因為僅僅險勝尼克森，行為特別謹慎。民主黨的保守派勢力使他懼怕，他們的領袖是維吉尼雅州參議員哈瑞．F．伯德（Harry F. Byrd Sr.），主掌參議院財政委員會，他對赤字仍抱強烈反對態度。整整兩年，凱因斯只是透過龐大國防和太空預算刺激經濟，沒有其他刺激經濟的作為，並且如同艾森豪宣稱國防與太空是國家安全之根本。一九六二年十月，古巴飛彈危機後，這番言論更具分量。軍隊和太空開銷占了甘迺迪總統任期內四分之三的支出總額，太空經費的成長尤其劇烈，從一九六〇年十億美元提高到四年後的六十八億美元。[51]但即便大量挹注公共資金，失業人口仍持續成長。一九六一和六二年的失業率維持在百分之五以上。當國會傳喚凱瑟靈出席說明時，他宣稱，「他們的計畫就像派一隊侏儒去做巨人的工作。」[52]總統聽了勃然大怒。

當甘迺迪終於付諸行動，嘗試創造充分就業，他採行了最令人意想不到的方式。一九六二年十二月，他在對華爾街人士的演講上宣布自己違背直覺的計畫。那是歷經扭曲的凱因斯主義。「我們不需要滿足於讓好人失業、有效產能閒置的成長率……提高需求、振興經濟，聯邦政府最好的角色不是倉促拿出一套大量增加公共支出的計畫，而是為私人企業增加動機和機會，」他說道。「我們今天存在一個矛盾的事實，稅率太高，稅收卻過低，長遠來看，提高歲入最健全的方

---

48 John F. Kennedy, "State of the Union Message to Congress," February 2, 1961, The American Presidency Project, http://www.presidency.ucsb.edu/ws/index.php?pid=8111&st=kennedy&st1=congress.

49 Michael O'Brien, *John F. Kennedy: A Biography* (Macmillan, London, 2006), p. 637.

50 Arthur M. Schlesinger Jr., *A Thousand Days: John F. Kennedy in the White House* (Houghton Mifflin, New York, 1965), p. 630.

51 引述自 Parker, *John Kenneth Galbraith*, p. 340.

52 Oral history interview with Leon Keyserling by Jerry N. Hess, Washington, D.C., May 10, 1971, p. 94.

式是此刻降低稅率。」[53]

他不顧預算赤字，敦促國會刪減一百億美元的所得稅。當凱勒和薩繆森初次提議刪減稅收時，甘迺迪覺得難以接受。「我在選舉中力推財政責任和平衡預算，如今你卻告訴我，我上任後該做的第一件事是刪減賦稅？」[54]他質問道。誠如海勒和薩繆森所了解，這個建議是依循凱因斯在一九三三年《通往繁榮之路》裡的提議，亦即減稅能夠為經濟注入資金，和公共花費一樣能有效刺激需求。

部分凱因斯主義者以及多數保守派都覺得這個計畫不太明智。凱因斯主義者主張提高聯邦支出才是提振經濟最有保障的方式，保守派則推論在預算赤字之際刪減賦稅是魯莽的賭注。加爾布雷斯抱怨，刪減稅收等同於凱因斯主義的「反動」形式，不能像目的性開支一樣有效解決公共問題。[55]除此之外，減稅還會造成通貨膨脹。然而，海勒絕非孤注一擲的人。他是按照最新的新凱因斯概念行事，嘗試提供更穩定可預知的經濟管理手段。凱因斯的徒弟哈羅德、哈佛的埃佛賽．多馬（Evsey Domar）[56]在以卡恩乘數理論為基礎的「哈羅德—多馬經濟增長模型」（Harrod-Domar model）裡，預測減稅將創造經濟成長。海勒本人和他的同事羅伯特．索洛（Robert Solow）[57]合作，注意到倫敦政經學院經濟學教授、來自紐西蘭的威廉．菲利普斯（William Phillips）[58]一九五八年發表的研究。菲利普斯在名為「菲利普斯曲線」（Phillips curve）的圖表中假設，失業率降低和通膨提高之間存在取捨關係。海勒根據菲利普斯曲線制訂政策，認為自己找到了實現充分就業卻不致引起物價上漲的方法。

甘迺迪的減稅提案卡在參議院遲遲未通過，卻一九六三年十一月他被暗殺後，繼任總統林登・詹森（Lyndon Johnson）誓言維護前任總統的一切政治遺產。詹森不懂經濟學，不過他願意聽取海勒和其他人的意見。「他著迷經濟現狀，擅長記住關鍵指標，也很喜歡向經濟顧問詢問各式各樣的經濟指數，」[59]詹森的特別助理道格拉斯・凱特（Douglass Cater）回憶道。[60]詹森使出在國會十幾年的討價還價技巧，擺平兩黨的保守派，在一九六四年成功推動甘迺迪的減稅「豪賭」，降低一般所得稅，並把最高稅率從百分之九十一降到百分之六十五。四年不到，左右兩派

---

53 JFK speech to the Economic Club of New York, December 14, 1962, John F. Kennedy Presidential Library and Museum, http://www.jfklibrary.org/Historical+Resources/Archives/Reference+Desk/Speeches/Speeches+of+John+F.+Kennedy.htm.

54 Michael M. Weinstein, "Paul A. Samuelson, Economist, Dies at 94," *New York Times*, December 13, 2009.

55 Robert M. Collins, *The Business Response to Keynes, 1929-1964* (Columbia University Press, New York, 1981), p. 192.

56 多馬（Evsey Domar. 1914-97），生於波蘭的美國經濟學家，研究赤字與經濟成長的連結。

57 索洛（Robert Merton Solow, 1924- ），美國經濟學家，任教於哥倫比亞大學與麻省理工學院，也是一九八七年的諾貝爾經濟學獎得主，指出技術創新對經濟成長的重要性。

58 菲利普斯（William Phillips, 1914-75），從電機工程師轉行的經濟學家，曾打造早期的類比電腦。一九五八年，透過菲利普斯曲線假設失業率和通貨膨脹之間變化的關連性。

59 Douglass Cater Oral History Interview II, by David G. McComb, May 8, 1969, Lyndon Baines Johnson Library and Museum, Austin, Texas, Oral History Collection, p. 16.

60 凱特（S. Douglass Cater, 1923-95），詹森總統特別助理。

對減稅的批評都被證明是錯的。聯邦稅收增加了四百億美元，[61]經濟成長從一九六四年的百分之五點八成長到一九六五年的百分之六點四，一九六六年又成長到百分之六點六。失業率從一九六四年的百分之五點二降到一九六五年的百分之四點五，到了一九六六年的百分之三點九。[62]一九六四和六五年的通膨率都在百分之二以下，一九六六年稍微漲到百分之三點零一。甘迺迪的豪賭大獲全勝。凱因斯主義就像盤尼西林般的神奇新藥。

一九六五年十二月，《時代》雜誌將「年度風雲人物」的榮譽頒給凱因斯。凱因斯成為經典，就像比薩斜塔，就像蒙娜麗莎的微笑。「在他過世二十多年後，今天他的理論深深影響世上的自由經濟體，」《時代》雜誌讚道。「制訂國家經濟政策的華盛頓人士，不僅使用凱因斯原則避免戰前歲月的暴力循環再次發生，而且創造了驚人的經濟成長，並成功實現出色的物價穩定表現。」

華盛頓的經濟學家是怎麼辦到的？「透過遵循凱因斯的核心論旨：現代資本主義經濟不會自動以最高效率運轉，卻可以透過政府干預和影響將效率提升到該水準。」海耶克痛恨的「計畫者」掌控全局。「經濟學者……自信滿滿地坐在重要政府和商業領袖背後，愈來愈常受政界與商界請託預測局勢，提出計畫、決定方向，」《時代》雜誌寫道。就連頑固精明的商人都拜倒在凱因斯主義之下。「他們逐漸認為政府理所當然會介入，無論是對抗衰退或抑制通膨，也不再將赤字支出視為不道德的……最大的改變或許是他們不相信政府會有償清負債的一天，就像通用或

IBM發現償還長期債務不一定是好事。」[63]對傲慢比較敏感的人發現，種種關於凱因斯理論的溢美之詞顯示凱因斯主義者已然登上最高峰。

在經濟蓬勃發展和稅收增長的鼓舞下，詹森著手構築自己想要留下的政治遺產。一九六四年五月，他在密西根大學安娜堡分校（University of Michigan in Ann Arbor）宣布，「我們不僅有機會成為富強社會，甚至有機會晉升至偉大社會。」[64]他誓言終結貧窮和種族不平等，保護農村，教育每個孩子，同時「重建整個城市美國」。一九三〇年代的新政狂熱分子詹森在一九六四年大選中，以壓倒性勝利擊退超級保守派貝利．高華德（Barry Goldwater）[65]，接著展開一場瘋狂的大規模公共支出。阿肯色議員威爾布．米斯（Wilbur Mills）[66]回憶道，「在某種意義上，詹森花

---

61 "Kennedy Tax Cuts Boosted Revenue," Heritage Foundation, http://www.heritage.org/static/reportimages/1326E87331F4B5FC87405FF5C1BFC7EE.gif.

62 勞工統計局（Bureau of Labor Statistics）數字，www.bls.gov.

63 *Time*, December 31, 1965. Uncredited author.

64 "President Lyndon B. Johnson's Remarks at the University of Michigan," May 22, 1964, Lyndon Baines Johnson Library and Museum, http://www.lbjlib.utexas.edu/johnson/archives.hom/speeches.hom/640522.asp.

65 高華德（Barry Goldwater, 1909-98）保守派暨自由意志主義思想家，當過五屆亞利桑納州參議員，並於一九六四年代表共和黨參選總統。

66 米斯（Wilbur Mills, 1909-92），阿肯色州的眾議員，一九六〇年代國會籌款委員會的主席，一九七二年在民主黨總統初選中敗給麥戈文。

錢的方式和甘迺迪不太一樣。他認為比起私人支出，公共支出對刺激經濟更有幫助。」[67]詹森計畫的激進程度不亞於小羅斯福所做的一切。他將公民權擴大到非裔美國人群體，以聯邦政府的名義「對貧窮宣戰」，實施聯邦醫療保險（Medicare），使六十五歲以上的公民盡皆享有醫療照護，並對沒有能力負擔健康保險的人提供聯邦醫療補助（Medicaid）。

一九六〇年代是空前富足的十年。一九五〇是財富擴散的年代，一九六〇年代則使一般工人也享有舒適的小康生活。奢侈品諸如彩色電視、飛機旅行以及家中的第二輛汽車漸漸普及。過去人們眼中只有工作，如今相對重視休閒。凱因斯式計畫創造的新財富提供人們許多新自由，完全沒有帶來海耶克預測的無所不在的威權主義。婦女、非裔美國人以及青少年享受起他們剛獲得的自由。一場文化革命伴隨著凱因斯革命而來，質疑起過去相對貧窮、老派的社會傳統習俗。

凱因斯奇蹟在詹森任期內持續發威。生產力提高，真正拿到手的工資較艾森豪年代成長一倍，失業人口在一九六五年是百分之四點五，接下來四年降低至每年平均百分之三點九。詹森提高打擊貧窮計畫在聯邦預算中的占比，從一九六一年的百分之四點七提高到一九六九年的百分之七點九。詹森將對抗南越共產分子崛起的戰爭，提高到比內政大修更重要的位置。由於有將近五十萬美國人進駐越南，國防支出從一九六五年四百九十五億美元狂飆至一九六九年驚人的八百一十二億美元。預算仍有盈餘，只是快速萎縮，而且通貨膨脹已開始發酵，在一九六八年達到百分之四點二。一九六八年為抑制物價額外增收的所得稅對平衡經濟並未發揮太大效用。但將詹森重重摔下的是戰爭，而非經濟，他的卸任意味著「偉大社會」終結的開端。

尼克森在一九六九年一月進入白宮，主張他已準備翻轉過去這波凱因斯主義浪潮。「六〇年代，聯邦政府支出比稅收多了五百七十億美元，」尼克森在一九七〇年的國情咨文中說道。「數百萬美國人今天被迫陷入負債，只因過去的聯邦政府決定讓自己負債。我們必須平衡聯邦預算。」[68]預算赤字驅動的充分就業已導致勞動力稀缺，連帶提高工資和物價。尼克森為了對抗通貨膨脹，指示他麾下具保守傾向的經濟團隊大刀刪減支出平衡預算，這個團隊中有經濟顧問委員會主席保羅·麥克拉肯（Paul McCracken）[69]、後來接任麥克拉肯主席位子的委員會成員赫伯爾特·史坦（Herbert Stein）[70]，以及管理及預算局局長喬治·舒爾茨（George Shultz）[71]。

預算刪減的時間點適逢一次輕微衰退，失業率從一九七〇年一月的百分之三點九到了年底已

---

67 Wilbur Mills Oral History Interview I, by David G. McComb, February 11, 1971, Lyndon Baines Johnson Library and Museum, Austin, Texas, Oral History Collection, p. 15.

68 Richard Nixon, "State of the Union Address," January 22, 1970, Miller Center of Public Affairs, University of Virginia, http://millercenter.org/scripps/archive/speeches/detail/3889.

69 麥克拉肯（Paul McCracken, 1915- ），美國經濟學家。

70 史坦（Herbert Stein, 1916-99），贊成福利國家的自由市場派新聞記者、尼克森任內經濟顧問委員會主席。

71 舒茨（George Shultz, 1920- ），尼克森政府的勞工部長（1969-70）、管理及預算局局長（1970-72）、財政部長（1972-74），以及雷根政府的國務卿（1982-89）。

有百分之六點一。[72]由於尼克森深信失業問題導致他輸掉一九六〇年的總統選舉，[73]因此他轉換跑道，公開表示想要「一個充分就業的預算，一個當經濟運作發揮最大潛力時能保持平衡的預算。當我們以充分就業的心態消費，我們便能實現充分就業」。他提出一套擴張性預算想要「刺激經濟，同時為數百萬人創造新的工作機會」。[74]尼克森在一九七一年一月宣稱，「現在，我在經濟學上是個凱因斯主義者。」[75]史坦回憶說，「自稱凱因斯主義者沒有為他博得來自凱因斯主義經濟學家的喝采，但這個聲明倒是在憤怒的共和黨人之間引發諸多抱怨。」[76]

一九七〇年國情咨文中有一句率直的話，無意間透露了尼克森改變心意背後的盤算。「我目睹消費計畫的政治歡迎度，」他說道，「尤其是在選舉年期間。」堪稱戰後最公然流露機會主義傾向的總統，尼克森放任他的野心來操控經濟方向不是為了國家最高福祉，而是為了個人得失，保障他能連任成功。史坦說凱因斯式戰略使他被「自由派和保守派同樣鄙視」。[77]傅利曼是尼克森一九六八年選戰的經濟顧問，他總結道，「尼克森是二十世紀美國最社會主義的總統。」[78]

為尼克森加速走向凱因斯主義的代理人是前民主黨德州州長約翰・康納利（John Connally），[79]他過去是詹森的親信，一九七〇年十二月獲尼克森任命為財政部長。在選民和立法者疾呼政府對經濟遲滯「做點什麼」的聲浪中，尼克森一九七一年六月在大衛營（David Camp，按：美國總統的休假地）召開由聯準會主席伯恩斯領導的顧問群峰會，討論之後的政策方向。他發現顧問間意見分歧。史坦鼓勵「更具刺激性的財政政策——減稅或者增加經費編列，或者雙管齊下，」[80]舒爾茨則力勸刪減支出和撙節。尼克森同意什麼都不做，也就是一項名為「四不（的政策）：不擴大開支，不減稅，不實施物價和工資控制，以及不貶值美元」。[81]

然而，不出幾個月尼克森便違背諾言。依循所謂的「新經濟政策」，他先是將美元和金本位制脫鉤，接著又批准美元貶值；以減稅和擴大開支的財政刺激措施使聯邦預算陷入四百億美元的赤字；為保護航太公司洛克希德（**Lockheed**）不致破產，刻意提供寬鬆的聯邦貸款；一九七一年八月，對提高物價和工資發布禁令。後來，尼克森甚至放棄自由貿易，實施百分之十的進口稅。

---

72 U.S. Bureau of Labor Statistics (BLS): Current Population Survey (CPS) [Household Survey - LNS14000000], http://zimor.com/chart/Unemployment_Rate.

73 Stein, *On the Other Hand*, p. 96.

74 Nixon, "State of the Union Address," January 22, 1970.

75 Stein, *On the Other Hand*, p. 101.

76 同前。

77 同前，p. 105.

78 Interview of Milton Friedman, October 1, 2000, *Commanding Heights*, PBS' http://www.pbs.org/wgbh/commandingheights/shared/minitextlo/int_miltonfriedman.html.

79 康納利（John Connally, 1917-93）觀察力敏銳的政治人物，遊走兩黨之間。甘迺迪政府的海軍部長，後來當選德州州長。一九六三年十一月甘迺迪遇刺時，和甘迺迪同車的康納利也受了傷。尼克森當選後，他出任財政部長。

80 Stein, *On the Other Hand*, p. 101.

81 同前，p. 102.

這個大轉向就連凱因斯主義者都感到恐懼。凱因斯的重要遺產之一是根據美元黃金兌換價格固定各國貨幣和美元的匯率，也就是布列頓森林體系，一轉眼就消失無蹤。其他措施則是凱因斯式過了頭。保守派專欄作家、尼克森一九六〇與六八年的演講撰稿人威廉・薩菲爾（William Safire）援引馬克思的幽靈說：「全世界自由放任者，聯合起來！你們失去的只不過是凱因斯的枷鎖。」[82]尼克森於是開始對他進行監聽。

尼克森支持許多干預措施，創造他認為對連任有幫助的繁榮。當一名氣憤的保守黨眾議員抱怨道，「我要把一堆過去抨擊赤字支出的演講文件都燒光，」總統回應他，「我和你有一樣的困擾。」[83]「人們總是認為只要實施〔物價和收入控制〕一陣子，一切就會回到掌握之中，然後便可以〔讓物價和收入回歸市場價格〕，」舒爾茨回憶道。「但事實證明，干預容易，退場難。」[84]石油輸出國組織（Organization of Petroleum Exporting Countries，簡稱OPEC）因為美國在贖罪日戰爭（Yom Kippur War，按：第四次中東戰爭）中提供以色列軍備武器，在一九七三至七四年對美實施懲罰性油價，不期然將油價提高四倍，此舉徹底粉碎一切尼克森主宰經濟運命的機會。物價被墊高，經濟成長也突然踩煞車。諸如菲利普斯曲線等傳統工具似乎不再適用。通膨伴隨低成長或零成長而來，成為一種過去前所未見的結合，取名為「停滯性通貨膨脹（stagflation）」。[85]凱因斯時代進入瀕死掙扎。滯脹時代已然降臨。

在對手喬治・麥戈文（George McGovern）聲勢低落的情況下，尼克森在一九七二年選舉中取得壓倒性勝利。尼克森在一九七四年匆匆離開橢圓形辦公室的導火線，終究不是他的經濟方針大迴轉，而是華盛頓水門飯店民主黨總部的盜竊案。但滯脹肯定為他不幸的繼任者、前密西根大學美式足球迷星傑拉德・福特（Gerald Ford）埋下失敗種子。[86]福特任期間的通膨和失業率都是大蕭條後前所未見的。尼克森下臺前任命超級保守派艾倫・葛林斯潘（Alan Greenspan）[87]擔任經濟顧問委員會主席。[88]多年來葛林斯潘一直抗拒尼克森的奉承，他慶幸自己沒有被實施物價和收入控制的政策大轉向牽連。可惜他救不了福特。他在一旁目睹親切的總統被一群意見紛陳的顧問催促著，一下要他試用這種傳說的靈丹妙藥，一下又要他換另一帖。

當民主黨主導的國會同意限制支出並減稅九十億美元，福特取得一次短暫的妥協；經濟數據

---

82 William Safire, "Do Something!" *New York Times* , February 14, 1974.

83 Richard Nixon, *The Memoirs of Richard Nixon*, (Arrow Books, London, 1979), p. 971.

84 George Shultz, in *Commanding Heights*, PBS, http://www.pbs.org/wgbh/commandingheights/shared/minitextlo/tr_show01.html#1.

85 外界公認這個詞是由英國保守黨財政發言人伊安・麥克勞德（Iain Macleod）於一九六五年創造的，不過也有人認為第一次使用這個詞的人是薩繆森。

86 福特（Gerald Ford, 1913-2006），本名賴斯里・林區・金恩二世（Leslie Lynch King Jr.），被拔擢為副總統之前是國會眾議院資深議員，後來在尼克森為水門案下臺後，成為第三十八任美國總統（1974-77）。

87 葛林斯潘（Alan Greenspan, 1926-），聯準會主席（1987-2006）。

88 葛林斯潘的聽證會舉辦於尼克森辭職那天。

開始朝正確的方向前進。通膨從一九七五年的百分之九點二一路降到一九七六年十一月總統選舉當月的百分之四點八八。[89]失業人口也減少了，從一九七五年五月百分之九的高點來到一九七六十十一月的百分之七點八。但情況好轉來得太遲，對福特沒有幫助。滯脹帶走了第一名受害者。

凱因斯主義者所主張的失業率和通膨率不可能同時攀升，被證明是錯誤的，動搖了人們對其他凱因斯主義理論的信心。凱因斯為經濟管理帶來的確定性被粉粹了。「滯脹終結了天真的凱因斯主義，」[90]傅利曼認為。曾經無所不知的經濟學家，如今手足無措地尋求解釋。「華盛頓出現前所未見的經濟政策共識——自由的左派和保守的右派態度一致，」葛林斯潘回憶道。「突然之間，每個人都想要阻止通膨、刪減赤字支出、減少監管控制以及鼓勵投資。」[91]

無奈拋棄舊思維並不容易。臉上總是掛著一抹笑容的喬治亞州花生農暨前潛水艇兵吉米・卡特（Jimmy Carter），立下帶領美國重返充分就業的凱因斯式誓言入主白宮。一九七八年，他批准《漢弗萊—霍金斯法》（Humphrey-Hawkins Full Employment Act）[92]，法案規定總統和聯準會將總體需求維持在能夠實現充分就業的一定水準之上，宛如一九四五年《充分就業法》重新上演。該法案同時矛盾地指示總統和國會兼顧預算及貿易差額的平衡。立法者暴露自己的無能，就像克努特大帝（Canute）[93]試圖指揮潮汐。一廂情願的想法和國會多數不足以打敗滯脹。卡特也不是領導美國辛苦開闢嶄新道路的那種領袖，誠如他在「不安」演講中大膽說出人們不願面對的真相，這個國家正遭逢一場「打擊我國靈魂與意志的危機」。[94]

儘管滯脹也緊跟著其他國家領袖不放，譬如不幸的英國首相詹姆斯·卡拉漢（James Callaghan），這事實卻無法讓卡特感到欣慰，因為他快要沒有時間了。一九七八年十月，他宣布各項反通膨措施，包括撙節、商業監管、產業減稅優惠、凍結聯邦人事聘任以及誓言讓聯邦赤字減半。[95]每項措施都需要時間才能發揮效果，而大選週期顯然比衰退間隔要短得多。

一九七九年一月，伊朗伊斯蘭革命在中東引發的混亂成了打敗卡特的致命一擊。總統受到第二次石油危機的重創，這次石油危機足以媲美一九七三年OPEC石油價格調漲，導致石油供應嚴重減少。他對燃料施加價格控制，導致加油站大排長龍。他任命資深民主黨員保羅·沃爾克

89 "Historical Inflation," InflationData.com, http://inflationdata.com/inflation/Inflation_Rate/HistoricalInflation.aspx?dsInflation_currentPage=2.

90 Interview of Milton Friedman, October 1, 2000, *Commanding Heights*, PBS.

91 Alan Greenspan, *The Age of Turbulence: Adventures in a New World* (Penguin, London, 2008), p. 72.

92 官方全名為《充分就業與平衡發展法》（Full Employment and Balanced Growth Act）。

93 克努特大帝（Canute, 985-1035），統治丹麥、英格蘭、挪威和部分瑞典的維京王。

94 Jimmy Carter, "'Crisis of Confidence' Speech," July 15, 1979, Miller Center of Public Affairs, University of Virginia, http://millercenter.org/scripps/archive/speeches/detail/3402.

95 Jimmy Carter, "Anti-Inflation Program Speech," October 24, 1978, Miller Center of Public Affairs, University of Virginia, http://millercenter.org/scripps/archive/speeches/detail/5547.

（Paul Volcker）[96]為聯準會主席，任務是提高利率抑制需求，因為需求被認為是通貨膨脹之源。卡特來不及在一九八〇年十一月大選前成功控制物價，等於送給俊俏、和藹可親、眼睛閃爍光芒的共和黨對手羅納．雷根（Ronald Reagan）一份大禮。雷根問選民，「和四年前相比，你的生活更富裕嗎？」答案是眾口齊聲的不。

不只卡特受審判，凱因斯也受到檢驗。在這位一代偉人過世三十四年、其《通論》發表超過四十年之後，凱因斯主義看似氣數已盡。就像濫用神奇藥物，凱因斯主義藥劑師顯然過分頻繁且過量服用萬靈丹。海耶克及其盟友一直以來暗中策畫的經濟學理論徹底重新評估即將登場。

---

96 沃爾克（Paul Volcker, 1927- ），卡特和雷根總統時期的聯準會主席（1979-87），以及歐巴馬總統的經濟復甦顧問委員會主席（Economic Recovery Advisory Board, 2008- ）。

第十六章 海耶克的反擊

傅利曼、高華德、柴契爾以及雷根：一九六三至一九八八

海耶克終於度過黎明前的黑暗。他早就警告朝聖山學會成員，凱因斯理論的缺陷可能要過數十年才會露出馬腳。他沒有料到的是，德瑞特的妹夫傅利曼便是即將到來的救贖。海耶克和德瑞特相處融洽，或許因為他們都戴著金邊眼鏡、頭髮稀疏，而且留著喜劇演員格魯喬·馬克思（Groucho Marx）的鬍子，兩人外貌相似度頗高。

海耶克的同鄉經濟學家友人馬赫盧普在一九四三年把《通往奴役之路》的打樣拿給德瑞特，德瑞特又把稿子傳給在芝加哥的奈特。儘管奈特在報告中持懷疑態度，芝加哥大學出版社仍同意出版此書。這個決定幫出版社獲利不少，書籍的銷售數字在出版將近七十年後依然搶眼。德瑞特是一名虔誠、能言善道且極具說服力的海耶克思想支持者，他主張刪除政府補助津貼，怒斥進口稅，並且反對貿易工會，他閱讀《通往奴役之路》並形容海耶克是「最熟稔經濟思想發展的史

學家」。[1]但德瑞特對海耶克經濟學自由主義長征的貢獻來自他的家庭關係。德瑞特的妹妹蘿絲（Rose）在芝加哥大學經濟學課堂上認識了坐她身旁的傅利曼，兩人不久墜入愛河。當時的傅利曼仍是凱因斯主義者。一九三八年，這對戀人結婚前不久，德瑞特對蘿絲開玩笑道，「告訴他，我不會拿他強烈的新政傾向對付他。」德瑞特後來帶著傅利曼參加了第一屆朝聖山年會。

一九三〇年代，出生布魯克林的傅利曼是名社會主義者，他在羅格斯大學、芝加哥大學以及哥倫比亞大學分別獲得學位後，便追隨年輕經濟學者的腳步遷徙，迫切渴望參與小羅斯福的新政，然後在華盛頓特區的國家資源委員會（National Resources Committee）謀得工作。在他的記憶中，「新政幫了我們一個大忙。」[2]戰爭結束後，他返回芝加哥，漸漸採納奈特和史蒂格勒的自由市場思想。朝聖山學會成員、劍橋經濟學者史丹利．丹尼遜（Stanley Dennison）[3]鼓勵傅利曼，並敦促他申請傅爾布萊特獎學金（Fulbright scholarship）前往劍橋深造，他成功申請到獎學金，而後在劍橋認識許多凱因斯主義者。他交往的凱因斯主義友人包括乘數發明者卡恩、凱因斯火炬守護者喬安以及過去海耶克旗下最有潛力的學生卡爾多。

和凱因斯和海耶克一樣，傅利曼對景氣循環感到好奇，並思索起導致大蕭條的原因。他研究自十九世紀中葉以來美國的每一次景氣高峰和谷底，發現衰退之前貨幣供應必先減量，或者貨幣供應成長會出現趨緩的現象。[4]重新檢視大蕭條數據後，他推論，倘若聯準會在一九二九至三三年之間，藉由調降利率增加貨幣供應，而不是反其道而行，經濟低潮期至多持續兩年左右。大蕭條在傅利曼的計算中成了「大緊縮」（Great Contraction），是一次可以避免的人為災難。為改善景氣循環，傅利曼建議嚴厲控制貨幣成長，只允許貨幣供應緩慢增加，這項政策後來被稱為「貨幣主義」（monetarism）。[5]

傅利曼斷定凱因斯誤讀了現況。「凱因斯……相信就算貨幣當局實施積極的擴張性政策……大緊縮依然會發生，」傅利曼寫道。「事實恰好相反……大緊縮是貨幣政策力量的悲劇見證——並非如凱因斯……所認為的貨幣政策無能之證據。」[6]凱因斯解決失業的處方箋是公共事業。海耶克曾嘗試證明這樣的政策終將勞動力引入一旦外力撤離便無法運作的產業。傅利曼從另一種面

1 Aaron Director, "Review of F. A. Hayek, The Road to Serfdom," *The American Economic Review*, vol. 35, no. 1, March 1945, p. 173.

2 Friedman and Friedman, *Two Lucky People*, p. 58.

3 丹尼遜（Stanley Dennison, 1912-92），劍橋大學經濟學系助理教授（1945-57）、赫爾大學校長（University of Hull, 1972-80）。

4 Milton Friedman and Anna D. Schwartz, *A Monetary History of the United States, 1867-1960* (Princeton University Press, Princeton, N.J., 1963).

5 傅利曼貨幣理論的最完整論述是 *The Quantity of Money—A Restatement, an Essay in Studies in the Quantity Theory of Money* (University of Chicago Press, Chicago, 1956).

6 Milton Friedman, "The Role of Monetary Policy," American Economic Association presidential address, December 29, 1967, in *American Economic Review*, vol. 58, no. 1, March 1968.

向批評凱因斯：當一經濟體深陷衰退泥淖，其真正需要的不是更多的需求，而是充分但不過量的貨幣供應。設定正確的貨幣水準能帶來「自然的就業水準」，這不必然是充分就業，然過多或過少的貨幣將導致失業以及／或者通貨膨脹。

儘管傅利曼揭露大蕭條的真相，一九六〇年代的美國仍然深受凱因斯主義影響。凱因斯主義「簡單得令人稱奇，」傅利曼寫道。「這是多麼美好的處方：對消費者而言，花費愈多，所得就愈高；對政府而言，花費愈多，總體所得就會按照額外消費倍數成長；稅不要重，消費者多花點錢便能達到增加國庫收入的相同效果。」[7]傅利曼為凱因斯給政治人物一張空白支票深感遺憾，但他對凱因斯的態度不若海耶克那般強硬。「我認為，凱因斯理論是好的理論，因為它的簡潔、它的專注於少數關鍵要素、它的成功潛力，」他寫道。「我否定它……在於我相信它和證據不相符。」[8]

傅利曼相信「凱因斯對技術經濟學具非常正面的貢獻」，可惜他的政治遺產卻十分負面。「它的政治遺產助長各國政府過度擴張，和人民日常生活每個階段愈來愈密不可分，」[9]他寫道。傅利曼將他的經濟學分析（基本上不受海耶克影響）結合海耶克對政府干預的厭惡。傅利曼贊成減稅，不僅因為他相信個人比政治人物更了解如何花錢對他們更好，而且一旦稅收減少，政府支出自然也要隨之減少。

在干預的後果上，傅利曼和海耶克持相同悲觀立場。「無論如何分析經濟學，」他寫道，

「善意獨裁走向極權社會是遲早的事。」但他認為凱因斯給海耶克的最後一封信（信中表示干預是否導致暴政，取決於國家是否以公義為基石），說明了為什麼英國和斯堪地那維亞各國的福利國家制度沒有淪為極權主義。根據傅利曼表示，英國有「一種貴族結構」，「即便不至於徹底」受制於「知識菁英主義，至少有這樣的傾向——在這樣的結構當中，貴族義務絕非毫無意義的空話」。更重要的是，英國擁有「整體上算清廉的公僕」以及「奉公守法的公民」。他對良性福利國家制度在美國生根抱持較不樂觀的態度。「〔美國〕沒有清廉或能幹的公僕，」他寫道。「政治分贓體系形塑民眾的觀感……基於這個原因，凱因斯政治遺產的效力在美國比較不被彰顯。」[10]

傅利曼在讚美海耶克的眾多成就時，可說是過於慷慨。「弗里德里希・海耶克的影響深遠，」他在密西根州西爾斯戴爾（Hillsdale）一九七五年的朝聖山學會年會結束後滔滔不絕地說道。「他的研究被納入技術經濟學理論之中；對經濟史、政治哲學以及政治學有重大影響；影響法律、科學方法乃至心理學的學生……〔最重要的是強化〕對自由社會的道德和智識支持。」傅利

---

7 Milton Friedman, "John Maynard Keynes," in J. M. Keynes, *The General Theory of Employment, Interest and Money* (facsimile of 1936 edition reprinted by Verlag Wirtschaft und Finanzen GmbH, Düsseldorf, 1989), p. 11.

8 Robert J. Gordon, ed., *Milton Friedman's Monetary Framework: A Debate with His Critics* (University of Chicago Press, Chicago, 1974), pp. 133-134.

9 Friedman, "John Maynard Keynes," p. 20.

10 同前，pp. 21-22.

曼樂於讚揚海耶克啟迪無數「自由社會的信徒」，但他特別指出「我自己不是其中的一員，因為我朝這方面發展是受到我在芝加哥大學的教授們影響，當時我還不認識海耶克或他的作品。」[11]

傅利曼的經濟學思想不屬於海耶克擁護的奧地利學派資本理論。確實，傅利曼對海耶克在經濟學方面的研究有很多批評。相較之下，他總是不吝於讚美凱因斯，讚美他思想具原創性以及開創總體經濟學。只是無論他對海耶克經濟學家身分的看法為何，他熱切地接下海耶克拋出的挑戰，致力於縮小政府規模。傅利曼的自由主義（尊重個人主義的美德，留心政府權力）和海耶克對政府固有的不信任完美契合。他們一概認為通膨是比失業更令人抗拒的痛苦。

海耶克長期警告他的追隨者務必和政治保持距離，唯恐他們被動搖。傅利曼較為務實。「我們必須在既定體制內行動，」他寫道。「我們或許對政府目前擁有的權力感到遺憾；我們可以用公民的身分說服其他公民消滅許多政府的權力；只要它們存在，大多數時候，讓這些權力有效率運作總比效率不彰好，儘管情況未必總是如此。」[12]

傅利曼參與保守派自由主義者暨亞利桑納州參議員高華德於一九六四年的總統選舉。在當時的共和黨領導人物中，高華德是少數抨擊聯邦政府權力過大的人士之一。從鳳凰城（Phoenix）據點出發，高華德前進華盛頓特區和東岸的世故世界似乎還有一段長路要走。西部邊疆的觀點使他相信，中央集權的政府不應過度干涉個人事務。

在他的自白宣言《一個保守派的良心》（*Conscience of a Conservative*）裡，高華德宣稱，「我對精簡政府或提高政府效率沒有太多興趣，因為我的目標是縮小其規模。」[13]他受《通往奴役之路》「影響很深」[14]，痛恨凱因斯的影響力，尤其是凱因斯對共和黨政府的影響力。如同海耶克反對累進稅制，因為那代表國家並未平等對待每個公民，高華德相信「政府有權對每個人的財富抽取相同比例做為稅收，但僅此而已。」[15]

一九六一或六二年，傅利曼在保守派美國企業研究院（American Enterprise Institute）的參議員顧問比爾．巴魯迪（Bill Baroody）介紹下認識了高華德，三人經常討論如何落實海耶克提出的理念。傅利曼為高華德撰寫演講稿，因此經常需要為參議員解釋其立場。「中央集權政府對經濟的掌控……過去從未成功實現自由或提供民眾像樣的生活水準，」傅利曼在高華德刊登在《紐約時報》的競選文宣中寫道。儘管聲明高華德「全面支持」一九四六年《就業法》中的「促進充分就業和穩定物價」，傅利曼亦謹慎說明，他「會先以貨幣政策」「實現這些目標」。[16]

文章招致凱因斯主義大祭司薩繆森的尖銳回應，他認為傅利曼的觀點來自《通往奴役之

11 Friedman, "Foreword," in Fritz Machlup, *Essays on Hayek* (Routledge, London, 2003), p. xxi.
12 Friedman, "John Maynard Keynes," p. 21.
13 Barry M. Goldwater, *Conscience of a Conservative* (Victor, New York, 1960), p. 17.
14 Barry M. Goldwater with Jack Casserley, *Goldwater* (St. Martin's Press, New York, 1988), p. 140.
15 Goldwater, *Conscience of a Conservative* , p. 44.
16 Milton Friedman, "The Goldwater View of Economics," *New York Times*, October 11, 1964.

路》，並主張其「自由」哲學裡有一個致命缺陷。「在我肋骨生長處，沒有你揮舞胳臂的自由，」薩繆森爭辯道。「在西方的混合經濟世界裡，絕大多數選民不認為他們遵守的道路使用規則，是某種外部怪獸加諸在他們身上的強制力量，」他寫道。「唯有認為多數決策對美國生活帶來不良影響的少數人，才會把政府視為某種自外於人民的存在。」[17]

不論誰是那場筆仗的贏家，一九六四年十一月，大選勝負一目了然：詹森大勝高華德。這次慘敗嚴重打擊將海耶克和傅利曼觀念付諸實行的希望。然而，從傅利曼的觀點看來，這場敗戰依舊讓他有所收穫。他因為鼓吹高華德經濟政策而成為民眾心目中的保守派沉思者、海耶克的繼承人。此外，這場從鳳凰城出發的競選宣傳同時孕育出一隻屬於它的鳳凰，其名為雷根。[18]

多年來，雷根代表奇異家電對工廠勞工宣講自助和小政府哲學。大蕭條期間，雷根的父親傑克（Jack）在伊利諾州的狄克森（Dixon）謀得一份和新政相關的工作，協助失業鄰居找工作。年輕的雷根目睹父親因福利支付系統的矛盾而備受折磨：每當傑克為某人覓得一份工作，對方就不能再領取失業給付，生活更是比沒工作時糟。

除了這個人生教訓，踏足好萊塢後的雷根又學到另一堂課，也就是累進稅制遏制人們工作的意願。身為一名演員，年收入超過五百萬美元，他在一九三七年繳交百分之七十九的驚人所得稅，一九四三年更提高到百分之九十四。「我記得我的反應，」他解釋道。「我接到很多電影劇本，一旦達到某個收入等級，我立刻推掉全部的劇本。我才不要為了一美元裡的六分錢辛苦工作。」[19]當好萊塢一線男星的品味在二戰後從雷根這類白淨奶油小生轉為威廉·霍頓的堅毅滄桑型，雷根發現自己被市場淘汰了，無奈過去邀約不斷期間賺得的片酬使他尚欠政府一大筆稅款。財務危機使他認定賦稅與其說是必要之惡，不如說是張牙舞爪的惡魔，支撐著一個浪費且依賴的腐敗系統。

在接觸凱因斯之前，雷根早在伊利諾州由雷加學院（Eureka College）認識了正統經濟學。儘管稱不上知識分子，雷根卻熱愛閱讀，這是他在拍電影漫長等待中培養出的興趣，也是因為對搭飛機感到恐懼，只好靠閱讀打發長途火車旅行。愛開玩笑的他閱讀品味一點也不輕浮。「我讀過米塞斯和海耶克的經濟學觀點，」他解釋道。[20]

雷根第一次見到高華德是在太太南茜（Nancy）的父母家中。南茜的雙親退休後搬到鳳凰城養老。兩人相處雖不融洽，但雷根發現高華德對政治的看法和他雷同。一九六四年，他同意擔任高華德加州競選總部的副會長。當他在洛杉磯椰樹林夜總會（Cocoanut Grove nightclub）依照慣例發表對重稅及大政府的抨擊後，他獲邀發表一場全國性的電視演講，刺激高華德腳步蹣跚的總

17 Paul Samuelson, *New York Times*, October 25, 1964.

18 雷根（Ronald Reagan, 1911-2004），好萊塢演員、加州州長，以及第四十任美國總統。

19 Rowland Evans and Robert Novak, *The Reagan Revolution* (E. P. Dutton, New York, 1981), p. 237.

20 Evans and Novak, *Reagan Revolution*, p. 229.

統競選。

雷根的「抉擇時刻」（Time for Choosing）電視演說[21]來得太遲，未能拯救高華德慘遭大敗，所幸這次演說深深打動忠貞保守派人士，雷根在一夜之間變成保守派寵兒，並將他送上從政之路，一路從沙加緬度（Sacramento）的加州州長官邸挺進到白宮。

傅利曼和雷根州長於一九六七年在洛杉磯碰面。雷根認識傅利曼是因為看了一九六二年出版的《資本主義與自由》（*Capitalism and Freedom*）。他想徵召傅利曼協助精簡加州政府。雷根推動修訂州憲法，限制州政府年度支出和稅收，然後找傅利曼和他一起站上演講臺推銷這個想法。雖然這個立法提案程序在一九七三年未取得必要多數的支持，雷根和傅利曼卻因為開啟一項感染緬因、密西根、密蘇里、蒙大拿、內布拉斯加、奧克拉荷馬以及奧勒岡等州的運動而深受鼓舞。

雷根絕佳的溝通能力加速普及海耶克和傅利曼企圖傳達的訊息。「雷根懂海耶克。他懂米爾頓・傅利曼，」紐特・金瑞契（Newt Gingrich）說。[22]「我想，海耶克永遠不可能參加《今日秀》（Today show），但我們能請雷根以更精準的例子、以更易懂的語言，解釋海耶克的論述主旨。」[23]

雷根得耐心等待自己參選總統的機會。他有意在一九六八年參選，可惜尼克森擁有候選人的優先順位。高華德似乎嫉妒雷根繼承了「美國保守派運動領袖」的衣缽，這也對雷根的參選構成阻礙。一九六八年六月，高華德致信雷根，力勸他帶領自己的支持者加入尼克森陣營，促進共和黨人的團結。南茜覺得這封信是徹底的背叛，因此她在雷根擔任總統的八年內，確保高華德不會收到來自白宮的任何邀請。

傅利曼成為尼克森的非正式經濟顧問。「他的野心勃勃，看似隨時會為最微不足道的政治優勢可能性拋棄自己公開聲明的原則，」[24]傅利曼回憶道。在一九六八年總統競選期間，尼克森在加州米森灣（Mission Bay）告訴傅利曼及其他經濟顧問團員，他打算支持對美國的進口織品課徵保護性關稅，儘管他自稱是自由貿易的信徒。「他認為保護織品的立場將決定他在一到兩個關鍵的南方州的勝敗，」傅利曼說。「他知道這在經濟上是不正確的決定。」[25]尼克森當選後，傅利曼仍擔任其顧問。

一九七一年六月，儘管傅利曼主張嚴格控管貨幣供應，尼克森請他對聯準會主席伯恩斯建

---

21 Ronald Reagan, "Time for Choosing," address broadcast on television, October 27, 1964.

22 金瑞契（Newton Leroy "Newt" Gingrich, 1943- ），原名為紐頓・樂洛伊・麥克佛森（Newton Leroy McPherson）。博士論文為一九四五到六〇年比利時在剛果的教育政策，拿到學位後在西喬治亞學院（West Georgia College）任教。一九七八年當選眾議院議員。一九九五至九九年擔任眾議員發言人。

23 Interview of Newt Gingrich, Spring 2001, *Commanding Heights*, PBS, http://www.pbs.org/wgbh/commandingheights/shared/pdf/int_newtgingrich.pdf.

24 Friedman and Friedman, *Two Lucky People*, p. 388.

25 同前，p. 386.

請增加貨幣供應。「我反對，提出貨幣快速成長是不明智的，那將導致之後的通貨膨脹，」傅利曼表示。「尼克森同意，但他說這麼做會先促進經濟成長，確保經濟在一九七二年的選舉前持續擴張。我回答道，如果代價是未來的嚴重通貨膨脹，贏得選舉也不值得慶幸。尼克森的回應大致是，『事情發生後我們再來擔心。』」[26]

一九七一年八月，尼克森終結了布列頓森林固定匯率制。長年反對布列頓森林制度的傅利曼卻沒心情慶祝：尼克森同時透過法律凍結物價和薪資所得。「我最後一次在橢圓形辦公室會見尼克森，舒爾茨也在現場，」傅利曼回憶道，「尼克森總統對我說，『不要為了這愚蠢的工資和價格控制責怪喬治（即舒爾茨）。』……我對他說，『噢，不，總統先生，我不怪喬治，我怪你。』」[27]尼克森的紀錄令傅利曼惶恐：他砍掉的聯邦支出，並不足以反應在國家所得百分比上，而且對許多新政府單位引進監督規則。尼克森的首席經濟顧問史坦猶記，「自新政以來，尼克森執政期間實施的新規定大概比任何總統多。」[28]

一九七四年，這對凱因斯主義者是最壞的一年。海耶克聲譽逐漸升高。他重振經濟自由主義影響力的訴求由於獲頒諾貝爾經濟學獎而得到極大鼓舞。獲得這項殊榮令海耶克驚訝，凱因斯主義者更是萬萬也沒料到。薩繆森說，「在一九七四年哈佛和麻省理工的資深教員休息室裡，多數教員甚至沒聽過新科桂冠得主的名字。」[29]

諾貝爾委員會決定表彰海耶克對「貨幣和經濟波動理論開創性研究」的貢獻，只是背後的理由不如表面上看來那麼正面。海耶克必須和瑞典凱因斯經濟學家暨社會民主黨政治家貢納爾・默達爾（Gunnar Myrdal）[30]共享這份榮譽。據傅利曼所言，[31]諾貝爾委員會希望藉由把默達爾和海耶克綁在一塊，可避免外界指控他們同情左派。結果，兩場頒獎典禮引發極大爭議，海耶克宣稱諾貝爾經濟學獎極其荒唐，既不值得頒發，也不值得領取，默達爾則譴責諾貝爾委員會頒獎給海耶克。

即便如此，保守派和自由派普遍贊同海耶克獲獎，視之為他數十年違背主流研究獲得回報的證據。這個獎私下為海耶克帶來極大鼓舞，他多年的臨床憂鬱症似乎在獲獎後煙消雲散。「一九

---

26 同前，pp. 386-387.

27 Milton Friedman, in *Commanding Heights*, PBS, http://www/pbs.org/wgbh/commandingheights/shared/minitextlo/tr_show01.html#1.

28 Herbert Stein, *Presidential Economics* (Simon & Schuster, New York, 1985), p. 255.

29 Paul Samuelson, "A Few Remembrances of Friedrich von Hayek (1899-1992)," *Journal of Economic Behavior and Organization*, vol. 69, no. 1, January 2009, pp. 1-4.

30 默達爾（Gunnar Myrdal, 1898-1987），瑞典經濟學家及政府首長，他在非裔美國人生活條件研究的開創之作，被借用來推動「教育全美國人」的運動，最終促成布朗訴托皮卡教育局最高法院判決（Brown v Board of Education Supreme Court decision）。傅利曼在哥倫比亞大學和他見過幾次面，對他的印象是「極為迷人且天資聰穎」。Friedman and Friedman, *Two Lucky People*, p. 78.

31 同前。

七四年得諾貝爾獎讓他重生，」[32]他的友人哈禮斯回憶道。保守派史學家納許（George H. Nash）表示，海耶克的諾貝爾獎有三重效應：「它讓這位老教授找到新的生活熱忱，並提供美國保守派一種聲勢看漲、『成功』的感覺，以及重燃大眾對當初使他聲名大噪的小書〔《通往奴役之路》〕的興趣。」[33]

一身白色燕尾服、繫白領帶，在國際媒體面前發表諾貝爾得獎演說〈知識的僭妄〉（The Pretence of Knowledge）[34]，這是海耶克人生的巔峰。他秉持海耶克本色，不顧諾貝爾避免爭議的傳統，真情流露地說明他從不看好凱因斯革命的理由。他讚揚奧地利學派資本理論的優點，將外界焦點聚集在自由面對的各種威脅，也就是他曾在《通往奴役之路》中提出的警告。

海耶克流露些許自滿的說，「身為經濟學家，我們把經濟搞得一團糟。」他簡短說明凱因斯主義的危害。「過去三十年領導貨幣和財政政策的理論，」他解釋道，「根本是項錯誤」、「江湖騙術」。他形容滯脹如同一道自己劃破的傷口，「來自多數經濟學家建議，乃至敦促政府追求的各種政策」。治療滯脹需要經歷折磨人的重新調整，像是比現在更高的失業率和大規模破產，但「均衡將如何自我建立」，超越所有經濟學家的智慧，包括他自己在內。認為一切經濟難題都有解決辦法的凱因斯式信仰，只是加劇通貨膨脹、使失業率惡化。

他請斯德歌爾摩的聽眾將市場想像成一場球賽，藉此論證沒有人能夠了解其中無限的錯綜複雜因素。如果關於選手的關鍵事實是確定的，譬如「在球賽進行的每分每秒，他們的專注狀態、他們的洞察力以及他們的心肺肌肉等狀態，我們或許可以預測結果」。「無奈我們沒有能力查明那些事實，因此球賽結果不在科學預測的範圍內。」一名經濟學家最多能做到像個園丁，「藉由提供適當的環境栽培經濟成長。」[35]

海耶克開始接獲來自四面八方的喝采。如今凱因斯主義全面撤退，世界終於漸漸接受他的想法。他宣稱，「我年輕的時候，只有很年長的人相信自由市場體系。步入中年後，除了我自己，沒有人相信自由市場。我慶幸自己活得夠久，能夠見到年輕人再次相信自由市場。」[36]

海耶克獲頒諾貝爾獎兩年後，傅利曼也成為經濟學諾貝爾獎得主。對諾貝爾委員會發表得獎感言時，傅利曼讚許他的奧地利導師對價格如何左右個人選擇的觀察非常「傑出」。[37]此時，英

---

32 Interview of Ralph Harris, July 17, 2000, *Commanding Heights*, PBS, http://www.pbs.org/wgbh/commandingheights/shared/minitextlo/int_ralphharris.html.

33 George H. Nash, "Hayek and the American Conservative Movement," lecture given to the Intercollegiate Studies Institute Indianapolis Conference, Indianapolis, Ind., April 3 2004, www.isi.org/lectures/text/pdf/hayek4-3-04.pdf.

34 海耶克在一九七四年十二月十一日發表諾貝爾得獎感言。

35 F. A. Hayek, "The Pretence of Knowledge," 引述自 Assar Lindbeck, ed., *Nobel Lectures in Economic Sciences 1969-1980* (World Scientific, Singapore, 1992), p. 179.

36 UCLA Oral History Programs, p. 195.

37 Milton Friedman, "Inflation and Unemployment," Nobel Memorial Lecture, December, 13, 1976, http://nobelprize.org/nobel_prizes/economics/laureates/1976/friedman-lecture.pdf.

國的氛圍對海耶克倏地變得無比樂觀。西方世界最成功的選舉政黨保守黨，從根本重新評估自己存在的理由。一九七四年二月和十月兩次選舉的慘敗促使一個拒絕任何新觀念的政黨，罕見地進行自我檢視。導致首相愛德華・希思（Edward Heath）離開唐寧街的兩次打擊，觸發了保守黨黨魁內部的激烈競爭，最後公開支持海耶克思想的瑪格麗特・柴契爾（Magraret Thatcher）打敗希思。外界對她意外的勝出其實早有預料，不過並非出於保守黨普遍傾向海耶克哲學，單純是因為人們不想希思當選。[38]

柴契爾的哲學發源自幼時跟隨當小店主的父親學到的堅定信念，但她也為自身的種種觀點尋求知識性解釋。在牛津大學主修化學期間，她曾閱讀《通往奴役之路》，[39]而後在一九七四年，她對這本書的意義有了全新揭示。擔任黨揆不久後，有一次，她和黨的左派研究部門開會，只見她把手伸進包包中，拿出一本海耶克的《自由秩序原理》往桌上重重一擺。「這就是我們的信仰！」她高聲說。[40]

柴契爾決意拋棄戰後的政治共識[41]，亦即為爭取決定選舉勝敗的中間選民，保守黨在福利制度和經濟管理兩個方面和工黨相互妥協。如此一來，鐵路和客運、煤礦、所有造船廠、英國航空（British Airways）、英國石油（British Petroleum）、港口和機場以及許多其他事業一律收歸國有。衛理公會教徒柴契爾對共識宣戰：「《舊約》裡的先知們並沒有說，『弟兄們，我要一個共識。』他們說的是，『這是我的信念。這是我全心相信的。如果你也相信，就跟我走。』」[42]

柴契爾知道海耶克每年都會前往倫敦拜訪經濟事務研究所（Institute of Economic Affairs），其所長是朝聖山成員哈禮斯。「柴契爾辦公室（一九七六年）找上門，詢問能否安排她到這裡見他一面，」哈禮斯回憶道。「於是她就來了，好長一段時間，柴契爾不尋常地靜靜坐著，專注聆聽大師的每句話。」[43]在她主政期間，海耶克和傅利曼成為唐寧街十號辦公室的常客。

一九七九年六月，柴契爾當選首相。適逢海耶克慶祝八十大壽。他發一封電報給她：「謝謝妳送給我世界上最棒的八十歲生日禮物。」柴契爾回應：「我很自豪過去幾年向你學習非常多。我有成功的決心。如果我們成功了，您對我們終極勝利的貢獻絕對是難以計量。」[44]

38 關於領導群之間競爭的詳細內容請見Nicholas Wapshott, *Ronald Reagan and Margaret Thatcher: A Political Marriage* (Sentinel, New York, 2007), pp. 76-82.

39 哈禮斯懷疑事實並非如此，他在二〇〇〇年七月十七日的訪問中，告訴PBS *Commanding Heights* 的研究員，「一個牛津大學科學部的學生書單上有海耶克的《通往奴役之路》令我感到驚訝。這本書取得不易；它沒有獲得太多評論，只出現在特定學術文章中。」

40 John Ranelagh, *Thatcher's People: An Insider's Account of the Politics, the Power, and the Personalities* (HarperCollins, London, 1991), p. ix.

41 這個共識被戲稱作「巴茨凱爾主義」（Butskellism），因為它把兩個對政府幾乎完全一致的提議合併，分別是保守黨的R・A・巴特勒（R. A. Butler）和工黨黨魁休・茨凱爾（Hugh Gaitskell）。

42 Nicholas Wapshott and George Brock, *Thatcher* (Macdonald/Futura, London, 1983), p. 176.

43 Interview of Ralph Harris, July 17, 2000, *Commanding Heights*, PBS.

44 Laurence Hayek, in *Commanding Heights*, PBS, http://www.pbs.org/wgbh/commandingheights/shared/minitextlo/tr_show01.

柴契爾著手縮減公部門的規模，減少貨幣供應，稅賦減免，撤除對企業的諸多監管，償付國債，並透過所謂「民營化」的過程變賣國家資產。這是濃濃的海耶克思想，摻雜一絲傅利曼。「社會主義、過重的稅率、過多的監管、過高的公共支出壓抑了企業精神，」她說。「過去的哲學是國有化、中央集權、控制、監管。如今這些都必須摒棄。」[45]柴契爾的貨幣主義觀念遭遇強烈抵抗，就連她的政府團隊成員都有異義，引用逐漸升高的失業率和街頭暴力數據做為政策錯誤的證據。海耶克過去在倫敦政經學院的明星徒弟卡爾多如今是劍橋的名譽教授，他嘲笑柴契爾反革命背後的海耶克式觀念，於是出版以凱因斯精神為號召的一本小冊《柴契爾夫人的經濟後果》（*The Economic Consequences of Mrs. Thatcher*）。[46]可惜成效不彰。

柴契爾勇往直前。一九八〇年，上任一年多之後，她在保守黨年會宣宗，「敦促我們鬆手、盲目地花更多錢，相信這對失業和小企業主有所助益的那些人，他們並不是心地善良，或富有同情心，或想照顧別人。他們不是失業者或小企業之友。他們是在要求我們重蹈覆轍，把最初導致這些問題的事情再重複一次。」她堅持不走凱因斯主義的回頭路：「你想回頭，請便。鐵娘子是不會動搖的。」[47]

柴契爾以狂熱的鼓吹口吻對下議院說，「我極度崇拜海耶克教授。他的一些著作……值得某些可敬的議員詳讀。」[48]為鼓勵閣員中的反對派認同她的立場，她邀請傅利曼和這些人進餐。「這次會面中的討論有趣又熱烈，」傅利曼回憶道，「尤其是柴契爾夫人離開後，她請我指導部分

『窩囊』（wet）[49]的閣員。」身為世界上第一個以貨幣主義政策解決滯脹的重要經濟體，在執行英國傅利曼式實驗的過程中，難免有一定程度的嘗試、繞路和失誤。[50]她透過一個保守派智庫[51]向瑞士貨幣主義者于爾格・尼漢斯（Jürg Niehans）[52]請益。尼漢斯告訴她，她的貨幣供應控管太嚴厲，利率制定過高，導致英鎊匯率居高不下，英國出口商品太昂貴。傅利曼把英國貨幣主義最初

---

html#1.

45 Margaret Thatcher, in *Commanding Heights*, PBS, http://www.pbs.org/wgbh/commandingheights/shared/minitextlo/tr_show01.html#1.

46 Nicholas Kaldor, *The Economic Consequences of Mrs. Thatcher: Speeches in the House of Lords, 1979-82*, ed. Nick Butler (Duckworth, London, 1983).

47 Margaret Thatcher, "The Lady's Not for Turning," *Guardian*, April 30, 2007，全文參見http://www.guardian.co.uk/politics/2007/apr/30/conservatives.uk1.

48 Thatcher, House of Commons, February 5, 1981. www.margaretthatcher.org/document/104593.

49 柴契爾是公立學校出身，她將受私校教育的托利對手用來侮辱她的詞彙，返套用到他們身上。因此她貶稱反對她經濟政策、具有貴族價值觀的人為「窩囊」，贊同她的則是「帶種」。想知道某位托利黨人的立場為何時，她會問，「他是我們的人嗎？」

50 有關柴契爾貨幣主義政策的實踐細節，請參見Wapshott and Brock, *Thatcher*, pp. 183-212.

51 保守派智庫是政策研究中心（Centre for Policy Studies），創辦人為基斯・約瑟夫（Keith Joseph）和柴契爾夫人，由前馬克思主義者艾佛瑞得・謝爾曼（Alfred Sherman）主持。

52 尼漢斯（Jürg Niehans, 1919-2007），瑞士貨幣主義經濟學家、經濟史學家，任教於瑞士伯恩大學（University of Bern）和約翰霍普金斯大學（Johns Hopkins University, 1966-77）。

的失敗歸咎於貨幣供應的「回旋」（gyrations）。「它跌了又漲，又跌，又漲，」他解釋道。傅利曼表示，結果就是「出現超越必要程度的過度經濟衰退」。[53]

柴契爾當選及其海耶克式思想，對一九八〇年雷根的總統競選是一種鼓勵。雷根以海耶克式口號做宣傳，「讓政府不再找我們麻煩，不碰我們的口袋」[54]，並承諾減稅，精簡聯邦政府以及加強國防。一九八〇年十一月四日，雷根徹底打敗卡特。傅利曼獲邀加入由舒爾茨為首的、新成立的總統經濟政策顧問小組（Economic Policy Advisory Board，簡稱EPAB）。「EPAB為雷根做最多的，莫過於向他保證他走在對的路上，」雷根的顧問馬丁・安德森（Martin Anderson）說。[55]「要他抗拒任何稅率調漲的是他們，強力敦促大規模刪減聯邦支出的是他們，推動撤銷管制的也是他們。」[56]

傅利曼很在意雷根是否堅守健全貨幣政策的初衷，因此當他知道聯準會主席由沃爾克出任後，整個人鬆了一口氣。沃爾克大學時期曾到倫敦政經學院訪問，之後迷上奧地利學派的資本理論。沃爾克視滯脹為「一隻吞噬我們內部結構的龍」[57]並相信傅利曼是對的：管制貨幣供應才是關鍵。「小幅通貨膨脹是好事這個觀念已經成為凱因斯學說的一部分，」沃爾克說。「事實是，小幅通貨膨脹過後，市場需要再多一點通膨，因為它能提振經濟。人們對通膨習以為常，於是它失去了效果。如同服用抗生素，久了就要換新的。」[58]

沃爾克在卡特總統任職期間調高利率，強制行使嚴厲的貨幣政策，導致仰賴貸款的企業砍掉數千個工作機會。後續的經濟衰退成為卡特失去民心並在一九八一年落敗的原因。雷根進入白宮後，傅利曼和舒爾茨認同沃爾克的立場，相信加劇衰退是通貨膨脹的解藥。不同的是，雷根是個喜歡討好的人。當柴契爾把英國帶進類似的經濟衰退中，她因而成為自有民調以來最不受歡迎的首相。雷根能夠抵擋政治風暴嗎？「不用說也知道，誰想要經濟衰退？」舒爾茨說。「但我記得雷根總統那口極有名的話：「更待何時？捨我其誰？」[59]

實施貨幣緊縮控制通膨只是所謂「雷根經濟學」（Reaganomics）的諸多政策之一，這些政策

---

53 Milton Friedman, BBC interview, March 1983，引述自Hugo Young, *The Iron Lady: A Biography of Margaret Thatcher* (Noonday Press, New York, 1990), p. 319.

54 Ronald Reagan, in *Commanding Heights*," PBS, http://www.pbs.org/wgbh/commandingheights/shared/minitextlo/tr_show01.html#1.

55 安德森（Martin Anderson, 1936- ），經濟學家。雷根一九七六和八〇年兩次總統選舉的資深政策顧問，以及外國情報顧問委員會的成員（Foreign Intelligence Advisory Board, 1980-86）。

56 Martin Anderson, *Revolution: The Reagan Legacy* (Harcourt Brace Jovanovich, San Diego, 1990), p. 267.

57 Paul Volcker, in *Commanding Heights*, PBS, http://www/pbs.org/wgbh/commandingheights/shared/minitextlo/tr_show01.html#1.

58 同前。

59 George Shultz, in *Commanding Heights*, PBS, http://www.pbs.org/wgbh/commandingheights/shared/minitextlo/tr_show01.html#1. 雷根立場堅定，認為經濟衰退有其必須，但他的財政部長唐納德．里根（Donald Regan）避免明確表態，以免雷根改變心意，並對媒體和國會採用「猛打聯準會」的流言戰術，讓沃爾克成為經濟壞消息的代罪羔羊。

多少受到海耶克或傅利曼的啟發。雷根高所得稅的親身經歷使他相信減稅能夠激勵美國人更勤奮工作，EPAB的成員阿瑟．拉弗（Arthur Laffer）[60]大力倡導這項政策。一九七四年十二月，拉弗和福特總統的幕僚長唐納．倫斯斐（Donald Rumsfeld）及其副手迪克．錢尼共進晚餐時，論稱有一個能夠獲得最大歲入的最佳所得稅率。他在餐巾紙上畫出一個鐘型曲線闡述其推論，展示甜蜜點（sweet spot）可能的位置。

雷根身旁的經濟學家立即使用「拉弗曲線」（Laffer curve），說服他人相信減稅能夠增加歲入。雷根主義者斷言，大幅刪減所得稅能增加個人消費，進而透過整體經濟的「涓滴」效應提高需求。同樣由拉弗提倡、雷根經濟學的第三個關鍵元素是「供給面經濟學」（supplyside economics），其主張最有可能促進經濟繁榮的方式是藉由減少產業監督及企業稅，鼓勵生產者提供更多且更便宜的商品，而非仰賴凱因斯式的公共支出刺激「需求帶動」的成長。

拉弗謙虛地指出，儘管「拉弗曲線」以他為名，卻這不是他的發明，其他人早已提出同樣的觀念，其中最著名的便是凱因斯。「稅收太高有損其本意，這樣的言論並不奇怪，」凱因斯在一九三三年寫道，「只要有足夠時間汲取果實，減稅的功效會比促進預算平衡更好。」凱因斯比喻不斷增稅的人就像「過分相信算數」的製造商，儘管消費者因為價格太高不願意購買，仍不斷提高價格。[61]

「涓滴效應」也有凱因斯式成分，它援引卡恩的乘數邏輯，主張購買商品者將創造工作機會以及更多的後續消費行為。然而，海耶克對雷根的減稅非常緊張。「這樣的實驗規模令我有點擔心，」他在一九八二年說道。「我全心贊成減少政府支出，但在降低開支之前預先調降稅率是極具風險的事。」[62]

凱因斯主義者也對雷根的經濟政策實驗普遍懷疑。加爾布雷斯嘲諷地模仿供給面支持者，「窮人不工作因為他們收入太多；富人不工作因為他們沒有足夠收入。擴張、重振經濟的方式是給窮人少一點，給富人多一點。」他駁斥「涓滴」是「馬雀理論（horse-and-sparrow）：若你餵馬吃燕麥，消化後排出的燕麥可以給麻雀吃。」但他承認緊縮貨幣供應「能夠以可怕的方式抑制通膨」。[63]雷根一九八四年競選總統的民主黨對手沃爾特・蒙代爾（Walter Mondale）將「涓滴」變成一個社會階級議題，嘲弄地表示「雷根經濟學背後的觀念是一人得道，富人升天」。[64]

沃爾克的貨幣緊縮引發更嚴重衰退。自一九八一年持續十六個月到一九八二年，通貨膨脹率巨幅下降，從一九八一年的百分之十一點八降到一九八三年的百分之三點七。可惜物價極高，失

60 拉弗（Arthur Laffer, 1940- ），美國財政保守派經濟學家，自由主義者，芝加哥大學商學院研究所教授。

61 *Collected Writings*, vol. 9: *Essays in Persuasion*, p. 338.

62 Interview with Hayek, "Business People; A Nobel Winner Assesses Reagan," *New York Times*, December 1, 1982.

63 John Kenneth Galbraith, "Recession Economics," *New York Review of Books*, February 4, 1982.

64 Mondale speech in Springfield, Ill., in Steven M. Gillon, *The Democrats' Dilemma: Walter F. Mondale and the Liberal Legacy* (Columbia University Press, New York, 1995), p. 371.

業率達到大蕭條以降的最高峰。一九八〇年，雷根接任時，失業率是百分之七點一；一九八三和八四年，失業率分別達到百分之九點七和九點六。備受嘲笑的菲利普斯曲線在一九七〇年代中期滯脹衝擊經濟而失去參考性後，似乎再度重返戰場。

根據拉弗的計算，雷根減稅的效應不亞於甘迺迪的減稅。甘迺迪將最高稅率從百分之九十調降至百分之七十的四年內，聯邦實際所得稅收入從前任總統的百分之二點一躍升至百分之八點六。國內生產毛額成長在同一時間從百分之四點六提高到百分之五點一，失業率從一九六二年一月百分之五點八降到一九六六年十二月只剩百分之三點八。

雷根減稅的影響更深層。他一刀砍去百分之二十五的整體所得稅，最高收入者的稅率從一九八一年的百分之七十砍到一九八八年只剩百分之二十八。拉弗表示，其成果豐碩令人印象深刻。一九七八至八二年經濟實質成長僅百分之零點九，一九八三至八六年飆高至百分之四點八。這些成長轉換成工作機會，一九八九年一月雷根卸任時的失業數據為百分之五點三。[65]然這並非全貌。儘管拉弗曲線宣稱存在甜蜜點，所得稅調降對歲入造成重大傷害。一九八二年，雷根注意到預算赤字快速增加，取消對高所得者的諸多減稅優惠，創造增加稅收三百七十億美元、國內生產毛額提高百分之八的戰後紀錄。[66]

貨幣主義者仍然宣稱政策成功。通膨已經從經濟中除去，並釋放資本主義的自由力量。「雷根那些措施，像是調降稅率外加強調撤銷管制，釋放出自由市場的基本建設性力量，自從一九八三年起，經濟幾乎只見正成長，」[67]傅利曼自鳴得意地說。可是，傅利曼未提及一個重要元素：雷根同時以前所未見的速度使用納稅人繳給政府的錢。雷根修剪了給窮人的福利計畫，但和他增加國防支出相比，這只是微小的變化。一九八〇年，國防支出為兩千六百七十億，一九八八年暴增至三千九百三十億美元。[68]公共債務從一九八〇年國內生產毛額的三分之一，到一九八八年已經增加到過半的國內生產毛額，從九千億到兩兆八千億美元。[69]

預算不平衡則靠公共借貸維持。雷根進入白宮時，美國是世界最大的債權國，當他到聖塔芭芭拉馬場過退休生活時，美國成為世界最大的債務國，向國外借了大約四千億美元。[70]尼克森

---

65 所有數字出自 Arthur Laffer, *The Laffer Curve: Past, Present and Future , Executive Summary* Backgrounder No. 1765 (Heritage Foundation, Washington, D.C., June 2004).

66 Jerry Tempalski, "Revenue Effects of Major Tax Bills," OTA Working Paper 81, Office of Tax Analysis, U.S. Treasury Department, Washington, D.C., July 2003.

67 Milton Friedman, in *Commanding Heights*, PBS, http://www.pbs.org/wgbh/commandingheights/shared/minitext/tr_show01.html.

68 Defense figures expressed in constant 2000 dollars. U.S. Office of Management and Budget, *Historical Tables: Budget of the United States Government, 2006* (Government Printing office, Washington, D.C., 2005), table 6.1.

69 同前。

70 John Case, "Reagan's Economic Legacy," *Inc.*, October 1, 1988.

的經濟顧問史坦表示，「雷根經濟政策最顯著的特色是預算赤字規模」。[71]雷根浸淫在繁榮的經濟中，對赤字紀錄滿不在乎。「我不擔心赤字，」他妙語道，「它已經夠大了，可以自己照顧自己。」[72]

對許多凱因斯主義者而言，雷根經濟學不過是個戲法，一個政治花招，以海耶克裁減政府規模的口號做門面，實際上則透過大增國防公共支出刺激總體需求和經濟成長。諾貝爾獎經濟學得主索洛表示，「從一九八二年持續到一九九〇年的景氣繁榮，是雷根政府以擴大開支和減稅等徹頭徹尾的凱因斯措施所創造的，是擴張性預算赤字的經典案例。」[73]

加爾布雷斯同意。「〔雷根〕在國家一次相當艱困的經濟衰退期間就任總統，並〔強制實施〕諸多強硬的凱因斯主義政策，其中一個結果便是雷根主政八〇年代的經濟復甦。有趣的是，促成這一切的是不真正了解凱因斯觀念的人，而且他們對凱因斯有很多批評。這算是非自願性的匿名凱因斯主義。」[74]

---

71 Stein, *Presidential Economics*, p. 308.

72 Reagan speech to Gridiron Club, March 24, 1984，引述自 Lou Cannon, *President Reagan: The Role of a Lifetime* (PublicAffairs, New York, 2000), p. 100.

73 引述自 Holcomb B. Noble, "Milton Friedman, Free Market's Theorist, Dies at 94," *New York Times*, November 16, 2006.

74 Interview of John Kenneth Galbraith, September 28, 2000, *Commanding Heights*, PBS, http://www.pbs.org/wgbh/commandingheights/shared/minitextlo/int_johnkennethgalbraith.html.

第十七章　重啟戰役

淡水經濟與鹹水經濟：一九八九至二〇〇八

接下來二十年，海耶克對政府干預淪為暴政的告誡愈來愈深入人心。一九九一年蘇聯瓦解，終止了將俄國人隔絕於自由市場之外的七十五年共產主義實驗。新成立的民主政府領袖，如捷克共和國前兩任總統瓦茨拉夫．哈維爾（Václav Havel）與瓦茨拉夫．克勞斯（Václav Klaus），以及波蘭副總理拉夏克．巴塞羅維茨（Leszek Balcerowicz），一再讚譽海耶克是他們在最黑暗時期的明燈。[1]隨凱因斯主義概念淡出，自由市場觀念回歸，以及馬列主義陷落，海耶克終於活到見證甜蜜復仇的一天。眼見事態局勢的演變，他說，「我早就告訴你們了。」[2]一九九二年三月二十

---

[1] 根據湯姆．G．帕瑪（Tom G. Palmer）表示，「在中歐和東歐最常聽到的名字之一就是海耶克。《通往奴役之路》的地下版本和罕見英文本受到廣泛閱讀。」Tom G. Palmer, "Why Socialism Collapsed in Eastern Europe," Cato Policy Report, September/October 1990.

[2] John Cassidy, "The Price Prophet," *New Yorker*, February 7, 2000.

三日，他以九十二歲的高齡在德國弗萊堡辭世。

美國輿論對政府在國家事務中扮演角色的辯論愈顯鮮明對立，而過去學術討論中非黑即白的選擇如今走向灰色地帶。英國工黨財相丹尼斯．希利（Denis Healey）[3]口中的「施虐貨幣主義」（sado monetarism）[4]——經濟學家取名為「粗野的凱因斯主義」（crude Keynesianism）——經歷了一段暫停期。[5]人們發現，嚴格的貨幣措施是非常不可靠的指標，因此轉而重用利率工具來控制通貨膨脹。關鍵經濟學論戰圍繞著一般常見的問題：公共赤字的規模以及如何改善它；自由貿易的可取之處；稅收的範圍和本質；撤除國家對非應得領域的權利。

有關經濟集中管理的辯論（本身為凱因斯式概念）演變為一段漫長的「後凱因斯主義」階段，是凱因斯式觀念和海耶克式觀念的和解。儘管國家經濟管家們之間有所共識，認為摻雜凱因斯和傅利曼元素的雞尾酒應該用於最大化經濟成長並扼殺通貨膨脹，學術圈經濟學家之間卻仍然存在重大分歧，他們自一九七〇年代以來便大致依據凱因斯—海耶克陳年辯論的路線，概略上分為兩大陣營。一邊是「淡水經濟學者」（freshwater economists），名稱由來是因為這些學者所屬大學聚集在大湖區；另一邊的「鹹水經濟學者」（saltwater economists）全來自沿海學校。淡水經濟學者和海耶克一樣，視通膨為國家發展最恐怖的詛咒；鹹水經濟學者則認為失業是更嚴肅的問題，誠如凱因斯。

淡水陣營認為，經濟體應該被當作有感知能力的有機體，受參與市場者的理性決定左右。政府應該確保市場的自由與公平，但政府支出和稅收會歪曲一個經濟體的自然秩序。他們假設，個人會根據他們對未來發展的理解做理性決定；當商人擔心國家為刺激經濟成長所投入的支出將導致稅率增加和通貨膨脹，他們會對新的投資躊躇不前；全球化和電子通信的崛起將使市場變得更有效率，造福大眾。他們聲稱，經濟衰退是經濟週期的例行性面向，社會只能選擇忍受，而不是試著治癒。他們偏好「供給面解藥，透過撤除諸如管制和企業稅等政府抑制行為，鼓勵企業提供更便宜的商品，從而刺激需求」。

鹹水派相信任其自生自滅的經濟體並不適合每個人。他們視經濟衰退為經濟不健全的症狀，或者意外衝擊造成的後果，試圖在景氣循環的谷底治療失業問題。他們相信市場對變化的反應是緩慢的，尤其是成立工會的勞動力市場，而且競爭是不完善的。他們有些人認可供給面改革的邏輯，卻相對強調專注於把更多資金投入系統裡，使民眾愈來愈有能力負擔商品的「需求帶動」補救措施。

命運之輪轉了一大圈。如今海耶克占上風，凱因斯則沒落。許多鹹水經濟學者開始不太願意承認自己和凱因斯的淵源。「直到大約一九八〇年，美國學術圈四十歲以下的總體經濟學者

3 希利（Denis Winston Healey, 1917- ），英國財相（1974-79）。

4 Denis Healey, *The Time of My Life* (Michael Joseph, London, 1989), p. 491.

5 引述自"Austerity Alarm," *Economist*, July 1, 2010, www.economist.com/node/16485318.

已經罕有人自稱為凱因斯主義者，」[6]普林斯頓大學的凱因斯主義者艾倫・S・布林德（Alan S. Blinder）如此表示。重創傳統凱因斯式觀念的芝加哥大學諾貝爾經濟學得主羅伯特・小盧卡斯（Robert Lucas Jr.）[7]發現，「人們甚至會因為被稱作『凱因斯主義者』而憤慨。在研究討論會中，人們不再嚴肅看待凱因斯式的理論推斷。與會者一聽到凱因斯式觀念便交頭接耳、相視而笑。」[8]海耶克式反革命終於成功。凱因斯主義大主教約翰・加爾布雷斯之子詹姆斯・K・加爾布雷斯（James K. Galbraith）記得，「突然之間，保守派成為美國文化勇敢躁進的壞小子，而像我這樣的自由派則淪為國家的掃興鬼，是無可救藥地緊抓舊觀念不放的年輕老頑固。」[9]布林德表示二〇〇四年之後，凱因斯主義淪為多餘，「幾乎當代經濟學者針對穩定政策的所有討論……都是關於貨幣政策，而非財政〔稅收和支出〕政策。」[10]

海耶克在一九七八年宣稱，「就知識分子觀念的動向而言，我這輩子首次看到它朝正確的方向前進。」[11]在一九七八至二〇〇八年之間，自由市場主宰經濟。無論經濟學者私底下對市場力量的有效性和公正性有多少懷疑，所有經濟學家和政治家無不大肆宣揚它們的優點。誠如海耶克在朝聖山的預言所示，海耶克主義者在荒野中遊蕩超過三十年之後終將克服凱因斯的影響力。海耶克時代取代了凱因斯時代。後凱因斯時代新共識已解決凱因斯和海耶克兩人在一九二〇年代立下的難題：景氣循環——無止盡的繁榮和蕭條交替——能否或應否被馴服。一股洋洋得意的氛圍在諸多抱持這般想法的人之間瀰漫著。

小盧卡斯毫不懷疑。週期性惡龍已經被擊敗。「總體經濟學……成功了，」他宣布。「基於一切務實目的，總體經濟學預防蕭條的核心問題已經獲得解決。」[12]冷戰結束時，美國政治經濟學家法蘭西斯・福山（Francis Fukuyama）[13]宣稱，從封建主義到農業和工業革命再到現代資本主義民主的社會發展演化階段已經走到盡頭；世界已來到「歷史的終結」[14]經濟學家以同樣的自信宣布「經濟史的終結」：世界經濟再也不存在重返蕭條的可能性。解開一九三〇年代發生大蕭條之謎，以及如何避免再次發生的功勞全給了傅利曼，而非凱因斯。在傅利曼九十歲生日會上，當

---

6 Alan S. Blinder, "The Fall and Rise of Keynesian Economics," *Economic Record*, December 1988.

7 小盧卡斯（Robert Emerson Lucas Jr., 1937-）芝加哥大學經濟學家，一九九五年諾貝爾經濟學獎得主，新凱因斯主義的創始人。他強調理性預期在個人經濟決定中的重要性，以及個體經濟決定對總體經濟總和多寡的重要性。

8 引述自 Brian Snowdon and Howard R. Vane, *A Macroeconomics Reader* (Routledge, London, 1997), p. 445.

9 James K. Galbraith, *The Predator State: How Conservatives Abandoned the Free Market and Why Liberals Should Too* (Free Press, New York, 2008), p. 4.

10 引述自Kevin A. Hassett, "The Second Coming of Keynes," *National Review*, February 9, 2009.

11 UCLA Oral History Program, p. 195.

12 Robert E. Lucas Jr., "Macroeconomic Priorities," presidential address to the American Economic Association, January 10, 2003, http://home.uchicago.edu/%7Esogrodow/homepage/paddress03.pdf.

13 福山（Yoshihiro Francis Fukuyama, 1952-），美國政治經濟學家。

14 Francis Fukuyama, *The End of History and the Last Man* (Simon & Schuster, New York, 1992).

時的聯準會主席班·柏南奇（**Ben Bernanke**）[15]對聯準會在一九二〇年代政策的種種缺失致上遲來的歉意。「關於大蕭條，」他宣稱，「你的看法是對的。我們造成了大蕭條。我們非常抱歉。不過，感謝有你，我們不會再犯。」[16]

這個俗稱「大平穩」（**Great Moderation**）時期的靈魂人物是艾倫·葛林斯潘（**Alan Greenspan**）。一九八七至二〇〇六年擔任聯準會主席期間，他的種種決策備受外界讚譽。倘若他有做錯的地方，那也是直到卸任後多時才顯現出來。年輕時的葛林斯潘曾向史坦·蓋茨（**Stan Getz**）學習薩克斯風，和流行樂手賴瑞·瑞佛斯（**Larry Rivers**）同在一個爵士樂團擔任伴奏，還曾和安·蘭德有過一段情，也短暫相信過她所堅信的那種自由至上觀點。葛林斯潘在抒發對事件高深莫測看法時所展現的自信，正是連續四任總統將確保經濟穩定的重責大任託付給他的最重要因素。美國記者邁克·金斯利（**Michael Kinsley**）[17]形容，「葛林斯潘把初獲重視的貨幣政策，加進他的數字運算天賦以及社經威望之中，最後倒入他在聽證會上即將成為傳奇的廢話連篇，經攪拌後服用，成了一名巫師。」[18]

葛林斯潘是撲克牌界所謂的「百分比玩家」（**percentage player**）。他總結自身的超謹慎哲學如下：「我總是問自己這個問題，如果我們是錯的，經濟會付出多少代價？若沒有負面風險，你大可隨心所欲地嘗試任何政策。萬一失敗的成本預期非常大，就算成功的概率大於百分之五十，也要避免實行該政策，因為這個失敗的代價是不可接受的。」[19]

高大、古板的前海軍飛行員喬治・H・W・布希（George H. W. Bush）[20]，一九八九年主掌白宮後並未對雷根的經濟路線帶來太多改變。雷根經濟學經過前兩任總統的實驗已然歸納出許多值得記取的教訓。政府做出諸多調整，並變更政策優先順序。隨心所欲的雷根年代改變了美國的社會氛圍。私人企業取代公共行為成為改變社會的首選方式。一九六〇年代「愛的一代」（Love Generation）崇尚自由的花之兒女（flower children），已經被自我中心的八〇和九〇「唯我的一代」取代。過去巴布・狄倫藉由〈變革的時代〉（The Times They Are a-'Changin）召喚人們行動，如今電影《華爾街》的主角高登・蓋可（Gordon Gekko）卻以「貪婪即是美德」（Greed Is Good）為座右銘。[21]為弱勢團體爭取民權的全國性戰役，如今被小政府、州權以及更多個人權利的需求淹沒。

15 柏南奇（Ben Bernanke, 1953-），聯準會主席（2006-2014），小布希總統經濟顧問委員會主席（2005-6）。

16 Ben Bernanke, remarks at "A Conference to Honor Milton Friedman," University of Chicago, Chicago, November 8, 2002.

17 金斯利（Michael Kinsley, 1951-），美國政治記者。

18 Michael Kinsley, "Greenspan Shrugged," *New York Times*, October 14, 2007.

19 Greenspan, *Age of Turbulence*, p. 68.

20 布希（George H. W. Bush, 1924-），聯合國大使、中情局局長，第四十一任美國總統（1989-93）。

21 蓋可的「貪婪即是美德」演說是以犯內線交易罪的股票交易員伊凡・波伊斯基（Ivan Boesky）一九八六年在加州大學畢業典禮上的演說為本，他說，「我認為貪婪是健康的。你可以是貪婪的，並且對自己感到滿意。」

以史丹佛大學經濟學家約翰・泰勒（John Taylor）[22]為名的泰勒規則（Taylor's rule，顯示利率和通膨率之間的抵換關係〔trade-off〕）在一九九〇年代初期取代菲利普斯曲線（就業和通膨之間的抵換關係），成為管理經濟者的首選方程式。美國東北部出身的德州貴族布希在耶魯大學就讀期間，主修前凱因斯主義時代的經濟學，[23]他曾在一九七八年共和黨初選中駁斥貨幣主義為「巫毒經濟學」（voodoo economics）[24]，只因為被雷根選為副手，於是把疑慮放在心裡。等到一九八八年布希自己和民主黨麥克・杜凱吉斯（Michael Dukakis）[25]競逐總統大位時，他已經採納起共和黨人樂見的雷根式減稅、小政府言論。有段新聞影片紀錄他在臺上承諾，「聽好了，不加稅。」（Read my lips. No new taxes.）[26]日後這句話將使他淪為眾人嘲諷的對象。

布希很快遭遇一場經濟風暴。雷根繁榮期持續了九十二個月，是自一九六〇年代甘迺迪／詹森榮景以降最長的繁榮期，以及一八五四年之後第二長的不間斷經濟擴張期，然這一切在一九九〇年七月驟然告終，布希成了代罪羔羊。該年年底通貨膨脹率飆升至百分之六點一，失業率在一九九一年爬到百分之六點七，一九九二年再增加到百分之七點四。預算赤字從一九八九年的一千五百二十億美元暴增約一倍，在一九九二年達到兩千九百億美元。

為了和民主黨占多數的國會達成協議，布希選擇以提高稅收而非減少支出的方式讓步，這個決定使許多共和黨人對他的誠信失去信心，這些人當中包括傅利曼。遭布希解雇耿耿於懷的傅利曼對布希的轉向提出尖銳批判，痛斥布希政府的經濟政策為「雷根經濟學的相反」、「毒巫經濟學」（oodoov economics）。「布希先生在外交政策等領域或許有堅定原則，卻在經濟政策上顯然毫無原則可言，」[27]傅利曼抨擊道。

經濟週期和大選週期不同步，葛林斯潘控制聯準會，布希無力將兩個週期的腳步調整成一致。布希意識到過分緊縮的貨幣政策威脅其連任，公開表達這番意見。「我不願意見到我們為了強硬對抗通貨膨脹而阻礙經濟成長，」[28]他對記者們說。然而，葛林斯潘沒有鬆綁貨幣供應刺激選前景氣的準備。當一九九二年總統選舉日愈來愈逼近，布希的困境因為第三黨候選人的出現從此一蹶不振。來自德州的唐吉軻德羅斯・佩羅（Ross Perot）傾向開放貿易邊界和聯邦赤字。佩羅參選的終極受惠者是俊俏的前阿肯色州州長比爾・柯林頓（Bill Clinton）[29]，他的競選口號是「笨蛋！問題在經濟。」（It's the economy, stupid.）柯林頓提倡平衡預算，同時穩健降低國債；教

---

22 泰勒（John Brian Taylor, 1946-），美國經濟學家，史丹佛大學羅伯特・瑞蒙講座經濟學教授。

23 老布希一九四五至四八年在耶魯就讀。

24 老布希新聞秘書彼得・蒂利（Peter Teeley）發明的說法。老布希在一九七八年四月、賓州初選前的一場演講中說過。

25 杜凱吉斯（Michael Stanley Dukakis, 1933-），麻州州長（1975-79, 1983-91），民主黨總統候選人（1988）。

26 老布希在一九八八年於紐奧良舉辦的共和黨全國大會中的演說是出自雷根的演講撰稿人佩吉・努南（Peggy Noonan）。

27 Friedman, "Oodoov Economics," *New York Times*, February 2, 1992.

28 引述自 Greenspan, *Age of Turbulence*, p. 113.

29 柯林頓（William Jefferson "Bill" Clinton, born William Jefferson Blythe III, 1946-），阿肯色州州長，第四十二任美國總統（1993-2001）。

育美國人學有一技之長，使他們更有機會就業；以及自由貿易。

當選後，柯林頓極其在意不要被外界當作凱因斯式的徵稅與支出自由派。雷根和布希任內國債飆上三兆美元的往事歷歷在目，他倡導「第三條路」，將保守的經濟措施融入進步的社會政策之中。他以不花費過多政府經費的特定社會計畫調節緊縮貨幣政策，像是准許有給薪的產假和病假。他敦促對「中產階級」選擇性減稅，以及對富人徵收較高所得稅。為擴大美國商品的市場，加速批准繼承自布希政府的加拿大與墨西哥自由貿易協定。

政府規模應該維持最小化的海耶克主義核心信仰，清楚展現在國會議員金瑞契一九九〇年代早期的雄心壯志中。金瑞契來自喬治亞州，本來是一名大學教授。一九九三年，柯林頓提出一項法案，希望藉由翻轉雷根對富人的減稅優惠[30]以及從社會計畫刪減兩千五百五十億美元降低赤字，目標是連續四年、每年減少一億兩千五百萬美元。然而，焦急的金瑞契端出一個更大規模的聯邦政府減支計畫，「試圖將國家大船立即轉向」。[31]他撰寫一九九四年期中選舉的海耶克式共和黨宣言〈美利堅契約〉（Contract with America），誓言透過平衡預算、減少商業監督和減稅，「終結過大、過度干預、揮霍公共預算的政府」。[32]在這次選舉中，共和黨創造四十多年來首見的參眾議院雙料勝選。金瑞契及其他人挾民意抵擋國家對人民的侵犯。

金瑞契加緊腳步，準備和總統對決，提議全面刪減自聯邦醫療保險和聯邦醫療補助到教育以及環境控制等開支。新任眾議院多數黨黨鞭湯姆・德雷（Tom DeLay）認為，「大政府已經被人民餵養太久了，我們有必要讓政府開始節食——必要時，不排除採行極端節食」。[33]共和黨的計畫是萬一總統不配合，就透過剝奪資金關閉聯邦政府。金瑞契解釋，「就像酗酒的人赫然戒斷。創造戒斷的震撼效應才能讓華府認真看待此事。」[34]一九九五年十一月中，政府的非必要部門果不其然停止運行了五天。八十萬聯邦雇員遭裁撤。

不幸的是，金瑞契計畫呈現的原則性對抗不久淪為一場鬧劇。十一月上旬，總統帶著幾名國會領導階層成員搭乘空軍一號參加以色列總理伊扎克・拉賓（**Yitzak Rabin**）的葬禮，金瑞契大肆抱怨自己被安排坐在飛機尾。就連金瑞契的盟友德雷等人都意識到堂堂「共和黨革命」領袖「犯下了此生最大的錯」。「可憐啊，」德雷回憶說。「紐特（即金瑞契）不夠謹言慎行，於是關閉聯邦政府的道德基調毀了。本來是一場關於財政理智的高貴戰役，如今看起來猶如一連串來自

---

30 後來這被形容為「史上最大增稅」，儘管總額為三百二十億美元，僅占國民生產毛額的百分之零點五，略少於一九八二年雷根的增稅。參見 Tempalski, "Revenue Effects of Major Tax Bills."

31 引述自 Tom DeLay with Stephen Mansfield, *No Retreat, No Surrender: One American's Fight* (Sentinel, New York, 2007), p. 115.

32 Newt Gingrich, Ed Gillespie, and Bob Schellhas, *Contract with America* (Times Books, New York, 1994), p. 7.

33 DeLay with Mansfield, *No Retreat, No Surrender* , p. 112.

34 Interview of Newt Gingrich, Spring 2001, *Commanding Heights*, PBS, http://www/pbs.org/wgbh/commandingheights/shared/minitext/int_newtgingrich.html.

嬌生慣養小孩之口的長篇大論。」[35]

當金瑞契再次讓政府停擺，將二十六萬聯邦雇員在聖誕假期間連續二十一天逼上街頭，本來有意參選總統的溫和派共和黨人如參議員鮑伯．杜爾（Bob Dole）見狀於是放棄。金瑞契的海耶克起義失敗了。自朝聖山走向國會山莊的長征腳步踉蹌。德雷總結，金瑞契「被經典的純理論機能障礙困住了：他以為觀念本身便足以成事，這般想法把事情搞砸了」。[36]金瑞契失敗的革命導致淡水和鹹水經濟學家之間沉潛多時的辯論浮出水面。「我們必須指望一個大膽的政府計畫幫助我們擺脫舊習慣，」凱因斯在一九三〇年辯稱道，「倘若它有恢復商業利潤的效應，則私人企業機器可能有辦法使經濟系統再次憑自己的動力運作。」[37]政府為刺激蕭條經濟借來的錢，應該在經濟一有起色、財政稅收入庫後盡快償還。

一九九三年，柯林頓承繼了兩千九百億美元的聯邦赤字，國會預算局（Congressional Budget Office）警告，到了二〇〇〇年，赤字會增加到四千五百五十億美元。葛林斯潘說，「不堪的真相是，雷根透支了柯林頓任期的預算，如今柯林頓得想辦法還錢。」[38]柯林頓誓言將赤字減半，而且據葛林斯潘表示，柯林頓兌現承諾的意志堅定。為了達到目的，柯林頓任用不願意擴大徵稅與支出的經濟顧問。幸運之神眷顧他。隨冷戰走向盡頭，國防支出減少，他從「和平紅利」（peace dividend）中獲利，而且在他主政期間，數位時代到來，電腦加速了商業的效率。

一九九七年，柯林頓提出《平衡預算法》（Balanced Budget Act），主要透過刪減聯邦醫療保險費用，期望在二〇〇二年平衡預算。二〇〇〇年夏天，他宣布國家預算經常帳（current account）連續三年出現盈餘，一九九八財政年度為六百九十億美元，一九九九年度為一千兩百四十億美元，二〇〇〇年估計盈餘會到達兩千三百億美元，是自一九四七至四九年杜魯門擔任總統後，第一次連三年出現盈餘。三年內欠債已經減少了三千六百億美元，二〇〇〇年清償了兩千兩百三十億美元，是美國史上債務舒緩最多的一年。[39]按照這個速度，五兆七千億美元的國債將在二〇一二年全數償清。[40]葛林斯潘以「好久不見的最佳共和黨總統」[41]以及「最不典型的徵稅與支出自由派，卻仍是個像樣的民主黨」[42]讚譽柯林頓。

民主黨的柯林頓展現不折不扣的保守派美德，引起敵對陣營出乎意料的反應。自雷根時代末期起遭掩蓋的經濟思想鴻溝，在如何使用經濟繁榮果實的辯論裡重見天日。國會共和黨人受到小

35 DeLay with Mansfield, *No Retreat, No Surrender* , p. 112.
36 同前，p. 115.
37 *Collected Writings*, vol. 20: *Activities 1929-31*, p. 147.
38 Greenspan, *Age of Turbulence*, p. 147.
39 Kelly Wallace, "President Clinton Announces Another Record Budget Surplus," CNN report, September 27, 2000.
40 White House announcement, September 27, 2000, http://clinton4.nara.gov/WH/new/html/Tue_Oct_3_113400_2000.html.
41 Alan Greenspan, interview with Tim Russert, *Meet the Press*, NBC, September 23, 2000.
42 Greenspan, *Age of Turbulence* , p. 145.

盧卡斯等在個體經濟基礎上建立總體經濟模型的新古典經濟學家的鼓勵，傾向於將盈餘花在減稅上，鼓勵美國人更勤奮地工作。柯林頓傾向把盈餘用在償還國債，以及承擔聯邦醫療保險和社會安全保險驚人的成本費用。葛林斯潘贊同償債勝於減稅。

在一九九六年的國情咨文中，柯林頓驕傲地高唱海耶克讚美詩歌：「我們知道大政府不能解決一切問題。大政府的年代已經終結。」[43]柯林頓遵循海耶克式思想，鬆綁商業管制。一九九九年，在財政部長羅伯特・魯賓（Robert Rubin）的支持及葛林斯潘的強力背書中，他批准了《金融服務業現代化法》（Gramm-Leach-Bliley Act，按：又稱格雷姆—里奇—比利雷法、GLBA法），拋棄小羅斯福總統在大蕭條期間立下的銀行、保險以及金融公司法規。投資銀行打破過去六十多年來的禁令，首次得以和儲蓄銀行合併。柯林頓也聽從魯本、葛林斯潘、證券管理委員會主席亞瑟・李維特（Arthur Levitt）以及魯本繼任者勞倫斯・薩默斯（Lawrence Summers）的建議，拒絕對日益繁盛、以債券和貸款之信貸風險為投機買賣對象的信貸衍生性工具貿易加以管制。

前德州州長、石油大亨喬治・W・布希（George W. Bush）[44]在經歷一場難分勝負的選戰後，終於在二〇〇一年一月成為美國總統。受惠於前任總統的謹慎施政，小布希繼承了二〇〇〇至〇一納稅年度的一千兩百八十億預算盈餘。國會預算局認為盈餘將在下個十年達到五兆六千億美元，其中三兆一千億美元已經撥款補貼社會保險以及聯邦醫療保險。預算局預估接下來每年約有五千億美元盈餘，因此三兆四千億美元的國債將在二〇〇六年償清。小布希並未深思如何善用這份珍貴的遺產：他想把全部盈餘——甚至希望能有更多——投進減免個人稅收的錢坑。由於共和黨在參眾議院占多數，他成功宣布一兆三千五百億美元的減稅案，期限到二〇一〇年為止，當年立即返款四千億美元，也就是每戶六百美元的退稅。

未想就在上任前幾週內，新總統發現他面臨即將逼近的經濟衰退，這是網路公司過度泡沫化市場崩潰以及全球化導致激烈削價競爭效應遲來的後果。葛林斯潘調降利率，將經濟發展勢必趨緩的影響減到最低。這還不是最糟的。二〇〇一年七月，由於標準普爾指數（Standard & Poor's）在一月到九月之間狂跌百分之二十，導致來自股票交易的資本利得稅銳減，聯邦稅收開始大幅減少。熊市籠罩華爾街，一度令人驚豔的盈餘數字如今成為幻影。緊接著發生基地組織（Al Qaeda，按：又作蓋達組織）襲擊美國的九一一事件。

基地組織領袖奧薩瑪．賓拉登（Osama bin Laden）發動攻擊的目標是透過恐怖心理使美國垮臺，就像他過去透過占領阿富汗使蘇聯崩解那樣。小布希以強力的凱因斯式刺激面對這次威脅。葛林斯潘、前柯林頓任內財政部長魯本、小布希顧問賴瑞．林賽（Larry Lindsey）以及國會多位

43 William Jefferson Clinton, "State of the Union Address," January 23, 1996, http://clinton2.nara.gov/WH/New/other/sotu.html.

44 小布希（George Walker Bush, 1946- ），第四十三任美國總統（2001-9）。

領袖碰面開會後，大規模的新聯邦支出案迅速通過。和升級機場維安等鞏固美國邊界的開銷並立的，還有許多無關保障美國安全的政治分贓（pork barrel）項目，像是緬因州的消防局建設。葛林斯潘將利率調降至百分之一，以求盡速釋放資金進入經濟，即便這麼做會導致未來發生通膨的可能性，也好過恐攻引發的經濟低潮。未想這些補強經濟的凱因斯主義措施不見成效。直到二〇〇二年底，經濟成長近乎停滯，股市消沉不見起色，失業率正在攀升，預算赤字已達一千五百八十億美元，等於自去年盈餘一千兩百七十億美元之後，一來一回失去了至少兩千五百億美元。二〇〇二年九月，規定所有新聯邦支出都要有相應稅收能抵消的《一九九〇年預算強制法》（the Budget Enforcement Act of 1990）遭廢止。美國面臨新危機：九〇年代日本透過零利率加上大肆揮霍公共支出，卻未能重新點燃過去盛極一時的經濟，陷入長期通貨緊縮。

小布希持續推動減稅、增加國防支出以及高成本的聯邦醫療保險處方藥擴編。[45]「若有大量預期盈餘，這些目標不能說是不切實際，」葛林斯潘說。「但自從小布希上任六到九個月後，盈餘已全數消失。」[46]自二〇〇二年共和黨期中選舉勝利後，小布希不顧財政部長保羅．歐尼爾（Paul O'Neill）的反對，將股票股息稅減半。二〇〇二年十二月的一場會議上，副總統迪克．錢尼（Dick Cheney）為股息減稅和進一步挹注金流刺激經濟護航，他說赤字已經過大，國家「正走向財政危機」。「雷根證明了赤字不重要，」錢尼打岔道。「我們在期中獲勝。這是我們應得的。」[47]不久後，歐尼爾請辭。

發動伊拉克戰爭、持續在阿富汗從事軍事行動以及各式各樣的反恐措施代價昂貴：在二〇〇六財政年度超過兩兆美元的聯邦預算中占一千兩百億美元。但相較於過去的那些戰爭，它們不過是總額十三兆美元經濟體的一小部分。[48]隨著安隆（Enron）和世界通訊（WorldCom）規模空前的詐欺案等企業違紀醜聞接二連三爆發，再加上國會共和黨人的分贓式支出，一九九四年〈美利堅契約〉提出的海耶克式理想亦化為泡影。俄亥俄州眾議員、〈美利堅契約〉撰稿人之一約翰·博納（John Boehner）在二〇〇三年寫道，「結果是美國民眾不想要政府大幅縮水。」[49]保守派智庫傳統基金會（Heritage Foundation）的預算分析師布萊恩·李德爾（Brian Riedl）認為，「共和黨現在就是對小政府不感興趣」。[50]誠如尼克森經濟顧問委員會主席史坦在一九八五年的高見，「激進保守派革命是保守派在野時的夢想，不是保守派執政時的實踐。」[51]兩年內，聯邦政府自由

---

45 處方藥法案十年內會增加五千億美元的成本。

46 Greenspan, *Age of Turbulence*, p. 233.

47 Ron Suskind, *The Price of Loyalty: George W. Bush, the White House, and the Education of Paul O'Neill* (Simon & Schuster, New York, 2004), p. 291.

48 The Vietnam War cost 9.5 percent of GDP; the Korean War 14 percent.

49 引述自 Republican Senators' newsletter the *American Sound*, November 19, 2003.

50 Gail Russell Chaddock, "US Spending Surges to Historic Level," *Christian Science Monitor*, December 8, 2003.

51 Stein, *Presidential Economics*, p. 313.

裁量支出（discretionary spending，按：亦作全權預算支出）增加百分之二十二，從二〇〇二年七千三百四十億美元增加到二〇〇四年為八千七百三十億美元。二〇〇四年，聯邦經常赤字正朝四千億美元邁進。

二〇〇六年十一月，共和黨失去參眾兩院的多數優勢。根據一九九五年至二〇〇二年的眾議院多數黨領袖迪克．阿密（Dick Armey）表示，這次敗選標誌著一九九四年海耶克式小政府革命的終結。回顧〈美利堅契約〉，他寫道，「我們在最初幾年的主要問題是：如何改革政府，將錢與權交還到美國人民手上？最終，政策創新者和『九四精神』大抵被眼界狹隘的政治官僚取代。他們想問的問題變成：如何緊握政治權力？」[52]海耶克理想願景被老派政治打敗了。

另一部分的海耶克思想，也就是自由市場靠自己的機制運行能夠自行糾正錯誤並確保繁榮由全民共享，在二〇〇七年夏天遭受重大打擊，險些斃命。銀行因為對包含高風險「次級」房貸的組合債的價值存疑，紛紛運作失靈，就連貸款給其他銀行的能力盡失，否則就是不願意。緊張情緒在銀行業者之間蔓延，銀行客戶受到驚動，引爆英國自十九世界中葉以來第一次的銀行擠兌潮。儲蓄與貸款銀行北岩銀行（Northern Rock）在公開市場上大舉借款，無法取得足夠信貸應付儲蓄戶的提款。群眾包圍北岩銀行各個分行，要求銀行將存款還給他們。為避免恐慌傳播到其他金融機構，英國政府將北岩銀行收歸國有。這是對世界各地銀行的一記警鐘，因為他們大多持有有瑕疵的債務組合。大西洋兩岸的金融機構以及儲戶、投資客無不驚慌不已。

這場災難顯示，以最低限度管制市場創造經濟成長和繁榮、為期數十年的實驗失敗了。「整棟智識大廈倒塌，」葛林斯潘向國會訴說。「我犯了一個錯，假設組織（尤其是銀行和其他機構）的自我利益足以讓它們擁有保護自身股東及公司股本的最佳能力……我很震驚。」[53]葛林斯潘的發言和凱因斯八十多年前評論大蕭條的話語遙相呼應。「我們讓自己身陷巨大亂局，在控制一臺精密機器上犯了大錯，我們不了解這部機器的運作原理，」凱因斯寫道。「結果就是我們創造財富的機會暫時要被丟進垃圾桶裡了——或許為期比暫時更久。」[54]

為回應葛林斯潘口中「百年才會發生一次的那種猛烈的金融危機，」[55]小布希沒浪費太多斯間思考究竟要不要放任不受阻礙的市場繼續走向滅亡。他伸手向凱因斯求援，凱因斯曾說，「我不懂大規模破產對於幫助我們走向繁榮有什麼益處。」[56]「將近三十年來，凱因斯的名聲日漸凋

---

52 Dick Armey, "End of the Revolution," *Wall Street Journal*, November 9, 2006.

53 Alan Greenspan, testimony before the House Committee on Oversight and Government Reform, October 23, 2008, quoted in "Greenspan 'Shocked' That Free Markets Are Flawed," *New York Times*, October 23, 2008.

54 J. M. Keynes, "The Great Slump of 1930" (1930), in *Collected Writings*, vol. 9: *Essays in Persuasion*, p. 126.

55 Alan Greenspan, "Markets and the Judiciary," Sandra Day O'Connor Project Conference, Georgetown University, Washington, D.C., October 2, 2008.

56 *Collected Writings*, vol. 13: *General Theory and After, Part 1*, p. 349.

零，」凱因斯傳記作者彼得・克拉克（Peter Clarke）寫道。[57]「在大約三十天內，這位已歇業的經濟學家將被重新發現並恢復往昔聲譽，」如果我們再遇到一次經濟衰退，這發生的可能性很高，我們會重拾舊方法，利用部分政府盈餘創造就業機會並推動經濟重新出發。」[58]他萬萬沒想到他的言論竟預言了未來。二〇〇八年二月，小布希要求國會以所得稅退稅的形式，拿出一千六百八十億美元的凱因斯式經濟振興資金。財政部購買各大銀行七千億美元的「不良資產」——這是呆帳的婉轉說法。國家身為最後的消費者，大規模介入，阻擋經濟滑落谷底。在英國，政府購買銀行股票以拯救銀行。在美國，政府直接把錢給銀行，以免總統被指控為「社會主義」。

柏南奇接任葛林斯潘成為聯準會主席，以一籮筐措施全力配合小布希的振興經濟方案，鼓勵銀行恢復放貸。二〇〇七年九月至二〇〇八年四月，利率掉了一半，政府提供龐大的短期貸款給各家銀行，聯邦準備系統則繼續購買房貸呆債。二〇〇八年三月，次級房貸市場的領導者貝爾・史騰（Bear Stearns）賤賣給摩根大通。同年九月，雷曼兄弟（Lehman Brothers）破產。這兩大公司的垮臺都不為市場所樂見，就連宣稱相信市場應該自己運作的人都感到恐懼。相反的，最常見的批評是政府當局竟「准許」雷曼停止交易。二〇〇八年十月，國會給財政部長亨利・保爾森（Henry Paulson）七千億美元拯救其他搖搖欲墜的金融公司。二〇〇八年十二月十六日，聯準會將利率調降至零。各國政府和央行也紛紛採取類似行動。

凱因斯從地底上演復仇記。《時代》雜誌以「凱因斯東山再起」來迎接老朋友的回歸。[59]

「我們如今看到的，」記者賈斯汀・福克斯（Justin Fox）寫道，「是一種恐懼，唯恐信貸崩潰拖垮需求造成經濟垮臺。面對這個威脅，政府情不自禁地拿起凱因斯為一九三〇年代初期黑暗歲月調製的解藥：即便入不敷出，仍大肆花錢刺激需求，最好耗費在有用的公共建設上，像是高速公路和學校等，但不一定必須如此。」[60]諾貝爾獎得主小盧卡斯是最致力於埋葬凱因斯思想的芝加哥學派經濟學家，他說，「一旦性命垂危，人人都是凱因斯主義者。」[61]當復興的凱因斯勢頭吞沒財政部和聯準會，鹹水經濟學家重拾威望和掌控權，淡水經濟學家陷入極度沉默。「我以為我們都同意凱因斯主義是行不通的，」保守派卡托研究所（Cato Institute）的克里斯・愛德華茲（Chris Edwards）發出孤獨的抱怨。「但如今，國會即將審理新的振興經濟方案，所有凱因斯主義者紛紛現身，我納悶反對凱因斯體系的那些理論家都跑哪去了。」[62]

---

57 Peter Clarke, *Keynes: The Rise, Fall, and Return of the 20th Century's Most Influential Economist* (Bloomsbury, New York, 2009), p. 19.

58 Interview of John Kenneth Galbraith, September 28, 2000, *Commanding Heights*, PBS, http://www.pbs.org/wgbh/commandingheights/shared/minitext/int_johnkennethgalbraith.html.

59 Justin Fox, "The Comeback Keynes," *Time*, October 23, 2008.

60 同前。

61 同前。

62 Chris Edwards, on *All Things Considered*, NPR , January 29, 2009.

二〇〇九年二月，巴拉克・歐巴馬（Barack Obama）[63]總統敦促國會通過一項七千八百七十億美元的振興法案，內容包括減稅、增加失業救濟金及基礎建設開支。「我們行動，因為不行動將導致災難，」他解釋。「多虧《復甦法》（Recovery Act，按：全名為《美國復甦和再投資法》〔American Recovery and Reinvestment Act〕），第二次大蕭條不可能出現。」[64]未想總統交接後，過往舊的意識形態分歧再度回歸。沒有一名共和黨人投票贊成振興法案。還沒來得及充分休息，過往的凱因斯—海耶克論戰再次引爆，彷彿期間八十年的時光根本不存在。

自二〇〇九年起，一場新的論戰再起，質疑刺激經濟的有效性，以及其效應規模是否足夠。對凱因斯主義者而言，論點的癥結在於一九三六年凱因斯提出的薩伊定律謬誤本質，該定律宣稱，收入永遠會自動變成支出。在經濟衰退期間，退稅更常被存進銀行而不是拿去消費，而且公司紛紛囤積起現金，選擇儲蓄、避免消費的行為讓卡恩的乘數效應毫無發揮空間。將現金注入經濟系統必須盡可能快速，然而歐巴馬絕大多數的振興方案都延宕了，資金進入經濟系統往往需要好幾個月，有時甚至長達數年之久。政府當局要求的是能快速轉換成工作機會的「立竿見影」建設項目，國會的立法者卻總是提出對經濟似乎沒有立即效應、局限在自己代表州的長期計畫。

「對通用汽車好就是對美國好」這個概念被落實到字面意義的程度。美國人由於擔心隨時被裁員，持續推延購車的決定，導致四大汽車公司裡有三間瀕臨破產邊緣，受到連累的更及和他們合作的長長供應鏈業者。財政部對業者提供金援，換取該公司股權。二〇〇八年十一月，各國領袖在華盛頓舉辦的G20高峰會上，對避免大衰退的共同政策達成共識。他們誓言降低利率，允許公共支出超過稅收。二〇〇九年九月，當他們再次於匹茲堡聚首時，他們看似成功抵擋了長期衰退的可能性。二〇一〇年夏天，世界各國領袖的心情徹底翻轉。凱因斯式的消費解藥尚未開始發揮效果，買家已經懊悔了起來。由於債權人擔心政府不能履行債務，國債的規模對匯率造成威脅。債台高築、搖搖欲墜的希臘經濟，迫使歐盟在二〇一〇年五月緊急湊出一筆貸款，防止希臘政府欠錢不還。二〇一〇年十一月，愛爾蘭也獲得紓困資金。類似的主權債務疑慮籠罩義大利、葡萄牙、西班牙、比利時乃至法國等國。任憑希臘和愛爾蘭破產將會威脅歐盟貨幣歐元的存亡，並進一步危害歐洲的政治整合運動，二〇一〇年六月，G20高峰會在加拿大多倫多舉辦，十八個月前支持凱因斯式解決方案的同一批世界領袖，如今又堅持大幅度縮減政府支出並償還國債。他們立場的轉變，就像給頭痛的人一顆阿斯匹靈，然後立刻幫他們洗胃。

歐巴馬的振興方案通過兩年後，沒有足夠證據顯示其成功達到效果。失業率在二〇一〇年十一月增加到百分之九點八，超過一千五百萬人沒有工作。失去抵押贖回權的房子快速增加。包括所有國會共和黨人在內的反對者皆否定振興方案的功效，他們認為相信額外聯邦支出和借款將導

63 歐巴馬（Barack Hussein Obama II, 1961-），伊利諾州參議員，第四十四任美國總統（2008-）。

64 President Obama, Televised address, February 16, 2010, in "Obama Says Stimulus Halted 'Catastrophe,'" *Financial Times*, February 17, 2010.

致高稅率以及較不友善的商業環境等「理性預期心理」，阻饒了經濟的復甦。他們要求聯邦赤字盡快降低，愈快愈好。諾貝爾經濟學獎得主保羅．克魯曼（Paul Krugman）[65]在《紐約時報》上提醒希望政策立即回歸降低稅率與支出路線的人，稱他們等於是在向二次衰退招手，如小小羅斯福一手促成了一九三七年的小羅斯福衰退。

不久後，總是懷疑刺激規模不夠大或不夠快的凱因斯主義者如克魯曼，要求政府為經濟注入第二季強心針，這次投入的資金和信貸規模要更大。「我擔心，我們現在處於第三次蕭條的早期，」他寫道。「環顧全球……各國政府都在擔心通貨膨脹，殊不知通貨緊縮才是真正的威脅，政府呼籲民眾勒緊褲帶，然而真正的問題是消費不足。」[66]

民主黨在二〇一〇年十一月輸掉期中選舉，茶黨[67]主導的選舉要求政府停止借貸，並且即刻開始消除赤字，歐巴馬政府發現共和黨領袖的觀點嚴重阻礙其經濟管理，他們堅持延續小布希給富人以及中產階級的減稅，並集中火力攻擊政府授權的全民健康保險。減稅和引發爭議的失業救濟金延長提供進一步的凱因斯主義刺激，在兩年內增加了八千五百八十億美元的聯邦赤字。與此同時，聯邦準備系統持續購回政府債券，確保長期利率維持在低點，連帶造成美元貶值。在公司行號囤積大量現金的時候增加國家貨幣供應，證實小羅斯福總統任內聯準會主席埃克爾斯關於貨幣政策無法刺激經濟的忠告；「繩子是用來拉的，不能推，」言下之意，無論賺了多少錢，企業投資是強迫不來的。

65 克魯曼（Paul Krugman, 1953-），美國經濟學家，任教於普林斯頓大學和倫敦政經學院，二〇〇八年諾貝爾經濟學獎得主。

66 Paul Krugman, "The Third Depression," *New York Times*, June 27, 2010.

67 民粹主義的茶黨在二〇〇九年崛起，是支持低稅率、小政府、消除政府赤字的共和黨內部分人士的結盟。

第十八章 獲勝的是……

避免大衰退：二〇〇八迄今

如今，距離海耶克和凱因斯首次交鋒的八十多年後，誰是經濟史上最著名決鬥的勝利者？凱因斯數十年來在混戰中雖遭遇猛攻，卻總是能成功抵禦，但這仍稱不上是決定性的勝利。誠如他的傳記作者史紀德斯基所言，「我認為，凱因斯在一九三〇年代的經濟論戰中擊敗海耶克，不是因為凱因斯『證明』了他的論點，而是因為一旦世界經濟崩潰，最令人感興趣的議題絕對不是經濟崩潰的確切因素。」[1]

一九七〇年代中期以降，凱因斯主義曾幾次被宣布死亡，不過一九六六年傅利曼承認，「從某種角度來看，我們如今都是凱因斯主義者；但從另一個角度來看，沒有人依舊是凱因斯主義

[1] Robert Skidelsky, "After Serfdom," review of *Hayek: The Iron Cage of Liberty* by Andrew Gamble, Oxford, Polity, in *Times Literary Supplement*, September 20, 1996.

者」，[2]這番話儘管有些模稜兩可，卻是對二十一世紀早期經濟學現狀較為精確的評估。由上而下理解的總體經濟學和由下而上理解的個體經濟學是這兩個人的關鍵分歧之一，也是凱因斯占優勢的原因。他的宏觀取徑在今天普遍被使用，諸如國內生產毛額這類概念。國內生產毛額是經濟學家衡量一經濟體的重要工具。傅利曼形容，「我們每個人都使用許多《通論》的分析細節；我們接受《通論》對分析方法和研究事項帶來的改變，至少接受了很大一部分。」[3]

傅利曼以他的貨幣主義處方改良凱因斯，但並沒有取代他。「〔貨幣主義〕從凱因斯的著作中獲益良多，」他在一九七〇年寫道。「如果凱因斯仍在世，他肯定會衝到〔貨幣主義者〕反革命的最前線。」[4]凱因斯想要尋找化解大規模失業的藥方。他的解藥是增加總體需求。他提出好幾個途徑：透過貨幣手段、降低利率並將新錢注入經濟體、減稅以及透過公共工程。

傅利曼說服經濟學家們，當經濟處於平穩狀態時，漸進、溫和、可預測的貨幣供應增加會是相對適當的選擇。由於同時下三帖凱因斯解藥長達三十年換來滯脹的後果，一九七〇年代中期之後，多數經濟學者和政治人物不再視凱因斯為明燈，轉而聽從傅利曼的指引。從一九七九年聯準會主席沃爾克刻意引進衰退、按下經濟重啟鈕的那一刻起，傅利曼原則逐漸獲得廣大應用。傅利曼採用凱因斯透過總體經濟學調控經濟的觀念，政治人物紛紛跟進，儘管他們有時會使用一些海耶克式論述。傅利曼的職位對如何判斷誰贏得凱因斯—海耶克競賽提供了一些線索。在經濟學上，傅利曼的立場相對接近凱因斯，並且經常讚美凱因斯的經濟學，尤其是《貨幣改革論》。海耶克承認「米爾頓的貨幣主義和凱因斯主義彼此間的共通性，勝過我之於他們二者的共通性」。[5]然而，在政治方面，傅利曼和海耶克立場比較親近。凱因斯相信國家干預是改善公民生活的合適管道，傅利曼則同意海耶克的觀點，認為國家干預經濟勢必妨礙自由市場創造財富。傅利曼贊同減稅，卻不是像凱因斯一樣希望注入更多貨幣到經濟體，而是因為他相信政府規模會因而縮小。海耶克在這方面的成就如一位巨人。共產主義暴政在海耶克反國家主義情感的啟發下被邊緣化，最終走向垮臺。

海耶克對蘇聯共產主義的解體額手稱慶，只是他覺得經濟計畫的普及顯示自己輸給了凱因斯。傅利曼在二〇〇〇年曾說，「所有人都知道誰是這場知識論戰的贏家……相較於一九四七年，當今世界的知識觀點比較不贊成中央計畫和控制。但實務論戰由誰勝出就比較難斷言了。今天的世界比起一九四七年更具社會主義色彩。幾乎每個西方國家如今的政府支出都比一九四七年

---

2 Milton Friedman, Letter, *Time*, February 4, 1966.

3 Milton Friedman, "John Maynard Keynes" in *J. M. Keynes's The General Theory of Employment, Interest and Money* (facsimile of 1936 edition reprinted by Verlag Wirtschaft und Finanzen GmbH, Düsseldorf, 1989), p. 6.

4 Milton Friedman, *Counter-Revolution in Monetary Theory First Wincott Memorial Lecture Delivered at the Senate House, University of London, September 16, 1970* (Institute of Economic Affairs, London, 1970), p. 8.

5 Interview of Hayek by Thomas W. Hazlitt, 1977, published in *Reason*, July 1992. http://reason.com/archives/1992/07/01/the-road-from-serfdom.

更高……政府商業管制更全面。」[6]

海耶克持絕對主義立場，認為由於沒有人能夠清楚社會中每個成員的想法，而且他們矛盾需求的最佳指標就是市場價格，因此引導經濟方向的任何嘗試淨是多餘的。在凱因斯獨霸時期得不到支持的他，似乎漸漸被逼著發展出荒謬論點。最終，海耶克希望國家權力能夠最小化，並且期盼看見經濟中每個元素都交由私人企業管理，哪怕是貨幣發行也不放過，他要挑戰國家對鑄幣權的壟斷。這使他和傅利曼的立場完全對立，後者希望政府愈小愈好的同時，也相信一個經濟體想要穩定成長，應該受到管理。傅利曼選擇的管理工具是貨幣政策，需要一個國營的中央銀行。海耶克相信貨幣發行是終結景氣循環的關鍵。「我相信，要不是因為政府干預貨幣體系，我們不會有產業波動，也不會有間歇發生的蕭條，」海耶克宣稱。「倘使讓一般公司發行貨幣，而保障發行貨幣的穩定會對他們的生意造成影響，情況將徹底不同。」[7]

雷根和柴契爾這兩位提倡海耶克觀念的領袖將國家規模縮減，以便自由企業能夠蓬勃發展。柴契爾在海耶克九十歲生日時寫信給他，「這個星期是我有幸成為首相的第十年……你的著作和思想給我們的引導和啟發至為關鍵；你讓我們受益良多。」[8]柴契爾以榮譽勳位獎勵海耶克的貢獻，這是英國的最高榮譽之一。可惜海耶克對這些恭維並不全然領情。一九八五年，海耶克接受米塞斯繼女吉塔・瑟琳娜（Gita Serenay）[9]的訪問，他特別強調「我絕對沒有給柴契爾夫人建議」。[10]一九八九年，當《富比世》雜誌作者請海耶克評估雷根和柴契爾的成就時，他的失望之情亦明顯可見。他認為，他們的許多政策「只是在合理範圍內。他們沒有雄心壯志」。[11]在實現海耶克以私人企業取代國家的終極目標上，柴契爾和雷根不過是起了頭罷。柴契爾在起跑點上落後雷根，接手一個極待改革的混和經濟，但兩人之中，她的成就顯然較亮眼。雷根的海耶克式言論總是超越他裁減政府規模的實際意願，這點從他總統任期內聯邦預算不斷膨脹可獲得證明。

海耶克在戰時寫作《通往奴役之路》，那時反對專制統治的抗爭正盛，四十年後他形容這是一本「時代的宣傳小冊子」。[12]六十年後，人們引用這本書時卻忘記將當時的特殊條件納入考量。就連外界認為會同意海耶克觀點的人亦坦承，他的末日觀點對戰後歐洲各國社會民主政府

---

6 Interview of Milton Friedman, October 1, 2000, *Commanding Heights*, PBS, http://www.pbs.org/wgbh/commandingheights/shared/minitext/int_miltonfriedman.html.

7 Interview of Hayek by Thomas W. Hazlett, 1977.

8 Richard Cockett, T*hinking the Unthinkable: Think Tanks and the Economic Counter-Revolution, 1931-1983* (HarperCollins, London, 1994), p. 175.

9 瑟琳娜（Gita Sereny, 1921- ），奧地利出生的英國作家，撰有希特勒重用的建築師羅伯特．史佩爾（Albert Speer）的傳記。

10 引述自Gita Sereny, *The Times* (London), May 9, 1985.

11 Interview of F. A. Hayak, *Forbes*, May 15, 1989. pp. 33-34.

12 *Collected Works*, vol. 2: *Road to Serfdom*, preface to the 1976 edition p. 53. Hayek had described Keynes's General Theory in identical terms.

的仁慈有失公平。新保守派思想家亞當・沃福森（Adam Wolfson）認為，「最現代的民主國家擁有比美國更廣泛的社會福利和高度社會主義化的經濟，卻沒有到達跌落極權主義深淵的『臨界點』。實際上，福利制度不是通往奴隸的道路。」[13] 凱因斯主義的首席宣教士薩繆森形容得更斬釘截鐵。「在我寫作的二〇〇七年當下，瑞典和其他斯堪地那維亞國家按照海耶克最初的定義……是最為『社會主義的』。他們的恐怖集中營在哪？」他追問道。「最邪惡之人在那裡是否崛起，並掌握絕對權力？若根據『可測量不幸』撰寫報告，瑞典、丹麥、芬蘭和挪威等國是不是奴役體制的最佳縮影？不，當然不是。」[14] 就連按照海耶克自己的健康和經濟成長估量，斯堪地那維亞社會民主黨的表現也勝過其自由市場鄰國。[15]

海耶克在這點上並不讓步。在他看來，瑞典的經濟成就絕非來自龐大的國營事業，而是即便如此仍未被拖累，此外他認為瑞典人散發的那種倦怠感，是他們失去自由的徵兆。「瑞典和瑞士是躲過兩次大戰破壞的兩個國家，並成為歐洲多數資本的聚集地，」他提出看法。但這種近乎全民共享的繁榮和高就業率代價昂貴。「瑞典的社會不滿〔他應該是指自殺〕比起我到訪過的任何國家都要多。在瑞典，生命沒有價值的強烈情感幾乎是標準設定。」[16]

海耶克不同意社會民主國家如瑞典是比自由市場經濟更文明開化的發展，這點和多數知識分子觀點相左，也使他成為眾人奚落的對象。左右兩派的主要大將無不鄙視他。一九六七年，海耶克浪潮退到最低點，柴契爾最愛的哲學家安東尼・昆頓（Anthony Quinton）稱他為「巨大恐龍」，[17]英國馬克思主義史學家艾瑞克．霍布斯邦（Eric Hobsbawm）則形容他是「荒野中的先知」。[18]「他這輩子的經濟學和政治立場絕大多數時間都和其他知識分子完全不同步，」編纂海耶克全集的布魯斯．卡威爾（Bruce Caldwell）說。「在社會主義被視為『中間路線』，幾乎每個擁有良知的人都同情社會主義的時候，他攻擊社會主義……一世紀來，海耶克多數時候都是他人嘲弄、鄙視的對象，甚至飽受外界漠視，對一個思想家而言，這比遭人嘲弄、鄙視還慘。」[19]

海耶克仍然不為主流價值接受，尤其在歐洲。但自從一九七四年獲得諾貝爾經濟學獎後，社會漸漸還給他應得的公道。二○○三年，《大英百科全書》對海耶克的介紹，從兩百五十字增加到更長、更詳盡的說明。他被美國凱因斯主義發源地哈佛大學編進社會研究課綱裡。儘管政治評

13 Adam Wolfson "Conservatives and Neoconservatives," in Irwin Stelzer, ed., *The Neocon Reader* (Grove Press, New York, 2004), p. 224.

14 Paul Samuelson, "A Few Remembrances of Friedrich von Hayek (1899-1992)," *Journal of Economic Behavior and Organization*, vol. 69, no. 1, January 2009, pp. 1-4.

15 參見 Jeffrey D. Sachs, "The Social Welfare State, beyond Ideology: Are Higher Taxes and Strong Social 'Safety Nets' Antagonistic to a Prosperous Market Economy?" *Scientific American*, October 16, 2006.

16 Interview of Hayek by Thomas W. Hazlett, 1977.

17 John Cassidy, "The Price Prophet," *New Yorker*, February 7, 2000.

18 同前。

19 Bruce Caldwell, *Hayek's Challenge: An Intellectual Biography of F. A. Hayek* (University of Chicago Press, Chicago, 2005), p. 3.

論家貝克大力支持，投入大量時間普及《通往奴役之路》想要傳達的訊息，海耶克的名氣仍未打開，他既是自認被邊緣化的經濟學家心目中的英雄，同時也矛盾地成為大企業最愛的經濟學家。

儘管未能說服有影響力的在位者，海耶克始終不屈不饒。他似乎覺得被排拒在主流學界之外，足證明他想傳達的訊息是真知灼見。這是自信的驚人展現，卻也使他變得寂寞、偏狹、心情抑鬱。海耶克繼續延伸《通往奴役之路》的觀點，直到得出終極結論：唯有將整個社會交給市場力量，個人才能真正獲得自由。在一九六〇年的《自由的秩序原理》、一九七三至七九年的《法律、立法與自由》（*Law, Legislation and Liberty*）以及一九八八年最後的著作《致命的自負：社會主義的錯誤》（*The Fatal Conceit: The Errors of Socialism*）中，他提出一個烏托邦，和過去托馬斯・莫爾（Thomas More）到馬克思等各路思想家設想的完美社會同樣理想而不切實際。

他展現強烈的使命感，讓許多海耶克主義者覺得他們意外加入了一個心靈教派。海耶克在一九四九年宣布，「我們欠缺的是一個自由派的烏托邦，一種既非單純捍衛現狀，也不是將社會主義稀釋，一個真正的自由派激進主義。真〔經濟〕自由派一定要從社會主義成就中學到的教訓是，他們之所以獲得知識分子的支持並對輿論施展影響力，乃肇因於他們有勇氣追求完美烏托邦。」[20]

海耶克的烏托邦主義經常充滿宗教情懷。他的弟子哈禮斯形容，「一旦……了解除了透過分散財產所有權，沒有其他方法可以保護實質的個人自由……你可以說，這幾乎是一種宗教信仰……我曾說市場幾乎等同於神命——這話冒犯不少我的基督教友人，他們認為，這比喻很糟糕，是對神的褻瀆。」[21]

在海耶克的理想中，政府只須掌管那些非由政府處理不可的社會組成要件，像是國防。海耶克認為應該私有化的服務包括「從教育到涵蓋郵政、電報、電話和廣播的運輸與通訊等『公共設施』，各式各樣的『社會』保險以及最重要的——貨幣發行。」[22]他還倡導由國家強制全民加入健康保險和失業保險，如果國家無法直接提供的話。這點或許會讓今天贊同海耶克整體目標的人感到意外，但也讓人看清真相。此外，他認為勞動力應該自由流動，不受國界限制。

從來都不是保守派的海耶克成了一名自由主義者，只是他提倡的絕非無政府狀態。他建議由私人企業取代政府履行公共職責。[23]「不需中央政府決定由誰來提供各式各樣的服務，擁有提供特定服務的法定權力更是非常不可取的事情。」[24]對某公司提供之服務感到不滿的人，大可搬到

---

20 F. A. Hayek, *Studies in Philosophy, Politics and Economics* (University of Chicago Press, Chicago, 1967), p. 194.

21 Interview of Ralph Harris, July 17, 2000, *Commanding Heights*, PBS, http://www.pbs.org/wgbh/commandingheights/shared/minitext/int_ralphharris.html.

22 F. A. Hayek, Law, Legislation and Liberty, vol. 3: The Political Order of a Free People (University of Chicago Press, Chicago, 1979), p. 147.

23 同前，p. 146.

24 同前，p. 147.

其他地方。

他斷定代議民主太過頻繁的施行「多數暴政」，導致個人自由受到侵犯，並且為社會帶來不必要的成本。他堅持「自由市場是歷史上可實現參與式民主的唯一機制」。[25]考慮到海耶克的終極目標，也就是淘汰代議制政府，連帶消除一切利益團體、遊說團以及政黨，以私有化社會取而代之，海耶克對雷根和柴契爾野心不夠大的指責就很好理解了。[26]

雷根和柴契爾經營代議民主有成。詳細闡述海耶克理想的全貌只會讓他們在選舉中成為箭靶，被惡意指控為反民主。其他戰後政治人物最關心的是確保人人有機會行使憲法保障的自由。在海耶克專注於抽象理想之際，進步人士已經在非裔美籍、婦女、同性戀和殘障人士的民權戰役中接連取得勝利。許多政治宣傳運動的出現完全不是受到治理概念的啟發，像是環境運動以及一九六〇年代風俗轉變帶來的巨大文化變遷。對許多人而言，海耶克英勇的唯物主義一點也不英勇。

然而，大眾輿論緩慢轉向有利於海耶克。一九七〇年代在智利，海耶克是對抗共產主義的號召。在西歐多數國家採行混合經濟和福利國家制度的同時，英國的柴契爾主義提供一個新方向。縱然在他看來是「輕量版的海耶克」，東尼．布萊爾的新工黨政府終究擁抱了這條路線。海耶克思想在美國（自由企業向來是他們的國家信仰）的進展最可觀，部分原因在於政府不該限制個人自由的概念是美國的立國基礎。早在海耶克闡明其哲學內涵前，世世代代的美國人已實踐著他的哲學。自由放任市場的信仰，對十八世紀撰寫憲法的那批紳士們極為重要。但隨著時間流逝，代議民主侵蝕了絕對自由。保守派政治科學家沃福森引用托克維爾（Alexis de Tocqueville）說，「大政府，可說是內建在民主的政治DNA裡。」[27]

海耶克將眾人的注意力集中在美國憲法核心內含的矛盾，也就是憲法似乎同時支持個人權利，也認同一個強大的聯邦政府的權力。對政府影響力不斷蔓延的棘輪效應（Ratchet Effect）[28]

---

25 *Collected Works*, vol. 2: *Road to Serfdom* (University of Chicago, 2007), p. 260.

26 事實上，財相尼格．勞森（Nigel Lawson）別出心裁的心血，使柴契爾最起碼在某種程度上回應了海耶克所謂解除中央對貨幣供應的控制。柴契爾一直以來都基於國家主義的立場，反對歐盟要求英鎊加入歐元，建立單一貨幣：這會剝奪英國的終極主權——也就是政府單單根據英國本身的情況調整利率的手段，以及反 英國經濟好壞的市場浮動匯率。勞森想到一個「另類的貨幣聯盟形式……以海耶克的競爭貨幣觀念為基礎……貨幣發行仍然由各個競爭貨幣掌握……在具有完全可交換性和零法律阻礙的情況下，健全貨幣將逐漸消除不健全貨幣……直到最終歐洲理論上將得到一個經自由選擇而來的單一貨幣」。（參見Nigel Lawson, *The View from Number 11* [Bantam Press, London, 1992], p. 939.）L正如勞森所料，他的提議沒人響應，不過他或許也沒有太認真。柴契爾在*The Downing Street Years*（HarperCollins, London, 1995, p. 716）中解釋，「我們的歐洲夥伴們不太喜歡國家主義式的集中模型。」但就即便柴契爾和勞森對歐洲鍥而不捨施壓建立有單一政府、單一貨幣之單一大國的聰明抵抗，也不能通過海耶克的檢驗，因為它還是允許屬於政府的中央銀行發行貨幣。確實，透過市場壓力而得到的單一貨幣的可能性，等於認同國家發行貨幣的壟斷權力，把這個權力讓給私人企業（也就是海耶克所主張的）在政治上有其困難而且相當尷尬。

27 Wolfson, "Conservatives and Neoconservatives," p. 224.

28 譯注：指一個行為在經過了一個階段之後，就很難返回從前，就像在機械上的棘輪，可以將彈簧鎖著而返不了從前一樣。

感到憤怒的是，政治領袖如高華德和雷根等人所傳達訊息背後的基礎。過去海耶克鄙視不已的保守派大本營共和黨，竟變成海耶克式自由主義的主要傳播媒介。共和黨人切割尼爾森・洛克斐勒（Nelson Rockefeller）等東北部望族勢力，並在茶黨的鼓吹下，採用海耶克對小而美政府的呼籲，挑戰試圖捍衛現狀的民主黨。從這個角度來看，美國政治愈來愈傾向海耶克主義。

共和黨的一九九四年〈美利堅契約〉嘗試移除聯邦政府的權力。它失敗了。拆解民主系統的任何舉措勢必遭遇問題。政治人物終究是政治人物。努力爭取選民支持而當選的政治人物，乃至相信政府權力過大的政治人物，都難以對自己好不容易贏得的權力說不。要求透過立法或憲法增修限制政府權力的民眾運動同樣面臨各種矛盾：立法限制國家增稅的權力，和清償預算赤字的法律承諾互相衝突。

海耶克在過去三十年的影響力或許增加不少，但經濟學家也從未真正拋棄凱因斯。聯邦政府對二〇〇七至〇八年金融危機的即時回應由小布希起頭、歐巴馬接手，兩個政府為阻止經濟崩潰皆插手干預市場，是徹頭徹尾的凱因斯式作法。美國面臨如同一九三〇年代的生存威脅，不採取行動是愚蠢的行為，完全不在考慮選項之中。

在最岌岌可危之際，短期內鮮少有人會反對這樣的凱因斯主義復興，更不會有人執意倡行海耶克式的解決方法，放任市場自己找回平衡。奧地利裔美國籍政治哲學家熊彼得認為自由市場必然不時承受「創造性破壞」（creative destruction），卻沒有人有勇氣實際測試這個觀點。儘管許多人接受自由市場總是能夠慢慢修正自己的假設，但經過如此明確的推翻之後，它再也得不到第二次機會。沒有人嘗試推演一旦經濟崩潰將伴隨而來的悲慘後果：多少人要失業；多少人將流離失所；多少人會宣布破產；多少生意要關門大吉。

然而，小布希和歐巴馬抓緊腳步避免經濟末日的行為卻未獲得太多讚許。事實證明凱因斯主義不是萬靈丹。當振興經濟方案未能迅速減少失業人口，爭議性公共建設項目「浪費」公帑的說法蔓延，許多美國人開始對政府借貸的規模感到驚慌。對某些人而言，譬如哈佛經濟學教授羅伯特・巴羅（Robert Barro），凱因斯成了一大笑柄，是引誘未來世代之子走進龐大債務黑暗洞穴的吹笛手。其他人則指控歐巴馬和他的經濟顧問骨子裡根本是社會主義者。海耶克主張把公共資金用於投資，猶如把錢丟進水裡的奧地利學派論點再度撥雲見日。

一九八六年，尼克森的經濟顧問史坦在形容三〇年代凱因斯與海耶克對決時寫道，「傳統的保守派將凱因斯視為黑暗邪惡的影響，執意破壞自由經濟系統。事實是，他在一個大力鼓吹更加激進變革的時間點，幫助保存了自由系統。」[29] 二十五年後，史坦的說法仍然成立，但有愈來愈多美國人準備把賭注押在海耶克的苦口良藥上，他們認為這麼做也好過承受使用凱因斯藥方的代價。

[29] Herbert Stein, *Washington Bedtime Stories: The Politics of Money and Jobs* (Free Press, New York, 1986), p. 116.

類似的焦慮感染了歐洲人。然對他們而言，為確保歐元存續、維持歐洲政治整合腳步，選擇凱因斯而非海耶克是阻止金融危機惡化不得不的決定。為了維護歐盟的成功，德國六十年來一直不成比例地付出，如今在他們的主導下，歐洲人擔心起希臘、愛爾蘭和其他地方的主權債務危機可能導致歐元發生不可挽救的擠兌。德國人採取行動，但以舒緩二〇〇八年金融危機的凱因斯式措施為代價。歐洲政治整合持續的代價是貨幣供應加倍緊縮，以及公共開支大幅刪減。

英國也承受刪減預算否則英鎊就會出現擠兌的壓力。二〇一〇年大選結束後，沒有任何一黨取得多數席次，大衛・卡麥隆（David Cameron）率領的保守黨和自由民主黨聯合政府宣布史無前例的英國公部門瘦身實驗：在第一年減少百分之十的開支；五年後議會期滿之時，刪減目標提高到百分之二十五。英國保守黨也注意到這個擁抱海耶克解決方法的藉口，譬如外交大臣威廉・海洛（William Hague）和就業及退休保障大臣伊恩・鄧肯・史密思（Iain Duncan Smith），他們一直夢想有天能夠完成柴契爾未竟的革命。第二次凱因斯時代的復興為期不長，但求助海耶克之名仍然無法凝聚共識，倡議小而美政府的陣營中鮮少有人有勇氣說出啟發他們的思想源頭。他們也不承認八十多年來凱因斯兩次拯救了資本主義。

海耶克在表達對凱因斯的景仰時沒有這種忌諱，凱因斯在他心目中是「同時代人當中，最具影響力且思想最豐富的人之一」，他曾對「各種觀念的發展產生……深刻影響」。[30]「適當科學方法在錯誤百出的構成階段會導致許多重要洞見暫時被掩蓋，」海耶克相信「『凱因斯革命』將成為這個過程的其中一段，」但他同時也認為凱因斯「是如此多面，當評價這個人時，哪怕你認為他的經濟學既錯誤又危險，卻又似乎無關緊要……在所有認識他的人心中，他將永遠被視為偉大的人，即便他從未寫過任何經濟學著作。」[31]

和凱因斯與海耶克一樣，加爾布雷斯也沒活著見證大衰退，但對於保守派不在凱因斯第二次拯救資本主義時為他鼓掌喝采，他自有一套解釋。「凱因斯對這個被他探索得淋漓盡致的經濟系統感到無比滿足，」加爾布雷斯說。「因此他努力的背後動機和小羅斯福總統一樣是很保守的；是為了幫助保障這個系統能夠繼續存在。只是這樣的保守主義在英語系國家並不能吸引最虔誠的保守派……當資本主義系統的名聲遭受這麼多傷害，他們寧願接受大規模失業、廠房閒置和大蕭條的巨大絕望，也不能在真正的原則上退讓……就算資本主義最終真的屈服，也是屈服於為慶祝徹底戰勝凱因斯人等所發出的歡聲雷動。」[32]

30 F. A. Hayek, "Review of Harrod's Life of J. M. Keynes," *Journal of Modern History*, vol. 24, no. 2, June 1952, pp. 195-198.

31 F. A. Hayek, "Personal Recollections of Keynes and the 'Keynesian Revolution,'" *Oriental Economist*, vol. 34, no. 663, January 1966, pp. 78-80.

32 J. K. Galbraith, "Keynes, Roosevelt, and the Complementary Revolutions," *Challenge* (New York University Institute of Economic Affairs, M. E. Sharpe, New York), vol. 26, 1983. p. 76.

致謝

感謝我的良師益友、蘭德崗學院（Rendcomb College）院長A. O. H. Quick，他是鼓勵我研究政治經濟學的第一個人，接著我要感謝我在約克大學（University of York）的經濟學教授Alan T. Peacock和Jack Wiseman，因為他們反抗常規，主張經濟學理論遠不只有凱因斯。我很感激如Enoch Powell、Alfred Sherman、John Hoskyns、Keith Joseph和Margaret Thatcher等人，因為他們為不情願地英國保守黨注入自由市場思想，迫使我重新評估海耶克的研究。

我深深感激Bruce Caldwell，他對海耶克生平和著作的知識無人能敵，撰寫本書期間，他幫忙閱讀最後草稿，提出修改建議，並且讓我搶先拜讀他收錄在芝加哥大學出版社《海耶克全集》（*Hayek's Collected Works*）中的最新文章。我也想要謝謝Sidney Blumenthal鉅細靡遺又體貼的評介。Tom Sharpe是劍橋馬戲團成員之一的學生，往後和這些人一起在學校授課，他和Rockwell Stensrad的觀察兼具原創性與建設性。我很慶幸研究為我和布魯姆斯伯里團體著名史學家Paul

Levy長久的友誼重新注入活力。我該趕緊注記，書中一切事實或判斷錯誤全是我的責任。

我還想要謝謝劍橋大學國王學院的檔案員Patricia McGuire，以及她的同事Jane Clarke；加州史丹佛大學胡佛檔案館（Hoover Institution Archives）的助理檔案諮詢員Carol A. Leadenham；以及倫敦政經學院的檔案員Sue Donnelly。他們無一不迅速又仔細地回應我提出的疑問，如同紐約公立圖書館位於曼哈頓各分館的館員。也要謝謝《紐約時報》的Dominick Harrod、Andrew Gilmour、Philip Zabriskie、Dominique Lazanski、Guy Sorman和David Johns。

我很幸運，因為沒有哪位編輯比W．W．諾頓出版社的Brendan Curry更聰明、更具同情心。編輯助理Melanie Tortoroli總是提供我很多協助和指引。Mary Babcock的審稿仔細，而且恰到好處，尤其是對如何將我的英式英語轉換成美式英語的建議。

我要對我的文學經紀Raphael Sagalyn致上最深的感謝，他從我們第一次關於凱因斯的簡短談話中察覺，倘使我多做所深究，這會是一個很棒的故事。他花了很長時間才真正接替已故的Giles Gordon。我難忘Gordon，他是獨一無二、才華洋溢的倫敦和愛丁堡作家，同時兼任我前五本作品的文學經紀。

我要再次感謝Fern Hurst和Beverly Zabriskie的熱情款待和溫暖鼓勵。在寫作期間的幾次關鍵時刻，他們的鄉村天堂激發新思緒，重燃熱情。

最後我要向內人Louise Nicholson和兩個兒子William以及Oliver說聲抱歉。過去幾年，他們被迫參與一系列臨時的家庭討論課，探討凱因斯和海耶克相對的優點長處。謝謝他們永不休止的耐心、幽默感和體諒。沒有他們，我無法成就任何事。

尼克拉斯・偉普蕭

紐約，二〇一一年二月

參考書目

Abse, Joan, ed. *My LSE* (Robson Books, London, 1977).

Alter, Jonathan. *The Defining Moment: FDR's Hundred Days and the Triumph of Hope* (Simon & Schuster, New York, 2006).

Ambrose, Stephen. *Nixon: Ruin and Recovery 1973-1990* (Simon & Schuster, New York, 1991).

Anderson, Martin. *Revolution: The Reagan Legacy* (Harcourt Brace Jovanovich, San Diego, 1990).

Beveridge, William. *Full Employment in a Free Society* (Allen & Unwin, London, 1944).

Black, Conrad. *Roosevelt: Champion of Freedom* (PublicAffairs, New York, 2003).

Blaug, Mark. *Great Economists since Keynes: An Introduction to the Lives and Works of One Hundred Modern Economists* (Edward Elgar, Cheltenham, U.K., 1998).

Blinder, Alan S. *Hard Heads, Soft Hearts: Tough-Minded Economics for a Just Society* (Addison-Wesley, Reading, Mass., 1987).

——. "The Fall and Rise of Keynesian Economics," *Economic Record*, December 1988.

Boyer, Paul S., ed. *The Oxford Companion to United States History* (Oxford University Press, New York, 2001).

Breit, William, and Roger W. Spencer, eds. *Lives of the Laureates, Seven Nobel Economists* (MIT Press, Cambridge, Mass., 1986).

Bridges, Linda, and John R. Coyne Jr. *Strictly Right: William F. Buckley Jr. and the American Conservative Movement* (Wiley, Hoboken, N.J., 2007).

Buckley, William F., Jr. *On the Firing Line: The Public Life of Our Public Figures* (Random House, New York, 1989).

——. *Let Us Talk of Many Things: The Collected Speeches* (Basic Books, New York, 2008).

Caldwell, Bruce. *Hayek's Challenge: An Intellectual Biography of F. A. Hayek* (University of Chicago Press, Chicago, 2005).

Cannon, Lou. *President Reagan: The Role of a Lifetime* (PublicAffairs, New York, 1991).

Carter, Jimmy. *Keeping Faith: Memoirs of a President* (Collins, London, 1982).

Clark, Kenneth. *The Other Half: A Self Portrait* (Harper & Row, New York, 1977).

Clarke, Peter. *Keynes: The Rise, Fall, and Return of the 20th Century's Most Influential Economist* (Bloomsbury, New York, 2009).

Cockett, Richard. *Thinking the Unthinkable: Think Tanks and the Economic Counter-Revolution, 1931-1983* (HarperCollins, London, 1994).

Collins, Robert M. *The Business Response to Keynes, 1929-1964* (Columbia University Press, New York, 1981).

Cozzi, Terenzio, and Roberto Marchionatti, eds. *Piero Sraffa's Political Economy: A Centenary Estimate* (Psychology Press, Hove, U.K., 2001).

Dallek, Robert. *Franklin D. Roosevelt and American Foreign Policy, 1932-1945* (Oxford University Press, New York, 1979).

DeLay, Tom, with Stephen Mansfield. *No Retreat, No Surrender: One American's Fight* (Sentinel, New York, 2007).

Dickens, Charles. *Hard Times* (Harper & Brothers, New York, 1854).

Dimand, Robert W. *The Origins of the Keynesian Revolution* (Stanford University Press, Stanford, Calif., 1988).

Dolan, Chris J., *John Frendreis, and Raymond Tatlovich. The Presidency and Economic Policy* (Rowman & Littlefield, Lanham, Md., 2008).

Donovan, Robert J. *Conflict and Crisis: The Presidency of Harry S. Truman, 1945-1948* (University of Missouri Press, Columbia 1996).

Durbin, Elizabeth. *New Jerusalems: The Labour Party and the Economics of Democratic Socialism* (Routledge & Kegan Paul, London, 1985).

Ebenstein, Alan. *Friedrich Hayek: A Biography* (St. Martin's Press, London, 2001).

Ebenstein, Lanny. *Milton Friedman: A Biography* (Palgrave Macmillan, New York, 2007).

Edwards, Lee. *Goldwater: The Man Who Made a Revolution* (Regnery, Washington, D.C., 1995).

Evans, Rowland, and Robert Novak. *The Reagan Revolution* (E. P. Dutton, New York, 1981).

Finer, Herman. *The Road to Reaction* (Little Brown, Boston, 1945).

Freedman, Max, ed. *Roosevelt and Frankfurter: Their Correspondence, 1928-1945* (Atlantic-Little, Brown, Boston, 1967).

Friedman, Milton, ed. "The Quantity Theory of Money —— A Restatement, an Essay in Studies in the Quantity Theory of Money," (in Friedman ed. *Studies in the Quantity Theory of Money*. University of Chicago Press, Chicago, 1956).

Friedman, Milton, and Rose D. Friedman. *Two Lucky People: Memoirs* (University of Chicago Press, Chicago, 1998).

Friedman, Milton, and Anna D. Schwartz. *A Monetary History of the United States, 1867-1960* (Princeton University Press, Princeton, N.J., 1963).

Fukuyama, Francis. *The End of History and the Last Man* (Free Press, New York, 1992).

Galbraith, James K. *The Predator State: How Conservatives Abandoned the Free Market and Why Liberals Should Too* (Free Press, New York, 2008).

——. *Ambassador's Journal* (Houghton Mifflin, New York, 1969).

——. *A Life in Our Times* (Houghton Mifflin, Boston, 1981).

——. *The Essential Galbraith*, ed. Andrea D. Williams (Mariner Books, Orlando, Fla., 2001).

Gamble, Andrew. *Hayek: The Iron Cage of Liberty* (Westview Press, Boulder, Colo. 1996).

Gilbert, Martin. *Winston Churchill, the Wilderness Years* (Houghton Mifflin, New York, 1982).

——. *Churchill: A Life* (Henry Holt, New York, 1991).

Gillon, Steven M. *The Democrats' Dilemma: Walter F. Mondale and the Liberal Legacy* (Columbia University Press, New York, 1995).

Gingrich, Newt, Ed Gillespie, and Bob Schellhas. *Contract with America* (Times Books, New York, 1994).

Goldwater, Barry M. *Conscience of a Conservative* (Victor, New York, 1960).

Goldwater, Barry M., with Jack Casserley. *Goldwater* (St. Martin's Press, New York, 1988).

Gordon, Robert J., ed. *Milton Friedman's Monetary Framework: A Debate with His Critics* (University of Chicago Press, Chicago, 1974).

Greenspan, Alan. *The Age of Turbulence: Adventures in a New World* (Penguin, New Yok, 2008).

Hall, Thomas Emerson, and J. David Ferguson. *The Great Depression: An International Disaster of Perverse Economic Policies* (University of Michigan, Ann Arbor, 1998).

Hansen, Alvin H. *A Guide to Keynes* (McGraw-Hill, New York, 1953).

——. *Business Cycles and National Income: Expanded Edition* (W. W. Norton, New York, 1964).

Harcourt, G. C. "Some Reflections on Joan Robinson's Changes of Mind and Their Relationship to Post-Keynesianism and the Economics Profession," in Joan Robinson, Maria Cristina Marcuzzo, Luigi Pasinetti, and Alesandro Roncaglia, eds. *The Economics of Joan Robinson*, Routledge Studies in the History of Economics, vol. 94 (CRC Press, London, 1996).

Harrod, R. F. *The Life of John Maynard Keynes* (Macmillan, London, 1952).

Hayek, F. A. *Monetary Theory and the Trade Cycle*, (Jonathan Cape, London, 1933). *Individualism and Economic Order* (University of Chicago Press, Chicago, 1948).

——. *The Constitution of Liberty* (University of Chicago Press, Chicago, 1960).

——. *Studies in Philosophy, Politics and Economics* (University of Chicago Press, Chicago, 1967).

——. *Prices and Production* (Augustus M. Kelley, New York, 1967.)

——. *Law, Legislation and Liberty*, vol. 3: *The Political Order of a Free People* (University of Chicago Press, Chicago, 1979).

——. *A Tiger by the Tail: The Keynesian Legacy of Inflation* (Cato Institute, San Francisco, 1979).

——. *The Collected Works of F. A. Hayek,* ed. Caldwell.

Vol. 2: *The Road to Serfdom, Text and Documents, The Definitive Edition*, ed. Bruce Caldwell (University of Chicago Press, Chicago, 1989).

Vol. 4: *The Fortunes of Liberalism: Essays on Austrian Economics and the Ideal of Freedom*, ed. Peter G. Klein (University of Chicago Press, Chicago, 1992).

Vol. 9: *Contra Keynes and Cambridge: Essay s and Correspondence*, ed. Bruce Caldwell (University of Chicago Press, Chicago, 1995).

Vol. 10: *Socialism and War: Essays, Documents, Reviews*, ed. Bruce Caldwell (Liberty Fund, Indianapolis, 1997).

Vol. 12: *The Pure Theory of Capital*, ed. Lawrence H. White (University of Chicago 2007).

Vol. 13: *Studies on the Abuse and Decline of Reason*, ed. Bruce Caldwell (University of Chicago Press, 2010).

——. *Hayek on Hayek*, ed. Stephen Kresge and Leif Wenar (University of Chicago Press, Chicago, 1994).

——. *Prices and Production and Other Works: F. A. Hayek on Money, the Business Cycle, and the Gold Standard* (Ludwig von Mises Institute, Auburn, Ala., 2008).

——. *The Pure Theory of Capital* (University of Chicago Press, Chicago, 2009).

——. University of California Los Angeles oral history project, interviews with Hayek conducted Oct. 28, Nov. 4, 11, 12, 1978. http://www.archive.org/stream/nobelprizewinning00haye#page/n7/mode/2up (accessed Feb 2011).

Healey, Denis. *The Time of My Life*, (Michael Joseph, London, 1989).

Hession, Charles H. *John Maynard Keynes* (Macmillan, New York, 1984).

Hicks, John Richard. *Critical Essays in Monetary Theory* (Clarendon Press, Oxford, U.K., 1967).

——. Money, Interest, and Wages. Vol. 2 of *Collective Essays on Economic Theory* (Harvard University Press, Cambridge, Mass., 1982).

Howson, Susan, and Donald Winch. *The Economic Advisory Council, 1930-1939: A Study in Economic Advice during Depression and Recovery* (Cambridge University Press, Cambridge, U.K., 1977).

Hülsmann, Jörg Guido. *Mises: The Last Knight of Liberalism* (Ludwig von Mises Institute, Auburn, Ala., 2007).

Jenkins, Peter. *Mrs. Thatcher's Revolution: The Ending of the Socialist Era* (Harvard University Press, Cambridge, Mass., 1987).

Jenkins, Roy, ed. *Purpose and Policy: Selected Speeches of C. R. Attlee* (Hutchinson, London, 1947).

——. *Churchill* (Macmillan, London, 2001).

Johnson, Elizabeth S., and Harry G. Johnson. *The Shadow of Keynes* (University of Chicago Press,

Chicago, 1978).

Jordan, Hamilton. *Crisis: The Last Year of the Carter Presidency* (Michael Joseph, London, 1982).

Judis, John B., and William F. Buckley Jr. *Patron Saint of the Conservatives* (Simon & Schuster, New York, 1988).

Kahn, Richard F. *The Making of Keynes' General Theory* (Cambridge University Press, Cambridge, U.K., 1984).

Kaldor, Nicholas. *The Economic Consequences of Mrs. Thatcher; Speeches in the House of Lords, 1979-82*, ed. Nick Butler (Duckworth, London, 1983).

Keynes, J. M. *The Economic Consequences of the Peace* (Harcourt, Brace and Howe, New York, 1920).

——. *The Economic Consequences of Mr. Churchill* (Hogarth Press, London, 1925).

——. *The End of Laissez-Faire* (Hogarth Press, London, 1926).

——. *A Treatise on Money* (Macmillan, London, 1930).

——. *The Means to Prosperity* (Macmillan, London, 1933).

——. *The General Theory of Employment, Interest and Money* (Macmillan, London, 1936).

——. *The Collected Writings of John Maynard Keynes.*

Vol. 4: *A Tract on Monetary Reform* (1923) (Macmillan for the Royal Economic Society, London, 1971).

Vol 5: *A Treatise on Money, i: The Pure Theory of Money* (1930) (Macmillan for the Royal Economic

Society London, 1971).

Vol. 9: *Essays in Persuasion* (1931) (Macmillan for the Royal Economic Society, London, 1972).

Vol. 13: *The General Theory and After, Part 1, Preparation* (Macmillan for the Royal Economic Society, London, 1973).

Vol. 14: *The General Theory and After, Part 2, Defence and Development* (Macmillan for the Royal Economic Society, London, 1973).

Vol. 17: *Activities 1920-2: Treaty Revision and Reconstruction* (Macmillan for the Royal Economic Society, London, 1977).

Vol. 19: *Activities 1922-9: The Return to Gold and Industrial Policy* (Macmillan for the Royal Economic Society, London, 1981).

Vol. 20: *Activities 1929-31: Rethinking Employment and Unemployment Policies* (Macmillan for the Royal Economic Society, London, 1981).

Vol. 21: *Activities 1931-9: World Crises and Policies in Britain and America* (1982) (Macmillan for the Royal Economic Society, London, 1981).

Vol. 29: *The General Theory and After: A Supplement* (1979) (Macmillan for the Royal Economic Society, London, 1979).

Keynes, J. M., and Lydia Lopokova. *Lydia and Maynard: The Letters of Lydia Lopokova and John*

Maynard Keynes, ed. Polly Hill and Richard Keynes (Charles Scribner's Sons, New York, 1989).

Keynes, Milo, ed. *Essays on John Maynard Keynes* (Cambridge University Press, Cambridge, U.K., 1975).

Kirk, Russell, James McClellan, and Jeffrey Nelson. The Political Principles of Robert A. Taft (Transaction, Rutgers, N.J., 2010).

Lachmann, Ludwig M. *Expectations and the Meaning of Institutions: Essays in Economics*, ed. Don Lavoie (Psychology Press, Hove, U.K., 1994).

Laffer, Arthur. *The Laffer Curve: Past, Present and Future*. Executive Summary Backgrounder No. 1765 (Heritage Foundation, Washington, D.C., June 2004).

Lawson, Nigel. *The View from Number 11* (Bantam Press, London, 1992).

Lekachman, Robert, ed. *Keynes' General Theory; Reports of Three Decades* (St. Martin's Press, New York, 1964).

Lindbeck, Assar ed., *Nobel Lectures in Economic Sciences 1969-1980* (World Scientific, Singapore, 1992).

Louis, William Rogers. *Adventures with Britannia: Personalities, Politics, and Culture in Britain* (I. B. Tauris, London, 1997).

Lowi, Theodore J. *The End of the Republican Era* (University of Oklahoma Press, Norman, 2006).

Machlup, Fritz. *Essays on Hayek* (Routledge, London, 2003).

Mackenzie, Norman, and Jeanne Mackenzie, eds. *The Diary of Beatrice Webb*, Vol. 4: *"The Wheel of Life," 1924-1943* (Virago, London, 1985).

Macmillan, Harold. *Tides of Fortune* (Macmillan, London, 1969).

Malabre, Alfred L., Jr. *Lost Prophets: An Insider's History of the Modern Economists* (Harvard Business School Press, Boston, 1994).

Maney Patrick J. *The Roosevelt Presence: The Life and Legacy of FDR* (University of California Press, Berkley, 1992).

Martin, Kingsley. *Editor: A Second Volume of Autobiography, 1931-45* (Penguin, London, 1969).

McCullough, David. *Truman* (Simon & Schuster, New York, 1992).

Mirowski, Philip, and Dieter Plehwe. *The Road from Mont Pèlerin: The Making of the Neoliberal Thought Collective* (Harvard University Press, Cambridge, Mass., 2009).

Mises, Ludwig von. *Theorie des Geldes und der Umlaufsmittel* (Duncker & Humblot, Munich, 1912).

——. *Socialism: An Economic and Sociological Analysis*, trans. I. Kahane (LibertyClassics, Indianapolis, 1981).

Mises, Margit von. *My Years with Ludwig von Mises* (Arlington House, New Rochelle, N.Y., 1976).

Moggridge, Donald Edward. *John Maynard Keynes* (Penguin Books, New York, 1976).

——. Maynard Keynes: An Economist's Biography (Routledge, New York, 1992).

Morgan, Ted. *FDR: A Biography* (Simon & Schuster, New York, 1985).

Morsink, Johannes. *The Universal Declaration of Human Rights: Origins, Drafting, and Intent* (University of Pennsylvania Press, Philadelphia, 2000).

Nash, George H. *The Conservative Intellectual Movement in America since 1945* (Basic Books, New York, 1976).

Nef, John Ulric. *The Search for Meaning: The Autobiography of a Nonconformist* (Public Affairs Press, Washington, D.C., 1973).

Nell, Edward, and Willi Semmler, eds. *Nicholas Kaldor and Mainstream Economics: Confrontation or Convergence?* (St. Martin's Press, New York, 1991).

Niskanen, William A. *Reaganomics: An Insider's Account of the Policies and the People* (Oxford University Press, New York, 1988).

Nixon, Richard. *The Memoirs of Richard Nixon* (Arrow Books, London, 1979).

Noonan, Peggy. *When Character Was King: A Story of Ronald Reagan* (Viking Penguin, New York, 2001).

O'Brien, Michael. *John F. Kennedy: A Biography* (Macmillan, London, 2006).

O'Driscoll, Gerald. *Economics as a Coordination Problem* (Andrews & McMeel, Kansas City, 1977).

Parker, Richard. *John Kenneth Galbraith, His Life, His Politics, His Economics* (Farrar, Straus & Giroux, New York, 2005).

Patinkin, Don, and J. Clark Leith, eds. *Keynes, Cambridge and the General Theory* (University of Toronto Press, Toronto, 1978).

Peacock, Alan T., and Jack Wiseman. *The Growth of Public Expenditure in the United Kingdom* (George Allen & Unwin, London, 1961).

Perkins, Frances. *The Roosevelt I Knew* (Viking Press, New York, 1946).

Pigou, Arthur. *Economics in Practice* (Macmillan, London, 1935).

Potier, Jean-Pierre. *Piero Sraffa, Unorthodox Economist (1898-1983): A Biographical Essay* (Psychology Press, Hove, U.K., 1991).

Rand, Ayn. *Ayn Rand's Marginalia: Her Critical Comments on the Writings of Over Twenty Authors*, ed. Robert Mayhew (Second Renaissance Books, New Milford, Conn., 1995).

Reagan, Ronald. *An American Life* (Simon & Schuster, New York, 1990).

Reeves, Richard. P*resident Reagan: The Triumph of Imagination* (Simon & Schuster, New York, 2005).

Robbins, Lionel. *Autobiography of an Economist* (Macmillan/St. Martin's Press, London, 1971).

Robinson, Joan. *Contributions to Modern Economics* (Blackwell, Oxford, 1978).

——. *Economic Philosophy: An Essay on the Progress of Economic Thought* (Aldine Transaction,

Piscataway, N.J., 2006).

Rockefeller, David. *Memoirs* (Random House, New York, 2002).

Roosevelt, Franklin Delano. *FDR's Fireside Chats*, ed. Russell D. Buhite and David W. Levy (University of Oklahoma Press, Norman, 1992).

Rothbard, Murray Newton. *America's Great Depression* (Ludwig von Mises Institute, Auburn, Ala., 2000).

Royal Commission on Unemployment Insurance. Minutes of Evidence , Vol. 2 (HMSO, London, 1931).

Russell, Bertrand. *Autobiography* (Allen & Unwin, London, 1967).

Samuelson, Paul A. *Economics: An Introductory Analysis* (McGraw-Hill, New York, 1948).

——. *The Collected Scientific Papers of Paul A. Samuelson*, ed. Joseph E. Stiglitz, vol. 2 (MIT Press, Cambridge, Mass., 1966).

Schlesinger, Arthur M., Jr. *A Thousand Days: John F. Kennedy in the White House* (Houghton Mifflin, New York, 1965).

——. *The Coming of the New Deal* (Mariner Books, New York, 2003).

Schumpeter, Joseph Alois, and Elizabeth Boody Schumpeter. *History of Economic Analysis* (Oxford University Press, Oxford, U.K., 1954).

Senzberg, Michael, ed. *Eminent Economists, Their Life Philosophies* (Cambridge University Press,

Cambridge, U.K., 1993).

Shlaes, Amity. *The Forgotten Man: A New History of the Great Depression* (HarperCollins, New York, 2007).

Skidelsky, Robert. John Maynard Keynes

Vol. 1: *Hopes Betrayed 1883-1920* (Viking Penguin, New York, 1986).

Vol. 2: *The Economist as Savior 1920-1937* (Viking Penguin, New York, 1994).

Vol. 3: *Fighting for Freedom 1937-1946* (Viking, New York, 2000).

——. *Keynes: The Return of the Master* (Public Affairs, New York, 2009).

Sloan, John W. *Eisenhower and the Management of Prosperity* (University Press of Kansas, Lawrence, 1991).

Snowdon, Brian, and Howard R. Vane. *A Macroeconomics Reader* (Routledge, London, 1997).

Steel, Ronald. *Walter Lippmann and the American Century* (Bodley Head, London, 1981).

Stein, Herbert. *Presidential Economics* (Simon & Schuster, New York, 1985).

——. *Washington Bedtime Stories: The Politics of Money and Jobs* (Free Press, New York, 1986).

——. *On the Other Hand —— Essays on Economics, Economics, and Politics* (AEI Press, Washington, D.C., 1995).

Stelzer, Irwin, ed. *The Neocon Reader* (Grove Press, New York, 2004).

Stigler, George J. *Memoirs of an Unregulated Economist* (Basic Books, New York, 1988).

Streissler, Erich, ed. *Roads to Freedom: Essays in Honour of Friedrich A. von Hayek* (Augustus M. Kelley, New York, 1969).

Suskind, Ron. *The Price of Loyalty: George W. Bush, the White House, and the Education of Paul O'Neill* (Simon & Schuster, New York, 2004).

Tempalski, Jerry. "Revenue Effects of Major Tax Bills." OTA Working Paper 81. Office of Tax Analysis, U.S. Treasury Department, Washington D.C., July 2003.

Thatcher, Margaret. *The Downing Street Years* (HarperCollins, London, 1995).

Turner, Marjorie Shepherd. *Joan Robinson and the Americans* (M. E. Sharpe, Armonk, N.Y., 1989).

U.S. Senate. *Evidence to the Senate Finance Committee Investigation of Economic Problems: Hearings, 72nd Congress, 2nd session. February 13-28 1933* (Government Printing Office, Washington, D.C., 1933).

——. *Assuring Full Employment in a Free Competitive Economy, Report from the Committee on Banking and Currency*, S. Rep. No. 583, 79th Congress, 1st session (Government Printing Office, Washington, D.C., September 22, 1945).

Wapshott, Nicholas. *Ronald Reagan and Margaret* Thatcher: A Political Marriage (Sentinel, New York, 2007).

Wapshott, Nicholas, and George Brock. *Thatcher* (Macdonald/Futura, London, 1983).

Winch, Donald. *Economics and Policy: A Historical Study* (Walker, New York, 1969).

Wittgenstein, Ludwig. *Ludwig Wittgenstein Cambridge Letters*, ed. Brian McGuinness and Georg Henrik Wright (Wiley-Blackwell, Hoboken, N.I., 1972).

Wood, John Cunningham, ed. *Piero Sraffa: Critical Assessments* (PsychologyPress, Hove, U.K., 1995).

Wood, John Cunningham, and Robert D. Wood, eds. *Friedrich A. Hayek: Critical Assessments of Leading Economists* (Routledge, London, 2004).

Wootton, Barbara. *Freedom under Planning* (G. Allen & Unwin, London, 1945).

Yergin, Daniel, and Stanislaw, Joseph. *Commanding Heights: The Battle for the World Economy* (Simon and Schuster, New York, 2002).

Young, Hugo. *The Iron Lady: A Biography of Margaret Thatcher* (Macmillan, London, 1989).

KEYNES HAYEK: The Clash that Defined Modern Economics
by Nicholas Wapshott

國家圖書館出版品預行編目資料

凱因斯對戰海耶克：決定現代經濟學樣貌的世紀衝突／尼可拉斯・瓦普夏（Nicholas Wapshott）著；葉品岑譯. -- 初版. -- 臺北市：麥田出版：家庭傳媒城邦分公司發行, 2016.08
面；　公分. --（麥田叢書；85）
譯自：Keynes Hayek : the clash that defined modern economics
ISBN 978-986-344-368-1（平裝）

1. 凱因斯(Keynes, John Maynard, 1883-1946)
2. 海耶克(Hayek, Friederich A. von (Friedrich August), 1899-1992)　3. 經濟思想 4. 市場經濟

550.18　105011933

麥田叢書 85

凱因斯對戰海耶克：決定現代經濟學樣貌的世紀衝突

Keynes Hayek: The Clash that Defined Modern Economics

作　　者／尼可拉斯・瓦普夏（Nicholas Wapshott）
譯　　者／葉品岑
責任編輯／林怡君、江麗綿

國際版權／吳玲緯　蔡傳宜
行　　銷／艾青荷　蘇莞婷　黃家瑜
業　　務／李再星　陳玫潾　陳美燕　杻幸君
編輯總監／劉麗真
總 經 理／陳逸瑛
發 行 人／凃玉雲
出　　版／麥田出版
台北市104民生東路二段141號5樓
電話：(886)2-2500-7696　傳真：(886)2-2500-1966、2500-1967
發　　行／英屬蓋曼群島商家庭傳媒股份有限公司城邦分公司
台北市民生東路二段141號11樓
客服服務專線：(886)2-2500-7718、2500-7719
24小時傳真服務：(886)2-2500-1990、2500-1991
服務時間：週一至週五09:30-12:00・13:30-17:00
郵撥帳號：19863813　戶名：書虫股份有限公司
讀者服務信箱E-mail：service@readingclub.com.tw
麥田網址／ http://ryefield.com.tw
香港發行所／城邦（香港）出版集團有限公司
香港灣仔駱克道193號東超商業中心1樓
電話：(852) 2508-6231　傳真：(852) 2578-9337
E-mail：hkcite@biznetvigator.com
馬新發行所／城邦（馬新）出版集團【Cite(M) Sdn. Bhd. (458372U)】
41, Jalan Radin Anum, Bandar Baru Sri Petaling, 57000 Kuala Lumpur, Malaysia.
電話：+603-9057-8822　傳真：+603-9057-6622
電郵：cite@cite.com.my

封面設計／江孟達
印　　刷／前進彩藝有限公司

■2016年8月1日　初版一刷　Printed in Taiwan.

定價：460元

ISBN 978-986-344-368-1